小农生计

李小云 等著

河边村的生产与生活叙事

商务印书馆
The Commercial Press
创于1897

本书获得
云南省李小云专家工作站（202305AF150133）
中国农业大学2115人才工程
中国博士后科学基金71批面上项目（2022M713390）
的资助

作者团队

李小云　中国农业大学人文与发展学院教授
徐　进　中国农业大学人文与发展学院副教授
董　强　中国农业大学人文与发展学院教授
吴一凡　中国农业大学人文与发展学院博士后
张　瑶　中国农业大学人文与发展学院博士生
陈邦炼　安宁市农业发展研究中心乡村振兴博士
林晓莉　中国农业大学人文与发展学院博士生
季岚岚　中国农业大学人文与发展学院博士生
郑添禄　中国农业大学人文与发展学院博士生
杨程雪　中国农业大学人文与发展学院博士生
土　瑞　中国农业大学人文与发展学院博士生
刘奇文　中国农业大学人文与发展学院博士生
陈玮萱　中国农业大学人文与发展学院博士生
宋艳伶　中国农业大学人文与发展学院硕士
宋海燕　中国农业大学人文与发展学院讲师
曾　艳　中国农业大学人文与发展学院博士后
赵鸭桥　云南农业大学高原特色农业产业研究院教授

序 言

河边村地处云南省西双版纳州勐腊县勐伴镇，是一个有 57 户瑶族同胞居住的山寨。2015 年 1 月份，县里和镇里的同志带我来到了河边村。之前，他们带我去过勐伴镇的另一个山寨——哈尼族居住的茅草山村。我本想在茅草山村做些调研，在村里住了几天以后，我萌生了一个想法——住在村里和村民一起探讨如何让山村脱贫。但是茅草山村的交通十分不便，所以我就与县里和镇里的同志讨论，有没有交通稍微方便一些的和茅草山村类似的贫困村庄。就这样，他们把我带到了河边村。

刚到河边村的时候，我发现河边村和茅草山村一样破旧衰落。村里没有一条硬化路，也没有一栋砖混房，村民用木头搭建的各种类型的房屋散落在雨林一侧的山坡上。我进村的那一天正好下雨，几乎无法迈出步子到村民家去看看。进村的 8 公里山路泥泞不堪，我走了将近一个小时。第一次进村待的时间不长，离开的时候村民们在村口送我。村里的干部问我："李老师，我们这里很少见到从那么远的地方来的客人，你还会来吗？""你还会来吗"这句话深深地印在了我的脑海里。我回到县城，傍晚的时候在广场散步，一直想着这句话。我原本就有在茅草山村扎下来做点实践的念头，河边村一行虽然短暂，却似乎让我真的下了一个决心。我一直都从事农村发展和扶贫的研究工作，去过全国很多地方，也带着老师和学生在河北的农村、北京的郊区、宁夏的盐池以及云南的红河等地从事过乡村发展和扶贫实践工作；但是，我还从未真正长期住在一个村庄，认真地探索农村的发展和扶贫实践。茅草山村与河边村之行，让我真正下了决心暂时离开校园，在村里和村民一起工作。

那段时间，我住在县城里反复思考如何启动这样一个工作。考虑到在村庄展开扶贫工作需要经费支持和驻村人员，因此需要成立一个独立的社会组织，这样可以筹集经费、招聘人员。我特地联系了著名的公益学家徐永光先生，希望得到他的支持。徐永光先生了解到我的想法之后，很快帮我对接了敦和基金会时任秘书长刘洲鸿，敦和基金会很快给了我提供三年支持的答复。于是，我在勐腊县成立了民间非社会组织"小云助贫"，招聘了三名工作人员。这样，我在河边村从事扶贫工作的想法就有了组织和经费保障。

进到村里以后，我对如何展开工作一片茫然，所以就开始了所谓的参与式"贫困诊断"。开始的时候，河边村的干部和村民提出发展当地特色的冬瓜猪产业。但我们在调查中发现，农户散养的冬瓜猪一旦集中养殖，面对的问题很多。如果出现疫病，防疫又不到位，就会出现风险。4月份是傣族新年，我在山下的公路边遇见一批从四川来的自驾游客，他们问我山上的村庄能不能住人，这给了我很大启发。河边村地处热带雨林的山上，冬天的时候很温暖，夏天的时候又很凉快，离村不远的地方就是望天树热带雨林公园；此外，瑶族以及周边傣族、哈尼族的民族文化都是丰富的旅游资源。我回到村里和村民讨论，提出了在河边村开发以休闲度假、小型会议为主题的新业态的想法。虽然村民们对这一想法并没有提出异议，但多数还是半信半疑的。我与县里和镇里的领导讨论，他们对这一想法予以支持。那个时候，全国范围的精准扶贫刚刚开始。河边村是深度性贫困村庄，县里和镇里也正在进行扶贫规划。就这样，在县政府和镇政府的支持下，河边村发展新业态被列入了河边村精准扶贫规划。

随之而来的是进一步提升和强化的脱贫攻坚计划。河边村在原有精准扶贫、整村推进的基础上被纳入扶贫搬迁计划之列,农民建房被列为易地搬迁计划的支持范围。我与县里、镇里领导以及村民共同讨论,提出了用易地搬迁的建房资金为每户建一栋木质干栏式住宅,一半用于农民居住,另一半用于接待客人。从 2015 年腾讯"99 公益日"开始,我们发起了"瑶族妈妈的客房"公益募捐活动。2015—2017 年这三年,我们通过"99 公益日"活动共筹资 250 万元,加上其他社会组织的捐助,农户们陆续建起了"瑶族妈妈的客房"、河边会议室、幼儿园、便利店、酒吧等新业态。从 2017 年开始,边建设边运营,通过我自身的社会关系,开始在村里召开各种会议;2018 年基本完成了建设工作,河边村开始运营;2019 年在各种媒体的支持下,河边村的脱贫实践在云南省乃至全国已经产生了影响。各种休闲度假,尤其是儿童冬令营和夏令营活动,以及各种小型会议,都开始形成了规模。2019 年河边村营收达到 100 多万元,通过评估,实现了脱贫。

从 2017 年开始,新业态逐渐成为河边村村民主要的经济活动。招待来客、从事餐饮服务、组织各种民族文化活动,都是劳动密集型工作,这些活动与村民原来的日常农业生产活动有冲突,特别是客房收入远远高于从事其他劳动的收入,农民开始逐渐放弃种甘蔗,很多农民甚至放弃了种粮食,河边村开始出现了"去农化"趋势,这一趋势在 2019 年愈发明显。从 2019 年开始,我和同事关注产业多元化和复合性业态,启动了冬季蔬菜、养鱼、养蜂等农业产业示范,但这些示范并未成为农民的主要产业。

新冠疫情给河边村带来了巨大的挑战。2020—2023 年三年中，许多已经计划的冬令营、夏令营、会议等活动不断被取消，河边村村民新业态收入占比由 2019 年的 47%[①]下降到 2022 年的 6% 左右。2022 年疫情稍有缓解的时候，我们到村里对全村的收入进行了调查。让我们感到惊讶的是，实际上河边村村民的收入仍在增加，主要原因是农业经营收入比重的大幅提升——河边村在疫情之后出现了"再农化"趋势。

河边村通过发展"去农化"的业态实现了脱贫，在疫情之后又由于"再农化"有效抵御了风险，为我们提供了十分有价值的学术案例。与内地多数处于快速转型过程中的村庄不同，河边村长期以来相对封闭。由于语言等方面的原因，远距离长期外出打工的村民很少，多数为近距离短期打工，而且主要在周边村寨从事商品性农业生产。村庄基本上没有留守现象，共同体特征基本保留，看起来依然是一个相对传统的以小农为主体的社会。在外部强有力干预下形成的"去农化"生计结构以及疫情之下出现的"再农化"生计结构，为我们提供了认识小农生计变化的重要资料。因此，我们决定按照这样的线索开始对持续将近 10 年的河边村扶贫实践进行总结。

无论是从理论上还是从政策上总结，河边村的扶贫实践都将是一个比较系统的工作，涉及扶贫问题、小农问题、国家与社会关系问题、经济社会转型问题、乡村共同体演化问题等转型过程中乡村问题的方方面面。我的博士生已经开始从不同的方面展开研究，我们也会逐步从理论和政策角度展开深入且系统的总结。在此之前，我们决定首先梳理河边村农户自 2015 年以来生计的变化情况，把每一户的生

---

① 2019 年非农经营收入在总收入中的占比为 48.17%，其中新业态收入在总收入中的占比为 46.46%。正文中除表格内百分比保留至小数点后两位外，百分比均按四舍五入原则保留至个位。

计变化及其原因概括性地呈现出来，作为我们研究、总结河边村发展变化的基本资料。

在过去8年中，我的6位博士生以河边村为田野完成了他们的博士论文，或多或少地涉及了大家对河边村变迁的理解和理论说明。我也就河边村写过一些文章，接受过不少媒体的采访，但这些文字散落各处，不成体系。我一直没有想好如何写一本关于河边村的书，首要原因是进行自我批判的难度很大，如何反思自己在河边村的干预实验是一个非常困难的工作，另外则是因为将河边村的人和事进行真实呈现的难度也很大。因此，为河边村著书的工作也就一直被搁置着。直到2021年春天，我和我的同事徐进、董强、宋海燕以及学生们基于河边村2015年以来一年一度的家户调查，形成了河边村生计变化的基本资料。2022年春天，我们又增加了新的数据和资料，以此为基础形成了《小农生计：河边村的生产与生活叙事》一书的初稿。

需要说明的是，本书仅仅是河边村农户在过去8年中生计变化的概括性写照，是河边村总结研究的开始，并非小农生计的理论研究著作。本书既不是河边村脱贫过程的系统性呈现，也不是针对河边村变化的系统性理论研究，而是河边村农户在过去几年中生计变化和生活状况的概括性写照。关于河边村的种种经历，我们会在之后仔细谋划以更好呈现。我的同事宋海燕、董强、廖兰等，以及我的学生高明、马洁文、吴一凡、陈邦炼、杨程雪、张瑶、苑军军、徐进、季岚岚、林晓莉、刘奇文、郑添禄等，都长期生活在河边村。他们为河边村挑选建筑材料，帮助村里建立合作社，设计河边村夏令营方案，为村里儿童开设英语课，等等。社会各界的公益组织，如敦和基金会、友成基金会、中国妇女发展基金会、南都公益基金会、招商局基金会、中国乡村发展基金会（原中国扶贫基金会）、万科公益基金会，以及全国 4000 多位无名公益人士都为河边村的建设提供了支持。香港爱心人士杨志红女士捐建了河边幼儿园和河边会议室，著名公益社会活动家徐永光先生是站在河边村身后的重要支持者，扶贫专家汤敏、李实、汪三贵、王小林、张琦共同捐资建设了河边专家公寓，中央农业农村和扶贫方面的领导干部如陈锡文、范小建、刘永富等都曾亲赴河边村考察和指导，云南省委领导陈豪、王予波等以及西双版纳傣族自治州的领导也都到河边村指导过工作。企业家李铁、陈烨在河边村建设了公益共享公寓，著名企业家王石也专程到河边村提供过支持。在此，我对所有支持过河边村的机构与个人表示感谢。

最后，我谨代表个人，感谢并希望大家持续关注河边村。

李小云

2023 年 1 月 10 日

目 录

前 言 / 1
第一章 河边村脱贫与生计变迁 / 14
  "河边实验"的框架 / 15
  走出贫困陷阱 / 19
  应对风险 / 30
  重新认识小农 / 37
第二章 村里的"干部" / 40
  支书家的变化 / 43
  队长的生计 / 49
  唐会计为何"富裕"？ / 54
  冯楚池的乡村酒吧 / 60
  河边村 CEO / 65
  "工程师"唐长光 / 70
  蒲元丰的新业态 / 75
第三章 村里的"能人" / 81
  河边村"首富" / 83
  总在借钱的唐齐前 / 88
  "没有负担"的唐齐云 / 95
  养鱼"万元户"唐齐真 / 99
  "卡车司机"蒲新桥 / 103

"养猪大户"冯志远　/　107

第四章　生计稳健的农户　/　115
　　从贫困户到买上车的赵起杰一家　/　117
　　忙于割胶、养殖、客房的杨闻耕一家　/　122
　　冯楚万的"复合产业"　/　128
　　"半耕半匠"的胡瑶财　/　133
　　开源节流的赵善诚　/　138

第五章　"生存型"农户　/　142
　　支出拖累的胡天亮　/　144
　　长期患病的冯楚维一家　/　149
　　节衣缩食的蒲成昌　/　153
　　老队长的晚年生活　/　158
　　竹编手艺人的失落　/　162
　　离开土地的生计　/　168
　　教育拖累的唐进明？　/　173
　　"不思进取"的蒲新天　/　177
　　一人维系全家生计　/　182

第六章　女性主导的生计　/　185
　　娟姐的持家之道　/　187
　　赵佳静的生计策略　/　193
　　"半边天"冯琴　/　197
　　蒲塞尼的生活　/　204
　　冯楚敏的"抱怨"　/　210
　　"孤独"的卢丽　/　214
　　唐文竹、唐妍的生计选择　/　220

第七章　单身汉的生活 / 226
　　干不了活的冯楚柱 / 230
　　村里的保洁员 / 233
　　单亲爸爸唐长戎 / 237
　　雷小满的机遇 / 242
　　蒲成文的单身生活 / 246
　　"老好人"雷中新 / 252
　　财哥的一技之长 / 257
　　城乡之间的两兄弟 / 261

附　录　对数据的说明 / 267
参考文献 / 278

前　言

　　自脱贫攻坚与乡村振兴战略实施以来，围绕小农的发展与福利提升所展开的一系列实践行动，以及由此所引发的乡村经济社会的变化，正在成为新时期中国现代化进程中令人瞩目的社会景观。在现代化语境中，贫困多代表传统，脱贫则意味着由传统向现代的转型。与原发性现代化国家自社会内部自主发育出现代化要素不同的是，中国的现代化进程从一开始就呈现出国家力量主导的特征（李小云、徐进、于乐荣，2018）。因此，中国摆脱贫困的过程也是国家主导的过程。河边村村民生计的变化，既是一个在政府主导下脱贫的过程，也是一个由传统向现代的转型过程。从这一过程中，我们既可以看到政府是如何推动一个传统而贫困的村庄摆脱贫困的，也可以看到农户是如何主动把握机会和调整生计策略的。更为重要的是，通过河边村这样一个案例，我们可以看到小农生存与发展所面临的挑战。

　　我们主要将河边村作为一个整体，从这样一个具体案例出发，向读者呈现河边村的小农生活，以及过去七八年间他们围绕贫困与脱贫所经历的种种生计变化。河边村的小农从何贫困，又如何脱贫？脱贫之后，他们如何应对新的风险？在前言中，我们将陈述河边村作为一个整体的贫困状况及其脱贫过程，并简要介绍本书正文七章的主要内容。

　　河边村地处西双版纳热带雨林自然保护区，平均海拔800米，年均气温 19.2 ℃，年均降雨量 1600—1780 毫米。2015 年，村里共有 57 户 206 人。河边村村民属于瑶族蓝靛瑶支系，因擅长用蓝靛染料纺织衣物而得名。他们的先辈明末清初时由湖南、广西等地迁至今天的西双版纳州勐腊县沿边山区，主要靠种旱地农作物和打猎、采集为生。他们采用刀耕火种的方式砍树烧山，种植旱谷，过着游耕生活；男性上山打猎，女性则在山林间采摘芭蕉、菌子等作为食物。1982 年开始，村民逐渐从各处搬迁到今天的河边村所在地。

20 世纪 80 年代以后，随着相关森林保护法规的不断出台，河边村村民不再进行刀耕火种式的农作。他们停止了游耕，将村庄周边低洼的河谷变成了水田，学着山下的傣族种上了水稻，还在山上种玉米，在村里养冬瓜猪，基本上形成了自给自足的生计体系。

90 年代末以来，河边村村民与外部世界的联系多了起来，市场经济开始不断影响河边村自给自足的生计体系。在勐腊县糖厂的带动下，河边村也开始种植甘蔗。糖厂为农户提供甘蔗苗，并收购农户种植的甘蔗，形成了农户与国有公司相对稳定的合作关系。21 世纪初，不断有人来到村里向村民租地种香蕉，河边村的一些农户自己也开始种起了香蕉。与此同时，由于亚洲野象越来越多地进入村里的甘蔗地和香蕉地觅食，很长一段时间里农户获得的补偿不高，因此村里种植甘蔗和香蕉的面积又开始减少。

罗伯特·麦克内亭（Robert McC. Netting）在其著作《小农与家户》（*Smallholders, Householders*）中提出，小农（smallholder）是在人口密度较大地区，在相对小的土地上从事集约化和多元化农作的农民。他认为，家庭是小农动员农业劳动、管理生产资源和组织消费的重要社会单元。小农满足了大部分自给自足的需要，也参与市场活动，出售农产品，从事其他类型的非农生产活动（Netting, 1993a: 2-3）。河边村直到现在都是以家户为单元展开生计活动的,家庭的各种生计活动都由家庭自身的劳动力来承担,户与户之间存在着广泛的互助联系。因此,我们仍然可以把河边村村民看作小农。当然,河边村村民并不是完全意义上自给自足的、封闭的小农,他们的生产活动也不能仅用小农经济来概括。

2021年,我们在村里和村民一起过春节。很多村民聊起之后的打算,计划多种芭蕉。事实上,那段时间里野象一直没有离开过河边村周围,把村里种的芭蕉几乎吃完了,但"野责险"① 赔付价格比较高,一棵结果的芭蕉树被野象破坏后将获赔10块钱,农民觉得野象不吃的话可以卖钱,野象吃了也可以得到补偿,至少不赔本,所以又都想要种芭蕉了。从跟着外面的商人种香蕉到不种香蕉,再到现在又开始种芭蕉,这是河边村村民在面对自然、现代市场和各种政策变化时不断进行调整并满足自身生存与发展的典型写照。

钱伯斯(Robert Chambers)认为,认识贫困的范式主要有两种:其一是经济学家、社会学家等专业人士对于贫困的理解,这一认识主要基于如何测量贫困,随之的政策框架也围绕如何提升贫困人口的收入、改善消费来实现;其二是贫困人口自己对于贫困的认识,这一认识在表述上往往涉及资产、脆弱性和安全的问题(Chambers,1992)。脱贫攻坚以来,无论是官方文件中的"两不愁三保障"等话语,还是基层扶贫干部熟悉的"一看房,二看粮,三看劳动能力强不强,四看家中有没有读书郎"等工作口诀,其实都在某种程度上遵循了贫困的定量观测路径,即贫困可以通过多种维度的数据进行测量和描述。钱伯斯提出的"贫困的替代性认识",即从贫困人口自身的角度

---

① "野责险"全称为"野生动物肇事公共责任保险",于2010年开始在西双版纳率先开展试点,主要保险对象是亚洲象肇事。后文中我们都将此简称为"野责险"。

来理解贫困,在实践中的应用难度较大。因此,我们还是按照钱伯斯提出的第一种框架展开了对于河边村的贫困诊断。同时,我们也注意到了贫困的动态性,并试图从更长的时间跨度来考察河边村的贫困变化,如将生命周期、代际传递等因素考虑在内。基于这样的评估框架,我们形成了河边村是一个整体陷入贫困陷阱的深度性贫困村[①]的结论。

河边村多数农户都住在由木板简单围成的房子里,木板缝隙很大,屋里没有厨房和卫生间,连窗户都没有。村里唯一一栋真正意义上的"房子",是由政府出资修建的村公房。村民房前屋后堆着背篓、砍刀和农药箱等;整个村庄的卫生条件很差,随处可见散养的猪和鸡,以及废弃的塑料包装袋;小孩子光着脚到处乱跑;进村的 8 公里山路完全是砂石土路,雨季只有摩托车能勉强通过;大部分村民都待在村里,很少有人长时间外出打工,这与内地只有留守人口的转型性村庄形成了很大的反差。

"贫困陷阱"(poverty trap)(Azariadis, 1996)、"关键性门槛"(critical thresholds)等概念其实是相对于经典的"进取性理论"(achievement model of income determination)(认为在竞争性市场条件下,导致贫困的因素是缺乏进取心、不努力)而提出的理论框架。这一理论框架认为,在个人努力发挥作用之前,就存在某种限制,使个人努力难以收到有效结果(Bowles, Durlauf & Hoff, 2006)。河边村村民依靠种植和打工获得的收入非常有限,这些收入还由于自然、市场以及政策等因素的影响经常发生波动;同时,在现代商品性消费的推动下,教育、医疗、交通等刚性支出不断增加,村民不得不举债维持生

[①] 关于这部分数据的呈现和分析,第一章中有详细说明,在此不做过多探讨。

计，因此债务不断累积。低收入、高支出、高债务的状态使得河边村村民只能维系物质生产与消费的低水平均衡，无法实现物质生产的提升以及由此带来的福利改善。也就是说，无论村民如何增加劳动力的投入，他们都很难获得较高的收入以还清债务，更不用说财富积累了。河边村村民一直都处在摆脱贫困的关键性门槛之下。从发展主义的视角来看，如果国家不能帮助河边村村民补上现有的资产缺失，依靠他们自身的力量是很难跳出贫困陷阱的。

河边村处于贫困陷阱的状态，在官方话语中被定义为"深度性贫困"。在脱贫攻坚过程中，这种类型的贫困被认为是"难中之难""重中之重"。如果河边村村民继续维持目前的生计活动，那么他们既没办法通过增加收入，也没办法通过削减以刚性支出为主的消费来改善福利。按照贫困陷阱的理论框架，在没有任何外力帮助的情况下，无论是5年后还是10年后，河边村村民都会一直陷入长期性的贫困中。在现代化进程中，村民的生产能力没有搭上现代的列车，但其生活又被卷入现代消费体系中，收入转型滞后于消费转型，形成了所谓的"贫困的再生产"。

基于贫困陷阱的理论框架，我们与村民一起讨论如何利用河边村的自然条件与经济社会条件，挖掘出一个高收入产业。因为如果没有一个能大幅度提高村民收入的产业，村民很难走出贫困陷阱。事实上，在传统的农业生产中，仅依靠村民的力量，即便有政府的支持，也很难开发出高收入的产业。受到乡村旅游发展模式的启发，与村民反复讨论后，我们提出了建设"瑶族妈妈的客房"带动河边村新业态产业发展的思路。这一思路的主要内容是：充分整合利用政府的扶贫资金，在村民的新房子里嵌入一间客房，以客丰同屋的方式实现乡村康养旅游的真实性和客居真正意义上的社会性。新业态的打造还需要基础设施建设、人居环境改善、农民能力提升等其他方面的配套，因此河边村的脱贫方案是一个以新产业为主导的、旨在大幅提升村民收入的综合治理方案。

在提升收入方面，我们以乡村康养旅游、小型会议为主导产业，以经济作物的种植和小规模的养殖为辅助产业，并继续巩固粮食生产作为基础产业，希望建立一套复合型的产业体系，一方面通过主导产业大幅增收，一方面帮助农户尽快从过去较多依赖雨林的单一生计转向多元生计，以抵御市场风险。在改善人居环境方面，主要的目标是提升村民的生活质量，同时也为新业态产业的发展完善配套的基础设施。因此，我们不仅在村民新居建设方面进行了大量引导，为他们提供房屋的规划设计，充分调动村民的主观能动性，在尽可能减少资金投入的情况下进行高标准建设；我们还重点关注公共建设，号召村民投工投劳参与到村内景观道路、休闲庭院等的打造中。在提升村民能力方面，我们的目标是引导村民建设合作社，与外部市场充分对接，最终实现村庄层面可持续的自我经营管理能力。因此，我们在方案设计之初，就强调村民参与建设和自主经营管理能力的重要性，在不同阶段推动河边村组建不同形式的工作队，如"发展工作队""青年创业小组"等，帮助村庄提高自主建设、管理的能力。2018年，扶贫实验推动村内发展意愿强烈的几位年轻人作为客房、餐饮、会议、财务等方面的助理，通过陪伴式的在岗锻炼与外出考察培训，引导他们尽快成为村庄自主发展的中坚力量；2019年，我们支持河边村组建了雨林瑶家合作社，并将此前接受培训的年轻人进一步发展成合作社的管理团队，自主负责村内新业态产业的运营以及村内集体经济事务；河边村运营机制几乎照搬了现代企业的管理模式。基于年轻人趋向城市和现代就业的特点，我们希望尽可能在乡村创造一个现代性氛围,打造乡村就业空间,吸引年轻人在村内就业。为此,我们整合资金,建设了颇为现代化的合作社办公室,电脑、打印机、传真机、酒店入住管理系统等一应俱全。我们还在语言上进一步营造现代性氛围,设置总经理(CEO)、财务总监(CFO)等职位,为年轻人打造高端职业名片。考虑到贫困的代际传递问题,我们还筹资建设了乡村幼儿园,河边村所有的学龄前儿童都可以免费在幼儿园接受教育。

"河边实验"的总体思路,是深度性贫困治理与乡村振兴的有机衔接。也就是说,一开始就按照乡村发展的思路来整体推动村庄由传统落后逐渐向现代化的生产生活体系过渡。在这个过程中,政府对河边村以新业态为核心的贫困综合治理方案予以大力支持。按照云南省政府的规定,易地搬迁计划中每户可以得到 6 万元的无息贷款(按新政策,2018 年起贷款变成补助,农户无须偿还),建档立卡贫困户还可以得到额外的 4 万元建房补助;此外,政府还整合了住建部门每户 1 万元的危房改造费用。政府先后整合了各种扶贫项目,对村内外道路和饮水设施等进行了升级改造。我们在勐腊县注册了民间社会组织"小云助贫",通过腾讯"99 公益日"活动、基金会以及爱心人士等各种渠道,先后筹集社会资金 300 多万元,为全村每一户都装修了"瑶族妈妈的客房",建设了卫生间、厨房、会议设施、幼儿园和村内的部分景观。

经过三四年的建设,到 2018 年时,河边村已经发生了翻天覆地的变化,并正式摘去了"贫困村"的帽子。那种曾经给予我们强大感官冲击的贫困表征彻底消失,一栋栋具有浓厚民族特色的纯木干栏式房屋拔地而起,在村里错落有致地排布着;进村的 8 公里土路完全硬化,村内行车道干净整洁,人行红砖小道则蜿蜒逶迤;小河边、农户房屋边种植着美丽的热带树木和瓜果。无论是曾经参与过"河边实验"的实践者,还是到村里游玩、参会的客人,都惊叹于这个深山瑶寨的美丽。很多当地人把河边村叫作"小北京",周围村寨的干部经常组团到河边村学习考察,回去以后就带着村民模仿河边村用红砖搭建景观小道,还增加了许多花卉和绿化景观。

村民的收入有了极大的提升,2016 年河边村户均收入仅为 10 335 元,到 2019 年户均收入则到了 31 181 元。过去一些村民买不起出行必备的摩托车,而最近几年村民都挣到了钱,很多人偿还了债务,几乎人人都有了手机,不少女性骑上了踏板式摩托车[①],有几户人家甚至购买了小汽车。对过去深陷债务的村民们来说,他们过上了之前难以想象的好生活。

村民们也正如我们在最初规划的那样,经过长期的能力建设和引导,已经能够初步自我组织起来。村里的几位年轻人组成了合作社的管理团队:河边村的住宿、餐饮、会议等活动,都直接由合作社 CEO 负责对接市场;合作社报账、开发票等财务相关业务则由合作社 CFO 负责;此外,合作社还有客房总监和工程总监。不仅如此,合作社还通过公房、会议室等集体资产的盘活,以及从农户客房提取管理经费,扩大了集体经济收入,其中的一部分收入用于对村容村貌进行提质升级和完善村内公共服务。

在阻断贫困代际传递方面,尽管教育对人的影响要用一个更长的时间单位才能衡量,但超乎预期的是,当我们前往山下的希望小学进行调研,了解河边村上过幼儿园的小朋友在小学里的表现时,各年级的老师都表示,上过幼儿园的小朋友在普通话交流、书写、算术和纪律等方面都优于其他小学生。至少在普通话交流方面,河边村上过幼

---

① 摩托车车身笨重,在山地骑行难度较大。踏板式摩托车在山地骑行难度更低,更为女性用户所青睐。

儿园的小朋友和周围村寨没有上过幼儿园的相比，能早 3—5 个月进入学习状态，不需要再花费更多时间去适应新的语言环境。

如果说河边村的扶贫实验是沿着发展主义的视角，从生计维度出发对村庄进行干预，那么从 2018 年特别是 2019 年底的各项数据来看，贫困农户确实实现了某种程度上的生计策略转型及收入提升。河边村建立了以小型会议、休闲和自然教育为核心的新业态经济，通过"瑶族妈妈的客房"项目将城市消费群体带入村庄。村民的收入有了跨越式提升，新业态收入成为农户的重要收入来源之一。村内基础设施实现了根本性改变，实现了"厕所革命""厨房革命"，村庄基本实现了宜居宜业，以农民为主体组建的雨林瑶家合作社开始运转，由农民主导的经营机制开始逐渐形成。村民逐渐摆脱了过去较为单一的农业主导生计模式，在原本不熟悉的新业态产业领域开始学习和掌握新知识。2019 年起，很多村民甚至不再从事农业生产，他们说，"客房"的收入太好了，省劳动力还挣钱，他们也有更多的精力出去打工了。从产业改造与收入提升的角度来看，河边村实现了整村脱贫。

2020 年初新冠疫情暴发，之后的两年多时间里，河边村新业态的发展受到了很大的影响。2020 年初至 5 月底，河边村村民几乎没有来自新业态的收入。当年 7 月份疫情有所缓解，我们再次回到村庄，发现 2019 年开始示范的农业项目居然成了不少农户收入的主要来源。村民说："我们反正有力气，会干活，能种地。"实际上，在设计新业态产业时，我们就已经考虑到河边村村民可能面临的风险问题，因此设计了包含多种生产形式在内的复合型产业结构体系。但是，自 2018 年村民的房子及新客房基本建成以来，新业态发展势头迅猛，农户纷纷将精力转向这 相较于传统农业更高回报、更低劳动力投入的产业。一些农户甚至放弃了农业生产，出现了"去农化"

生产趋势(李小云,2020a)。2019年时,全村57户只剩大约20户种植了水稻,其他30多户都从市场购买大米供家庭食用。然而在疫情期间,很多村民又恢复了农业生产,呈现出"再农化"的趋势(李小云,2020a)。他们说,疫情期间挣不到钱,自己种粮食的话,就不用花钱去市场买了。

"河边实验"设计了复合型产业结构体系,其中也包括辅助性的种养殖产业,如通过各类项目引入蔬菜种植、养鱼、雨林蜂蜜等农业项目,选择村里生产意愿较强的农户进行示范。一位养蜂的村民说,过去客人来村里住,他面对面把蜂蜜卖给客人,现在客人来不了,他也可以通过网络把蜂蜜卖给客人。参与农业产业示范农户的稳定收入,以及村庄从疫情前的"去农化"转向疫情中的"再农化"现象,给了我们很大的启发:线性的发展主义的干预策略往往无法应对社会经济变化的非线性与复杂性。

基于对河边村的贫困诊断和脱贫方案,我们假定河边村是一个普遍陷入贫困陷阱的村庄,需要有一个能大幅度提升收入的新的产业,这样农户才能走出贫困陷阱并进入积累和发展的轨道。河边村2015—2019年的发展,证明了这一路径的可能性。2020年以来,河边村的发展却向我们展示了脱贫与发展道路的多样性。从收入角度来讲,新业态产业能够带来收入的快速增长,一定会获得农户的青睐;但疫情期间,农户却迅速转回对农业的依赖。从社会文化的角度讲,农业比其他产业对于农民来讲更为安全,这是因为农业虽然效益比较低,但是可以满足农民最基本的食物需求,且是农民长期以来最为熟悉的生产方式。在缺乏其他风险抵御工具的情况下,转回农业可能是小农生存理性驱动下的主动选择。

市场化、商品化的生计策略,虽然收入高,但风险也大。纳卡村的案例可以帮助我们理解高度商品化和市场化的农业所面临的冲击。春节期间是滇南地区反季节蔬菜的生产和销售旺季,往常的春节期间,这些地区的公路上都会停满来自北方的大卡车。不仅如此,从老挝经勐腊县磨憨口岸入境的香蕉和蔬菜更是源源不断地发往全国各地。一些农户仅仅依靠贩卖反季节蔬菜,收入就会高达二三十万元。但2020年春节期间,这一切突然停了下来。就连山下平坝地区富裕的傣族村子,也陷入了发展的困境之中。当时纳卡村的支书给我们发微信:"菜都烂在了地里,拉不出去了,今年没收入了。"

纳卡村过去以种植水稻为主,十多年前,他们在山地种上了橡胶,村民收入有了很大提升,橡胶价格高时每户收入达到了三四十万元。有山上的橡胶,又有坝子地的水稻,纳卡村村民的生活可谓蒸蒸日上,很多人家都买了两部汽车。纳卡村当时的女支书家里也有两部汽车,我们的老师和学生常到山下她家里做客。她讲以前割胶挣钱时买了车,现在橡胶价格不行了,大家又开始种火龙果和冬季蔬菜。橡胶把一个原本自给自足的傣族村寨带入了现代市场,但也把他们带入了一个风险社会。大城市对冬季蔬菜、水果不断上升的强劲需求,又导致纳卡村这样远离大城市的乡村农业生产系统的进一步变化。最近几年,像纳卡村支书家这样在村里属于中等偏上收入的农户,每年通过冬季蔬菜种植就可以获得十多万元的收入。但是,2019年初发了一场大水,纳卡村的冬季蔬菜损失了80%以上。2020年疫情初期的交通管控措施,也使得纳卡村的农户损失惨重。就疫情而言,有一种观点叫作"大疫止于村野"(温铁军,2020),似乎乡村因为人口较城市更为稀疏、经济活动更远离中心市场而受到疫情影响更小。但事实上,今天已经没有了完全与外部市场隔离的自给自足的乡村。在现代语境下,疫情的影响事实上无法止步于乡村(李小云,2020b)。纳卡村是个例子，而对面山上与外界市场联系相对更少的河边村，也未能躲过疫情的冲击。

在过去几年中，河边村的脱贫故事获得了很高的社会关注度，很多人在疫情发生后都关心河边村的脱贫和发展情况。总的来说，我们并没有发现河边村出现了规模性的返贫。2023年防控措施解除以后，外来的客人涌进了河边村，新业态又开始复苏。过去8年中河边村村民的生计经历了反复变化，从贫困到摆脱贫困，很多村民开上了汽车，河边村开始走向富裕。河边村既是一个从收入和福利角度摆脱了贫困的案例，也是一个小农生计与发展的案例，更是一个从传统到现代社会的转型缩影。

作为观察和研究河边村摆脱贫困、生计发展和转型的基础性工作，我们利用2021年初寒假的时间整理了河边村自2015年以来的农户收入消费数据，之后又继续更新数据和资料，并将相关材料汇编成本书。为了呈现方便，我们在书中按照农户的不同特点做了大致的分类。由于现实中农户经济生活的复杂性，我们只是按照村民某一方面的突出特点进行了大致的类别划分，没有按照一般意义上的收入和消费标准来精确分类。第一章中，我们将主要基于数据及我们的长期观察，从整体上概括河边村脱贫过程中及脱贫之后生产生活的变化。之后的第二至第七章中，我们将进入三组大致形成对照的不同类别农户的家户生计叙事。其中第二、第三章中，我们主要关注村里的"干部"及"能人"这两个群体的生计特征。第四、第五章中，我们重点描述生计较为多元的发展型生计的农户与更偏向生存型生计的农户。第六、第七章中，我们则基于性别的框架聚焦村里女性主导的家庭生计与男性单身汉家庭的生计。需要澄清的是，这样的分类并未基于特别系统和严格的标准，而主要基于我们对河边村的把握，以及为了叙述和呈现的方便。

河边村在过去几年中引起了政策界、学术界和社会的极大关注,因此基于学术伦理而对村庄进行匿名处理本身已经没有太大意义。但是,由于本书内容涉及村中每一户人家,我们还是将涉及的人物进行了匿名化处理。此外,由于河边村村民多以男性作为户主,出于表述的方便,我们在大多数时候仍然围绕户主来呈现每个家庭的生产和生活叙事,但这并不代表我们对户主及其家庭其他成员对于家户生计贡献大小的价值判断。

最后,我们虽然认为连续性的家庭收入消费数据是本书叙事的重要基础,但也清醒地认识到数据在刻画真实世界时的巨大局限。我们时常会发现数据所无法解释的事实或现象,在这种情况下我们将更加依赖我们对河边村长期的观察与把握。因此,在本书中,我们并不苛求数据的绝对精确,只希望数据以及我们长期驻村的观察和体会,能够合力提供一个整体上相对准确的河边村的生计图景或轮廓。

本书由李小云、徐进、董强、吴一凡、张瑶、陈邦炼、林晓莉、季岚岚、郑添禄、杨程雪、王瑞、刘奇文、陈玮萱、宋艳伶、宋海燕、曾艳、赵鸭桥共同完成。

第一章
河边村脱贫与生计变迁

2015年起,我们每年都会在河边村住上好几个月,与村民一起工作和生活。我们每年的一个重要工作,就是对全村的收入和支出情况进行调研,以求更细致地掌握村庄的发展动态。大部分村民并没有记账的习惯,到了年底回忆起一年的收支时,难免有遗漏之处,或多或少会影响调研数据的精确性。但是,由于我们每年在村里时间比较长,又很熟悉村民的日常生活,谁家有嫁娶、生病、打工甚至吵架之类的事情都能立刻知晓,对涉及村民较大收支的情况算是比较了解;由于经常在一起工作和生活,村民对我们也没有什么戒备心,面对我们时基本算是知无不言、坦诚相待。从这个意义上来看,尽管我们对于村民收支的年度数据做不到完全掌握,但至少能够大致还原他们的实际生计状况。

2020年初,正当我们准备从北京出发去河边村进行农户的年度收支调研时,一场新冠疫情打乱了我们的计划。我们无法按计划前往河边村,村里计划好要办的好几场会议、冬令营也都取消了。大概有5个月的时间,村里没有客人造访。这意味着新业态产业遭到了严峻的考验,千里之外的我们开始担心村民是否会返贫。我们通过各种方式和村民保持联系,问起最关心的收入问题。村里会计说:"客人都不来了,房子挣不到钱。种的蔬菜都烂在地里了,也没法卖。但是我们不怕，因为全国人民都受到了影响，我们去年还是挣了一点钱的。"会计一直都有记账的习惯，他说有积蓄不会假，这让我们心里的担心减轻了一些。

2021年春节期间，我们对全村2020年的生计情况进行了调研。数据出来后，印证了村会计的说法：河边村整体上没有因疫返贫，虽然不少农户的收入有所下降，但生活水平没有出现大幅下降；大部分农户的收入和消费保持着基本稳定，有几户开展小型农业示范项目的村民，2020年的收入甚至比2019年的还要高出一些。我们每天走在村里，家家户户杀年猪的声音和傍晚"丢丢丢"的叫酒声此起彼伏；村里的女性还一起到县城里去定做新衣服。这些日常生活中的点滴，比调研得到的数据似乎更有说服力：村民延续着过去的生活，河边村的经济至少没有出现太大下滑。

在进入每家每户的生计叙事之前，我们将首先交代河边村整体性的生计景观。本章基于河边村年度家户调查的收入和支出数据，讲述一个深度性贫困的村庄在脱贫过程中的生计变迁，同时也展现村民的生产和生活在新冠疫情这样全球性公共危机的冲击下所发生的或明显或微妙的变化。

"河边实验"的框架

我们从2015年开始进入河边村，与村民共同开始探索河边村的脱贫路径，我们将这样一个过程称为"河边实验"。实验的整体框架来源于研究团队对河边村进行的长达半年的贫困诊断，初步的结论是河边村是一个长期处于深度性贫困的村庄。这一结论主要依据的是2015年团队对河边村进行基线调研获得的数据：河边村村民2015年人均可支配收入为4022元①，远远低于同年云南省农民人均可支配收入8242元和全国农民人均可支配收入11 422元的水平，处于明显的收入贫困状态；与此同时，河边村村民人均消费支出为4727元，也远远低于全国农民同年人均消费支出9923元的水平，在消费维度上也处于贫困状态。

此外，2015年河边村村民人均累计债务为3049元，入不敷出的现实导致村民的债务一年年增多，很难形成积蓄以改善自身福利状态。也就是说，在没有外力介入的情况下，仅仅在原来的轨道上发展，河边村会呈现发展不足的状态，即村庄难以逾越发展的鸿沟，陷在贫困陷阱之中。只有当外部的干预补齐村庄发展所需要的基本条件，如住房、交通等，村庄才有可能利用这些基本条件，进入发展的良性循环之中。

在基线调研的过程中，村民们多次提到2015年已经是他们的生活得到较大改善的一年。事实上，河边村自从通了电和自来水以后，生活水平就得到了很大提高；2012年前后村民开始种植甘蔗以来，收入也有了相应的增长。此前，他们的收入更多依赖小规模的农业生产和政府财政转移补贴。如果我们认为2015年的河边村是处于深度性贫困的状态，那么事实上在2015年之前的很长时间里，河边村一直陷于深度性贫困之中。

为了比较系统地了解河边村的贫困状态，我们根据基线调研数据，使用统计产品与服务解决方案软件（SPSS）进行单因素方差分析，得出了不同类型农户家庭成员数量对人均可支配收入无显著影响的结论。与此同时，我们对全村所有农户的人均收入分布进行了统计，发

---

① 由于2015年村民拿到了特殊的国家政策补贴，年平均收入较以往其他年份要高出一两千元。也就是说，作为基线首年的2015年，实际上是一个收入相对较高的年份。

现全村农户收入呈现正态分布,村民收入高度集中,贫富差异不明显。从收入角度衡量,这是一个收入均质低水平的村庄,即一个典型的没有富人的村庄(李小云、苑军军,2020)。

"河边实验"的主要内容是通过引领政府扶贫资源和社会公益资源进入河边村,培育和发展以集小型会议、休闲旅游和自然教育为一体的益贫性新业态产业为主导的复合型产业体系;推动基础设施建设、人居环境改善等方面的工作,为村庄的复合型产业体系提供基础性支撑;同时,以村民为主体,通过建立合作社培养乡村面向市场的经营管理能力,为村庄复合型产业体系的自主可持续运营提供关键支撑。"河边实验"的主要目的是,通过发展以"瑶族妈妈的客房"为核心的新业态产业,大幅度提高村民收入,帮助村民摆脱贫困,并通过复合型产业的建立提升村民应对风险的能力,确保村民不再跌回贫困陷阱。

如图 1-1 所示,"河边实验"的内容包含复合型产业体系的打造,服务于新业态产业的基础设施建设、人居环境改善,以及保证新业态产业长久发展的村庄能力建设。其中,以新业态产业为主体的复合型产业体系是"河边实验"的核心内容。该复合型产业体系的具体内容为:第一,建立以"瑶族妈妈的客房"为主体的新业态引领性产业。引导政府公共资源投向能改善村民福利、提升村民固定资产水平的新业态产业,跳出了产业扶贫中常规性的以农业产业开发作为主体的思路,通过充分挖掘河边村的气候资源、景观资源和民族文化资源,利用政府对河边村的基础设施和住房改造的投入,打造嵌入农居中的具有瑶族特色的"瑶族妈妈的客房",并配套会议、餐饮等辅助设施,建立河边村的新业态产业。这一做法旨在计政府在改善福利和提高固定资产公共投入的同时,也能使之成为农民提升收入的条

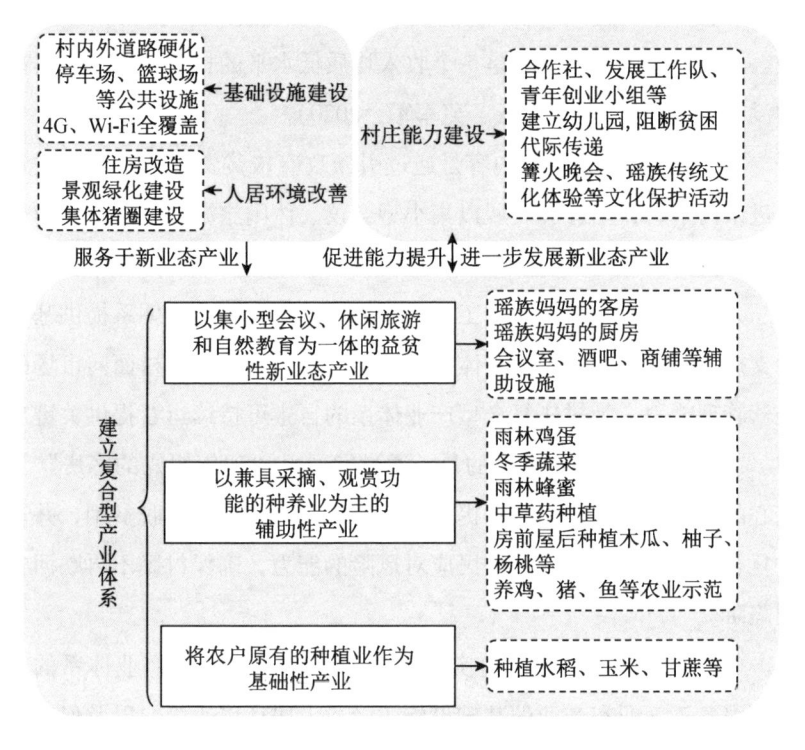

```
┌─────────────────────────────┐           ┌─────────────────────────────┐
│ 村内外道路硬化                │           │ 合作社、发展工作队、          │
│ 停车场、篮球场  ←基础设施建设  │           │ 青年创业小组等                │
│ 等公共设施                   │           │ 建立幼儿园，阻断贫困  ←村庄能力建设
│ 4G、Wi-Fi全覆盖              │           │ 代际传递                     │
└─────────────────────────────┘           │ 篝火晚会、瑶族传统文          │
┌─────────────────────────────┐           │ 化体验等文化保护活动          │
│ 住房改造                     │           └─────────────────────────────┘
│ 景观绿化建设    ←人居环境改善
│ 集体猪圈建设                 │
└─────────────────────────────┘
      服务于新业态产业↓        促进能力提升↕    进一步发展新业态产业

                ┌──────────────────┐  ┌─────────────────────┐
                │ 以集小型会议、休闲旅游 │  │ 瑶族妈妈的客房       │
                │ 和自然教育为一体的益贫 │  │ 瑶族妈妈的厨房       │
                │ 性新业态产业       │  │ 会议室、酒吧、商铺等辅 │
                │                  │  │ 助设施              │
                └──────────────────┘  └─────────────────────┘
  建              ┌──────────────────┐  ┌─────────────────────┐
  立              │                  │  │ 雨林鸡蛋            │
  复              │ 以兼具采摘、观赏功 │  │ 冬季蔬菜            │
  合              │ 能的种养业为主的   │  │ 雨林蜂蜜            │
  型              │ 辅助性产业         │  │ 中草药种植          │
  产              │                  │  │ 房前屋后种植木瓜、柚子、│
  业              │                  │  │ 杨桃等              │
  体              │                  │  │ 养鸡、猪、鱼等农业示范 │
  系              └──────────────────┘  └─────────────────────┘
                ┌──────────────────┐  ┌─────────────────────┐
                │ 将农户原有的种植业作为│  │ 种植水稻、玉米、甘蔗等 │
                │ 基础性产业         │  │                     │
                └──────────────────┘  └─────────────────────┘
```

图 1-1 "河边实验"框架图

件。第二，建立以雨林天然产品为主的辅助性产业。组织农户从事雨林鸡蛋、雨林蜂蜜、冬瓜猪、柚子、木瓜、芭蕉、冬季蔬菜、中草药等种养业，并将其作为辅助性产业，帮助农户进一步扩大收入来源，提升收入，减少单一产业所带来的市场风险。第三，支持河边村的传统种植业作为基础性产业。支持农户继续从事原有的水稻、玉米、甘蔗等种植业，一方面加大收入增长的幅度，另一方面保障农户的基本粮食需求，降低农户生计的脆弱性。"河边实验"在发展复合型产业体系的同时，也围绕新业态产业的发育进行基础设施的建

设、人居环境的改善和乡村治理能力的提升，以此为基础打造河边村集小型会议、高端休闲和自然教育为一体的会址休闲教育经济，核心是探索将乡村旅游转变成益贫性旅游的路径。"河边实验"所探索的益贫性旅游模式，是指在对自然环境和生态进行全面修复与保护的前提下，发展自然教育、休闲娱乐、小型会议相结合的旅游方式，而不是过去旅游产业资本下乡，圈占优质旅游资源、发展旅游区的方式。

"河边实验"的定位，从一开始就是通过建立以新业态产业为核心的复合型产业体系，帮助村民大幅度提升收入水平、拓宽收入来源，内核是通过新业态产业的打造和升级，推动传统要素聚集的村庄逐渐转向现代化生产生活方式，帮助乡村与外部市场充分对接，实现深度性贫困治理与乡村振兴的有机衔接，从而让乡村真正进入社会的整体发展进程当中。

走出贫困陷阱

如果用"两不愁三保障"的脱贫目标来衡量，河边村可以说已经脱离了贫困。目前，村民全都住进了具有瑶族特色的干栏式住房，有干净明亮的厨房，户户实现冲水厕所。随着集体猪圈的建成，村里也实现了居住上的人畜分离。入村道路和村内主要道路硬化完成，还有几条红砖小路连接着大路，路旁的热带果树、花卉绿植一年四季郁郁葱葱，村庄变成了花园。户均收入由 2016 年的 10 335 元增加到 2019 年的 31 181 元，增加了 2 倍多。不仅如此，适龄儿童全部入学，村内还建起了幼儿园，学前儿童全部进入幼儿园学习。即使按照"产业兴旺、生态宜居、乡风文明、治理有效、生活富裕"的乡村振兴目标来看，河边村在某种程度上也开始接近这一目标。"瑶族妈妈的客房"带动了新业态的形成，不仅使村民的生计结构发生了转型，也推动了热带雨林的保护，村民们基本不再向雨林"讨生计"。在雨林瑶家合作社的带动下，河边村的公共事务、环境卫生等都有了专人负责。各项产业在发展过程中也特别重视对瑶族文化习俗的保护，河边村逐渐走上了乡村振兴的道路。

河边村的变化突出地反映在产业结构的调整上。从村民的收入结构来看，2016年户均收入为10 335元，其中超过一半的收入来自农业经营，工资性收入和转移性收入占比都不足五分之一，财产性收入占比仅为5%左右，非农经营收入占比不足3%。经过4年发展，村民的收入水平明显提高，收入结构显著转变。2019年，户均总收入达到31 181元，是2016年的3倍还多，非农经营收入占比已经达到48%（其中新业态收入在总收入中的占比已经超过46%），务农收入占比则从2016年的56%下降到了2019年的16%。转移性收入在总收入中的占比略有下降，但绝对值也从户均1904元提高到了4266元，这主要得益于2019年新增的转移性收入项目，尤其以人口数量为单位发放的边民补贴，使得村民的转移性收入较往年大大提高。从实际负债情况看，2019年全村剩下11户农户未还清欠款，其中仅有1户仍未还清2015年以前家庭成员重病的借款，1户申请了4万元的银行贷款用于扩大农业经营规模，其余9户的借款均用于新房建设和装修，早年累积的债务基本还清。

新业态产业收入所驱动的非农经营收入的大幅提升，是河边村产业结构调整最明显的特征，也是推动村民收入大幅度提高的最重要因素。村民说："客房的收入解决了我们生活中的大问题。"到2019年为止，大多数参与"瑶族妈妈的客房"项目的村民，其收入中最重要的部分，就是来自客房和餐厅的新业态产业收入，而农业经营收入占比则大幅下降，大部分农户都将更多的时间投入到客房和餐厅等新业态产业上，这就是我们提出的"去农化"现象（李小云，2020a）。

新业态产业的意义是多方面的。首先，新业态产业推动收入提升的幅度很大。河边村村民户均收入从2016年的10 335元增长到2019年的31 181元，主要得益于新业态产业的贡献，其贡献度达到70%，这对于将河边村村民拉出收入性贫困陷阱发挥了关键性作用。其次，新业态产业收入不太受季节因素影响，分布在一年中不同时段，农民可以及时得到现金收入，这极大缓解了困扰农户的现金收入不足问题。以往农户常常要等到农产品收获并出售后才能获得收入，这一收入来源与他们平时需要的看病以及孩子上学等支出的时间周期并不一致，因此平时农户只有通过打零工来获得日常生活所需的现金，新业态收入则为他们解决了小孩上学等平时生活所需的现金问题。最后，各种会议、冬令营、夏令营以及全国各地的客人来到河边村，把河边村与外部世界更紧密地联系起来，扩大了河边村的社交圈，开拓了更多的收入渠道。很多客人不仅在客房居住期间与村民交流生活和思想，而且在离开河边村后仍然关注村庄。例如，一些客人离村后会继续购买河边村的农副产品，一些客人还积极帮助村民解决生活中遇到的困难。2020年，村民唐进杰在骑摩托车出村卖无筋豆的路上摔伤脊柱，在面对高额医疗费束手无策时，许多曾经到访河边村的客人都伸出了援手，最终为其筹集了4万多元医疗费用，使唐进杰得到了及时救治。此外，唐进杰由于受伤而导致家庭收入大幅减少，甚至交不起小女儿唐文兰在勐腊一中上学的生活费，最终还是依靠远方客人的及时资助，唐文兰得以完成其学业。

表 1-1 2015—2021 年河边村农户户均收入结构变化情况

收入项	2015年 金额(元)	2015年 占比(%)	2016年 金额(元)	2016年 占比(%)	2017年 金额(元)	2017年 占比(%)	2018年 金额(元)	2018年 占比(%)	2019年 金额(元)	2019年 占比(%)	2020年 金额(元)	2020年 占比(%)	2021年 金额(元)	2021年 占比(%)
工资性收入	4838	22.52	1843	17.83	3441	19.57	10 380	33.31	7043	22.59	11 869	32.13	13 605	31.03
务农收入	10 306	47.98	5822	56.33	6413	36.46	2651	8.51	4851	15.56	10 452	28.29	12 140	27.69
非农经营收入	69	0.32	260	2.51	4428	25.18	11 846	38.01	15 020	48.17	7026	19.02	7241	16.51
转移性收入	5197	24.19	1904	18.42	2158	12.27	5490	17.62	4266	13.68	7120	19.27	7513	17.14
财产性收入	1072	4.99	507	4.91	1148	6.52	798	2.56	0	0.00	476	1.29	2024	4.62
其他收入	0	0.00	0	0.00	0	0.00	0	0.00	0	0.00	0	0.00	1324	3.02
户均收入	21 482	100.00	10 335	100.00	17 588	100.00	31 164	100.00	31 181	100.00	36 943	100.00	43 847	100.00

注：2016年由于集中建房占用了大量时间，因此务工、务农收入均有所下降。同时，2015年发放了花梨木补贴等一次性补贴，2016年不再发放，导致2016年收入较低。

2020年8月，当时的国务院扶贫办主任刘永富曾到访河边村（社会服务处、国家乡村振兴研究院，2020），在与村民交流时，他发现村民的普通话比他的还好；到河边村幼儿园参观时，孩子们不惧外人，用普通话向他问好。对此，刘永富给予了很高评价，称"河边实验"是"减贫的中国案例"。

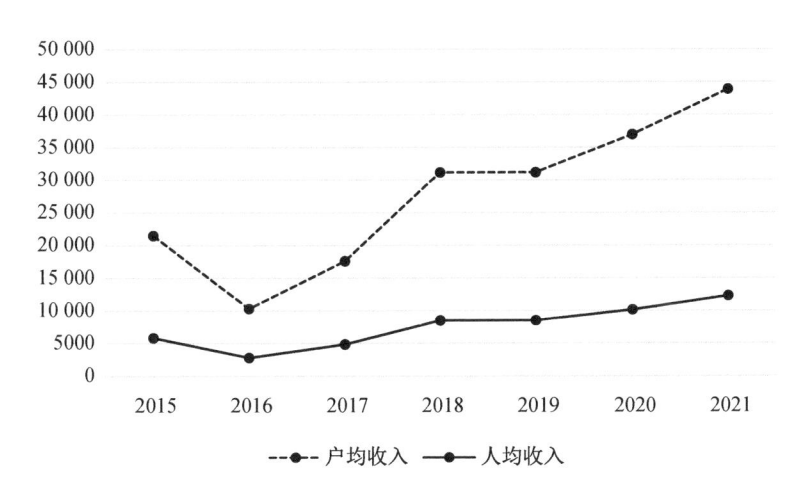

图1-2 2015—2021年河边村农户户均与人均收入变化情况

不仅如此，在"河边实验"发展复合型产业思路的推动下，河边村的收入结构也在不断宽化。尽管由于新业态产业的不断发展，很多农户减少了对农业的投入，但我们观察到，更多农户在不断拓宽自己的生计结构以提高收入水平。在新业态产业收入持续增长的同时，村民的户均工资性收入也保持持续增长，总体负债情况明显好转。收入是改善福利的基础，也是脱贫最重要的条件。如果没有收入的大幅提升，河边村的脱贫是不可能的。

与此同时，村民的消费状况可以更好地反映出其生活质量的改善。伴随着收入的大幅增长，河边村村民户均支出由2015年的

26 332元增长至2019年的40 673元，增长50%多。

从生活消费支出结构看，最为明显的变化是家庭设备用品消费大幅增长，从2015年的2881元增长到2019年的11 660元。这主要是因为2019年有27户村民新购买了摩托车，占全村总户数的47%，有的农户甚至新购买了两辆。摩托车是山区最便利的交通工具，拥有摩托车不仅让村民可以更好地维持客房的日常经营，也提高了村民自己的出行和生活质量。同时，由于较适合女性使用的踏板摩托车开始普及，河边村的"瑶族妈妈"大多骑上了这种摩托车，也因此能够更方便地购买食材、维持客房经营所需以及满足客人其他相关需求。冯楚维的妻子雷海燕身材娇小，骑挂挡摩托车外出对她而言不仅不方便，而且容易摔伤。因此，采购等许多需要外出才能完成的事项一般都依靠冯楚维完成。2019年购买了踏板摩托车以后，雷海燕可以独自外出采购所需食材，也可以接送两个孩子上下学。现在，冯楚维家里有一辆挂挡摩托车，还有一辆专供雷海燕使用的踏板摩托车，夫妻二人各有分工，生活便利程度明显改善。

此外，家庭食品消费支出也大幅增长，由2015年的660元增长至2019年的3365元，增幅达4倍，占生活消费总支出的比重也由4%提高至11%。食品支出的大幅增长，一方面反映出农户的"去农化"趋势，很多人不种粮食了；另一方面也反映出农户向市场购买食物这一生活消费习惯的逐渐形成，很多人家由于给客人提供餐食需要外出采购，自家的食材也跟着更多从市场采购，这一过程中，他们购买的食物种类也越来越多样。

2015年河边村村民娱乐用品和服务支出数据缺失，但从我们了解的情况来看，2015年家家户户都处在负债状态，进村的道路也没有修通，手机信号也未完全覆盖，村民很少有机会外出娱乐休闲，相应支出也比较少。2019年，河边村户均娱乐用品和服务支出费用已达2099元，占生活消费总支出的7%。2019年也是河边村村民购买手机最多的年份，网络的接通以及智能手机价格的下降，使得越来越多的村民开始使用智能手机。全村出现了一波购买手机的热潮，将近一半的农户购置了新手机，有些家庭甚至一年购买了三四部新手机。手机上网、手机游戏开始进入普通农户家。但是，大部分村民购买的智能手机都比较低端，价格普遍在1000—2000元，因而维修及更换频率也较高。但是无论如何，智能手机大大方便了村里中老年人以及小孩的日常生活。现在村里许多不识字的中老年人也能够通过微信语音与外界交流，疫情期间村里的大部分小孩都能通过智能手机上网课。

2015—2019年，村民医疗和教育支出均有所下降，在家庭消费总支出中的占比也分别降至8%和10%，尤其是医疗支出较2015年下降了一半左右，这主要得益于农村合作医疗的普及以及儿童教育费用的减免。2015年以前，教育和医疗支出是一个家庭的重要支出项，一人生病，全家举债；村里孩子因交不起学费而辍学的现象也十分普遍。1995年出生的雷文，曾以优异的成绩考入县一中高中部。他的数学成绩特别好，常常是班里第一名，他还是校篮球队的成员。但由于家里负担不起学费，考入县一中不久，雷文就辍学回家和父亲一起务农了。直到现在，说起辍学的遭遇，雷文仍然满是遗憾。脱贫攻坚开始以来，这种情况几乎就没有再发生了。建档立卡户家里的孩子上高中，还可以享受学杂费减免的政策。

表1-2 2015—2021年洞边村农户户均支出变化情况

支出项	2015年 金额（元）	2015年 占比（%）	2017年 金额（元）	2017年 占比（%）	2018年 金额（元）	2018年 占比（%）	2019年 金额（元）	2019年 占比（%）	2020年 金额（元）	2020年 占比（%）	2021年 金额（元）	2021年 占比（%）
家庭经营费用支出	6641	25.22	1055	2.61	3274	8.40	6662	16.38	5506	13.75	8753	19.45
生活消费支出	17 445	66.25	15 811	39.16	27 080	69.47	30 864	75.88	30 968	77.35	32 770	72.83
租房、建房及财产性支出	1824	6.93	22 214	55.02	7254	18.61	2017	4.96	1779	4.44	1837	4.08
礼金支出	422	1.60	585	1.45	471	1.21	733	1.80	427	1.07	239	0.53
保险支出	/	/	/	/	504	1.29	398	0.98	881	2.20	1072	2.38
其他支出	/	/	710	1.76	399	1.02	0	0.00	478	1.19	326	0.72
户均支出	26 332	100.00	40 375	100.00	38 982	100.00	40 673	100.00	40 039	100.00	44 997	100.00

注：2016年由于村民集中建房，影响了整体调查效果，数据缺失较多，未统计家庭支出，因此支出数据为2015、2017—2021年6个年度数据，且年度调查仅统计了家庭人口数及家庭收入，未列出统计图表中未统计项。后文统计图表中统计区间内部分年度数值均为无统计数据，而非制图错误，不再说明。"/"表示该年度无此统计项。

表1-3 2015—2021年河边村农户户均生活消费变化情况

支出项	2015年 金额（元）	2015年 占比（%）	2017年 金额（元）	2017年 占比（%）	2018年 金额（元）	2018年 占比（%）	2019年 金额（元）	2019年 占比（%）	2020年 金额（元）	2020年 占比（%）	2021年 金额（元）	2021年 占比（%）
食品	660	3.78	1591	10.07	3141	11.60	3365	10.90	2645	8.54	4609	14.07
烟酒	2760	15.82	1933	12.23	2676	9.88	2605	8.44	3110	10.04	3860	11.78
衣着	1003	5.75	905	5.72	926	3.42	855	2.77	953	3.08	940	2.87
家庭设备、用品及服务（水电等、家具购买）	2881	16.51	2003	12.67	5108	18.86	11660	37.78	9792	31.62	6137	18.73
交通	1006	5.77	1971	12.47	2311	8.54	1947	6.31	1602	5.17	3103	9.47
通信	1645	9.43	1883	11.91	2084	7.70	1975	6.40	1976	6.38	2519	7.69
娱乐用品及服务	/	/	69	0.44	393	1.45	2099	6.80	910	2.94	1910	5.83
教育	2880	16.51	2693	17.03	4105	15.16	2932	9.50	2644	8.54	2927	8.93
医疗	4610	26.43	2619	16.56	3213	11.86	2537	8.22	5782	18.67	3657	11.16
其他	/	/	143	0.90	3122	11.53	889	2.88	1555	5.02	3107	9.48
户均生活消费支出	17445	100.00	15811	100.00	27080	100.00	30864	100.00	30968	100.00	32770	100.00

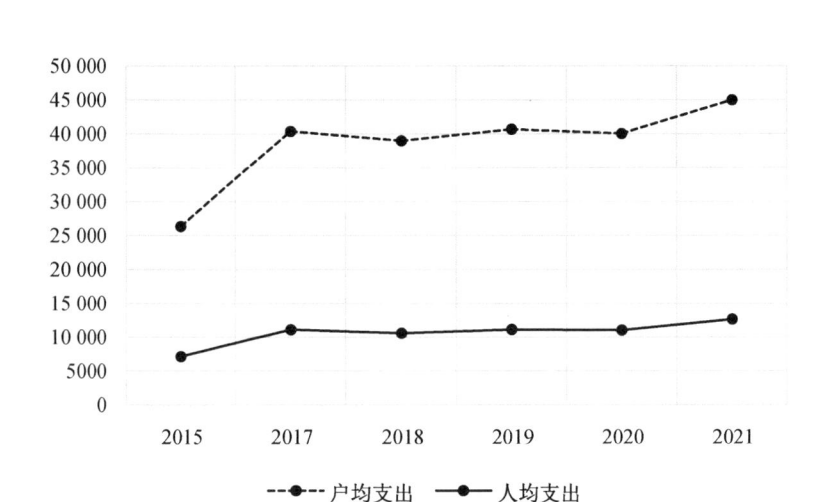

图 1-3　河边村农户户均和人均支出变化情况

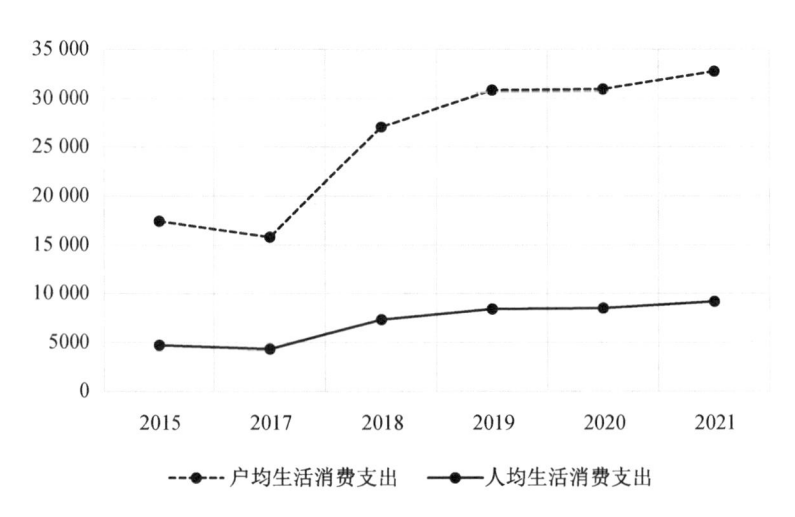

图 1-4　河边村农户户均和人均生活消费支出变化情况

上文已经提到，如果从"两不愁三保障"的标准来看，河边村可以说不再贫困。但是，如果用我们的数据大致测算河边村农户的可支配收入①，我们会发现，其收入仍然低于云南贫困地区的农民和全国贫困地区的农民的收入，更不用说普通农村居民了。从相对贫困的视角来看，河边村在全国范围可能还是属于相对贫困的群体。不过，按照 2010 年不变价 2300 元的绝对贫困标准衡量，河边村也已经是脱离贫困了，并且从连续的数据来看，其收入增幅很快，要高于其他几组，显示出其正在"赶上发展的列车"的特征。从消费的角度看，河边村村民的生活质量也有了显著的提升。村民对于河边村以及自己生活的变化也普遍感到满意。从 2019 年开始，村里开始有了家用小汽车，且数量还在不断增加。村民说："以前家里能有一辆摩托车都已经是十分高兴的事情了，更不敢想象有一天能开上自己的小汽车，这简直就像做梦一样。"

表 1-4　2015—2021 年全国、云南以及河边村的人均可支配收入变化

单位：元

年份	全国常住农村居民	云南常住农村居民	全国贫困/脱贫地区农民	云南贫困/脱贫地区农民	河边村村民
2015	11 422	8242	7653	7070	4022
2016	12 363	9020	8452	7847	2801
2017	13 432	9862	9377	8695	4346
2018	14 617	10 768	10 371	9595	6878
2019	16 021	11 902	11 567	10 771	6359
2020	17 131	12 842	12 588	11 740	8373
2021	18 931	14 197	14 051	13 027	10 203

---

① 文中提及的可支配收入数据统计项为工资性净收入、务农净收入（由务农收入扣减农业生产经营支出计算）、非农经营净收入（其中客栈收入扣除 10% 的成本，餐厅收入扣除 50% 的成本）、转移性净收入、财产性净收入以及其他收入。且由于农户很少记账，仍然存在遗漏以及数据不完全精准的情况，农户实际收入一般都高于我们的调查数据。

应对风险

自2015年"河边实验"开始以来,每年我们都花很多时间在村里和村民一起开展有关的实践工作。每年的寒假,我们的师生还会前往河边村开展上一年度的家户生计情况调研,然而2020年的春节是个例外。由于新冠疫情突如其来,我们没有人能够前往河边村,只能通过微信和村民交流。村民告诉我们,冬季蔬菜运不出去,都烂在地里了。直到6月份,随着疫情形势的好转,河边村终于迎来了2020年第一场会议活动,来自云南昆明从事乡村振兴工作的40多名干部来到河边村交流培训。大多数河边村村民自此才有了2020年第一笔来自新业态的收入。那么,疫情对河边村村民的生产和生活产生了怎样的影响?

程国强等人(2020)的研究表明,新冠疫情防控导致乡村民宿、农家乐、个体经营户等闭门停业,特别是乡村旅游产业链上的各类经营主体受损较为严重。姜长云等(2020)基于山东三县农村调研结果表明,新冠疫情对农业农村经济影响显著,尤其是对村庄消费和生活性服务业冲击严重。芦千文等(2020)通过全国抽样调查研究也表明,经营餐饮住宿和超市零售的样本户更易受到疫情冲击而停业,由此带来的月经营收入减少50%以上的比例要远高于加工、运输等其他非农产业。从河边村的收入统计情况来看,新业态产业也受到了疫情的巨大冲击。2020年6月之前,因疫情防控等影响,河边村几乎没有接待任何外部的客人,即便在管控放松的下半年,六七个早已计划好的夏令营、冬令营自然教育项目也因为种种不确定性而取消。全村新业态产业总营收从2019年的70.4万元,下降到2020年的25.9万元,减少了63%,其中客房总营收较2019年减少了58%,餐厅总营收较2019年减少了78%，这都显示了疫情对河边村新业态产业的巨大冲击。

表1-5　2017—2021年河边村新业态收入变化情况

收入项	2017年	2018年	2019年	2020年	2021年
餐厅总营收(元)	32 744	130 810	188 720	42 417	38 070
营业餐厅数量(个)	3	5	5	4	5
餐厅平均营收(元)	10 915	26 162	37 744	10 604	7614
客房总营收(元)	146 418	338 680	515 750	216 525	225 576
客房项目参与户数(户)	37	45	47	45	39
客房户均营收(元)	3957	7526	10 973	4812	5784
新业态产业总营收(元)	179 162	469 490	704 470	258 942	263 646
新业态产业户均营收(元)	4842	10 433	14 989	5754	6760

注：该表统计的是河边村所有农户获得的新业态营收。

疫情对河边村新业态产业的冲击与疫情对全国旅游业的影响的大趋势基本相似，然而对于兼业化的河边村村民而言，疫情在某种程度上又成为他们拓宽生计结构的动力。在疫情影响下，河边村村民通过更多地捕捉打工和务农机会来弥补非农经营收入的下降。

2020年，河边村的妇女更加频繁地到邻村的西瓜大棚、无筋豆地里打零工获取收入。从2020年1月开始，由于疫情防控的需要，村民流动受到了很大限制。河边村妇女组长雷巧娟与村里的一些女性一起，住到了勐伴镇红卫小组附近的西瓜地里，3个月仅回家2趟，每人都攒下了近1万元的务工收入。2020年下半年疫情好转后，也有几个村民尝试外出务工。赵队长家的小儿子赵奇、唐会计家的小儿子唐虎、唐齐发家的小儿子唐宾，经由村里介绍，前往江苏苏州的电子厂成为流水线工人，每小时工资17元，每月工资3000多元，基本能够满足个人日常生活开支，也减轻了家庭负担。

表 1-6 2015—2021 年参与新业态项目农户收入变化情况

收入项	2015年 金额(元)	2015年 占比(%)	2016年 金额(元)	2016年 占比(%)	2017年 金额(元)	2017年 占比(%)	2018年 金额(元)	2018年 占比(%)	2019年 金额(元)	2019年 占比(%)	2020年 金额(元)	2020年 占比(%)	2021年 金额(元)	2021年 占比(%)
工资性收入	4695	21.86	1819	18.38	3437	20.08	10 201	33.34	6948	22.62	11 560	31.98	12 813	30.07
务农收入	9806	45.65	5472	55.28	6179	36.10	2545	8.32	4825	15.71	10 300	28.49	12 017	28.21
非农经营收入	69	0.32	260	2.62	4428	25.88	11 846	38.72	15 011	48.87	7026	19.44	7241	17.00
转移性收入	4580	21.32	1840	18.59	1922	11.23	5276	17.24	3932	12.80	6787	18.77	7188	16.87
财产性收入	976	4.55	507	5.12	1148	6.71	726	2.37	0	0.00	476	1.32	2024	4.75
其他收入	0	0.00	0	0.00	0	0.00	0	0.00	0	0.00	0	0.00	1324	3.11
户均收入	21 482	100.00	9898	100.00	17 113	100.00	30 595	100.00	30 716	100.00	36 148	100.00	42 606	100.00

注：该组数据统计了 39 户参与新业态项目并且在我们 2015—2021 年连续调查范围之内的农户的收入数据。

从农业生产情况来看,河边村村民集中种植橡胶的时间是2005—2007年。由于河边村海拔稍高,达800多米,这里的橡胶树需要12年左右的幼树生长期才可以开始收割(相比之下海拔较低的纳卡村的橡胶树只需8年就可以开割),且前两年的出胶量比较小。从2020年开始,大部分农户的橡胶树都可以开始收割了,且胶水收购价格也由2019年的4.6元/公斤提高到了2020年的6.2元/公斤,户均割胶收入也从2019年的4607元增长到2020年的7886元。割胶收入部分弥补了新业态收入的下降。

在"河边实验"复合型产业示范的支持下,河边村村民也扩大了养鱼、养猪、养蜂的规模。2020年,冯志远一家抓住了生猪价格提高的有利时机,扩大了生猪养殖规模,2021年共养了9头大母猪,每头母猪每年可以下2窝猪崽。由于冯志远的饲养技术比较好,他家母猪下崽的存活率特别高,每窝都能有10多头小猪崽。2020年,冯志远家的小猪崽每头可以卖1500元,1窝猪崽能卖1万多元,且常常是母猪还没下崽,小猪崽就已经被周围的村民预定完了。

许多研究表明,新冠疫情对我国农业农村发展和农村持续增收产生了不同程度的冲击,农民外出务工受阻、就业稳定性下降、收入增速下滑且局部减收风险较大;疫情期间,小农户还面临着复工复产难、产业链中断等问题(魏后凯、芦千文,2020;何永林、曹均学,2021;金宇、郭芳芳,2020)。但河边村农户的收入却不降反升,这里有几个方面的原因:一是村民务工的选择相对较多,他们既可以去外地打工,也可以到县城务工,此外更多的机会来自邻近村庄的农业务工,这主要是由于勐腊县作为边境农业县的特点,一方面城市地区对反季节蔬菜的需求推动当地成为反季节蔬菜瓜果的生产基地,需要大量农业生产人员;另一方面山区、半山区的自然地理限制,农业机械化、规模化程度低等特点也使得小规模、灵活化的农业雇工需求广泛存在。二是胶水收购价格的上涨和农民对橡胶收入的重视。三是"河边实验"推动下村民收入来源的进一步拓展，村民更加积极地开拓新的生计来源，实现了"东边不亮西边亮"的效果。四是经过过去几年"河边实验"的培训，尤其是建房过程的培训，许多村民的盖房、装修技术都大有长进，能够承接更多建房工程，获得更多新兴务工收入。

进一步对比河边村村民的消费支出发现，2020年河边村户均支出40 039元，较上一年度稍有下降，但支出的总体结构基本稳定，其中生活消费均保持在整体支出的75%左右。从具体细项来看，各支出项有增有减。家庭经营费用支出占比由2019年的16%下降到2020年的14%，这是由于2020年增加了粮食作物种植面积，减少了经济作物种植面积（经济作物中，由于橡胶、砂仁[①]等为早年种植，种植面积基本无变化，因而经济作物种植面积的减少主要来源于冬季蔬菜等种植面积的减少）。村民对水稻、玉米等粮食作物在种子、化肥、农药等方面的生产投入，一般都低于对无筋豆、南瓜、辣椒等经济作物的生产投入，且河边村粮食作物的生产大多采取帮工互助的形式，也节约了一定的雇工费用。[②]

表1-7 2017—2020年河边村农户农业种植变化情况

类别	2017年	2018年	2019年	2020年
粮食作物种植总面积（亩）	245.1	282.5	268.0	350.8
户均粮食作物种植面积（亩）	5.7	6.6	6.2	8.2
经济作物种植总面积（亩）	1794.5	1940.5	1808.5	1716.0
户均经济作物种植面积（亩）	41.7	45.1	42.1	39.9

---

① 一种中药材，是河边村2015—2017年很多家庭务农收入来源中的一部分。
② 国家统计局数据显示，2020年1—3月，乡村消费品零售总额10 725亿元，同比下降了17.7%，河边村降幅低于全国平均水平。

从生活消费支出细项来看，2020年河边村村民户均食品消费支出小幅下降，从2019年的3365元下降至2645元；但烟酒支出却从2605元提高到了3110元。这是由于疫情前期防控严格，外来游客减少，村民外出采购食物次数减少，因而食品支出有所下降；但也正是外出次数减少，村民在村内的聚会增加，导致烟酒支出明显提高。有村民说："不能出去就在家里抽烟喝酒了，疫情期间我给村里小卖部贡献了两三千块钱呢。"

值得关注的是，疫情并没有导致河边村家庭设备用品消费的减少。2019年由于农户集中购买摩托车且有1户农户购买了汽车，家庭设备用品的消费大幅提高；而2020年以来，村里陆陆续续有6户农户购买了汽车，这也导致2020年以来生活消费一直保持较高水平。

增加最为明显的是医疗支出，主要是几户出现了大额医疗开支。2020年上半年村民唐进杰遭遇严重车祸而产生大额医疗费，唐齐发的妻子也因为患淋巴瘤而多次就医，医疗支出显著增加；此外，还有3户人家因女性生产住院花费较大，最终导致户均医疗支出明显上升。但剔除产生极值的医疗支出数据之后，其余农户的医疗支出与往年基本持平。因此，某种程度上，疫情期间，特别是在减收风险持续期间，河边村村民消费水平虽有所下降，日常消费受到一定程度的抑制，但并没有影响到基本生活水平。

脱贫攻坚以来，河边村人居环境有了明显改善，村民日常生活消费的现金支出也有了一定增加。不可否认，各年度统计数据可能存在一定误差，但是从整体趋势看，村民在日常消费方面的支出始终维持在满足基本生活需求的水平上，即其生活消费存在较大的刚性。因此疫情期间虽然收入下降，但村民无法通过压缩基本生活消费来减少开支。此外，由于闲暇时间增多，一些村民反而增加了烟酒消费。遇到雨天无法劳作时，村里的男性总爱聚在一起喝酒，从白天喝到夜晚。事实上，河边村的男性一直保持着喝酒这种社交方式，尽管这会给他们的家庭带来经济负担，但是被请过的人总会找机会办一桌菜请回去。只要闲下来，人们就有理由聚在一起喝酒。2019—2020年的消费数据显示，虽然疫情造成了收入结构的变化，但是这一变化并未直接影响到基本生活。主要原因在于，农户的收入基本能够满足日常生活消费支出的需要。这从侧面印证了河边村脱贫的成果，疫情冲击整体上并未影响村民已经达到的生活水平。

总的来说，从数据上看，疫情的确对河边村农户的收入产生了影响，这一影响主要是结构性的；此外，疫情并没有从根本上影响农户的消费，这与我们在疫情之后到达河边村所观察到的情况比较一致。农户在总体上比较安定，生活与往常一样，各类生产活动也不断开展。当然这也与2020年疫情只在半年里真正影响河边村有很大的关系。2020年6月份以后，随着疫情的逐渐缓解，河边村的经济活动开始恢复，也陆陆续续有了新业态的活动。虽然新业态的规模没有恢复到2019年的水平，但还是给村民带来了一定的收入。更为重要的是，从2020年下半年开始，村民似乎感受到了完全依靠新业态的风险，更多农户开始拓展收入来源，寻找新业态的替代性生计。2020年农户收入最显著的变化，是来自农业经营的收入开始反弹，出现了生产活动的"再农化"趋势（李小云，2020a）。大部分农户都将更多的时间和精力投入到农业的生产与经营上，正如村干部所说："我们还有土地，只要有地在，就不会饿着。"

疫情一方面影响了农户来自新业态的收入，但另一方面也给农民提供了一个产业单一带来风险的教训。相比于2018—2019年，农户到了2020年以后回归农业生产的积极性有了很大提高。2021年，村里许多农户都开始张罗着种芭蕉，第一年5、6月种下，第二年10月就能结果。村里有20多户农户计划种芭蕉，预定了6万多棵芭蕉苗（有9000棵为早期已在勐伴镇采购的，新增5万多棵则是到普洱种植基地采购的）。按照合理密植的标准，每亩地大约种植110棵芭蕉，全村将新增500多亩芭蕉种植面积。更为关键的是，野象破坏芭蕉的保险赔偿金额，按照树苗的大小每棵为4—10元不等，保守估计每棵芭蕉的成本在2—3元，无论是销售还是被破坏获得赔偿，村民都不至于亏钱，因此都更乐意种植这种风险较低的经济作物。这也是河边村经历脱贫攻坚、发展新业态产业和遭受新冠疫情冲击的一个学习过程。

重新认识小农

我们在讨论像河边村这样一个相对封闭的贫困村庄的发展时，不能忽视农户生计在很大程度上仍然是生存性的（尽管其生存性的内涵与传统小农的生存性有所不同），而生存性生计的首要目标还是降低风险。正如斯科特（2013：30）在《农民的道义经济学》中所述："安全第一确实意味着，围绕着日常的生存问题，有一个防御圈。在防御圈内，要避免的是潜伏着大灾难的风险；在圈外，盛行的是资产阶级的利润计算。"显然，对于河边村村民来说，风险仍然是影响自身发展的决定性因素。河边村村民努力学习新技能、发展新业态，但在感受到风险时，又会迅速返回其认为相对安全的领域。他们也具有很大的灵活性来拓展以家户为单位的生计结构，这是小农生存发展的重要特质。小农一旦失去了面对千变万化的外部世界的灵活性，他们的生计就会处于风险之中（陈军亚，2019）。

河边村村民向农业的回归不仅表现在单纯回到养殖业和种植业，他们还在疫情中通过改进技术、扩大规模来增加农业经营收入，从而弥补新业态遭受的损失。例如冯志远一家，不仅向在县里开小卖部的大姐夫学了烤酒技术，还与其合作扩大了养殖规模。

河边村在疫情条件下生计结构的"再农化"仅仅是村民应对收入风险、拓展生计来源的一个方面，另一方面，他们还通过拓展其他技能性的活动来增加收入。例如，利用自己在建房过程中学到的技能外出承包建房业务；学习互联网技术，通过直播售卖蜂蜜和自己制作的染布机。2020年，唐齐真一家通过建厨房、建幼儿园获得的收入已经达到2万多元。现在，外村许多需要建房的村民也会主动来找唐齐真去建房，村里一些想要外出找活干的村民也会找唐齐真帮忙打听。胡瑶财一家通过抖音学到了制作瑶族染布机的技术，同时通过微信群聊，接收了来自刮风寨①的十几台染布机订单，每台染布机能够获得1700元收入，胡瑶财一家仅靠木工就已经收入了2万元。不仅如此，胡瑶财还将制作染布机的技术教授给村里的单身汉蒲成文，目前蒲成文也通过销售染布机获得了一定的收入。蒲元丰通过在快手平台上做直播销售自己的雨林蜂蜜，已经是小有名气的"网红"。不仅如此，蒲元丰还通过网络平台学习了许多养蜂技能，已经有一些养蜂团队和企业找他合作开展蜂种研究。这样的故事比比皆是，在后续章节中我们将详细呈现河边村每家每户是如何通过捕捉各种机会拓展其生计结构的。

本章中我们主要用平均数据在总体上呈现河边村村民如何实现脱贫、应对风险，实际上，不同的农户由于劳动力数量、受教育程度、

---

① 刮风寨是易武乡下辖的一个瑶族村寨，主要产业为茶叶。因与河边村多户有姻亲关系，因此两寨人员经常互通有无。

已有的基础、与外界的联系以及与村里的社会关系的密切程度等原因，其拓展生计、应对风险的能力也表现出一定的差异。河边村农户的生计与收入在整体上并未受到疫情的影响，但这并不意味着每一户的情况都一样。的确，有些村民受疫情影响很大，生活和生计都处于困难之中。但是，2020年河边村的总体生计景观仍然展示出了这些脱了贫的小农在风险来临时，已经具备了一定抵御风险的能力。这一方面与河边村农户本身所具有的不折不挠、灵活敏捷的特性及其紧密的社会互助网络相关；另一方面也与脱贫攻坚的实施所建立的各种政策性保障相关，而这一点是传统意义上的小农所难以比拟的。下面的章节中，我们将以家户为单元来展示河边村小农的生产与生活叙事，从而呈现从脱贫到应对风险的过程中国家、社会与个体的互动图景。

第二章
村里的"干部"

当我们将全村所有农户名字写在卡片上进行分类时，有几位立刻"脱颖而出"：他们和我们的关系很近，无论我们是在村里还是在外面，他们都能与我们保持密切联系，共同做事。他们负责组织村民、接待外来人员，也负责我们的生活和工作。用我们的话讲，这些农户的积极性高；用村民的话讲，这些人都很精明，懂得为自己谋取有利条件。这几位都是村里的"干部"，或者说是有"职务"的人，他们要么是支书、小组长，要么是合作社的管理者。他们的一个共同特征就是处于某种体制之中，相比于其他农户更擅长把握各种机会：通过与外界（地方政府、社会组织、市场等）不断地、紧密地互动，他们将自己所拥有的资本——无论是政治的、经济的还是社会的——与制度紧密相连的机会相结合，并转换为自身生计提升的动能。

一些研究会用"乡村精英"来定义这些人，认为他们在政治、经济、社会等维度较普通村民处于优势地位。但是，对于河边村这样一个农业主导的、经济发展程度极低、社会主要依赖血缘亲缘关系且相对封闭的自然村落而言，其经济、政治、社会的结构性分化远未形成，因此这里很难说有所谓的"乡村精英"。上述这些人大多当过村干部，或在合作社任职，因此与其他村民相比显得更加突出，但归根结底，他们能被选上并承担这些职务，多少还是因为具备一些大家认可的才干。事实上,他们在被选上村干部或者合作社经理的职务前,要么自己家庭生计搞得相对较好,要么有出去闯荡的阅历。在"瑶族妈妈的客房"项目进入河边村后,这群人利用自己的才干和优势,将外部注入的机会转换为新的生计资本,从而实现生计的提升。需要说明的是,其对机会的把握并非农户借用外部资源的单一向度,在很多情况下,也能看到地方政府和社会组织利用这些农户本身的能力或威望来推动项目的进行。这些人依托与我们的关系以及他们中好几位都是村干部的条件,率先获得了一些资源和机会,也获得了一定的收益,即其他村民口中"更大的好处":"河边实验"支持村里建成了5个餐厅,其中4个就是由这部分农户开设的;村里4户升级改造的高端客房,其中3个也由这部分农户经营。在同样的时间内,这批人几乎成了村里条件最好、话语权最大的群体。脱贫以后,村里有了8辆汽车,这几位就有3辆;他们的收入也与村里的平均收入拉开了档次。一个明确的结论是,这些农户,相比于其他章节的农户,其生计更多地受益于微观层面的"河边实验"以及更为宏大的脱贫攻坚这样一个过程。

部分学者将扶贫工作中一部分有权力的群体有限捕获发展机会和发展项目带来收益的现象称为"精英俘获"(elite capture)。国内学者邢成举(邢成举,2014;邢成举、李小云,2013)、刘升(2015)、吴高辉(2018)、李祖佩(李祖佩、曹晋,2012)等人也提出,现代的"精英俘获"行为已经不同于传统意义上的货币获取。面对实物、政治资源、社会资源等非货币型扶贫资源,乡村精英更多借助项目制、后税费时代农村形成的结构性权力真空和地方社会对精英的认同文化,俘获扶贫资源使用权,从而占据扶贫资源产生的大部分收益。但是,这一研究进路隐含了很大的批判性,暗示了常规发展干预项目可能带来的道德风险问题。从河边村的扶贫实践来看，这些"村干部"通过自己的工作和努力来获得更多有利于自身发展的机会，并非一种负面行为，而是一种差异化的生计体现：这些人在外部干预下，率先越过贫困陷阱的某种门槛，实现了生计的整体提升。从功利主义的角度来讲，"村干部"对外来机会的率先尝试，也在某种程度上为其他农户承担了一定的机会成本，或者说试错成本，使后来者得以明确外界所带来的究竟是"机会"还是"风险"。此外，他们对"机会"的把握也建立在本身具备一定条件的基础之上，换句话说，正因为具有这些条件，他们更能提升干预的成功率，将机会转化为现实。而从道义经济学的角度来看，他们对于经济机会的把握确实会挑战传统社会平均主义的伦理，因此现实中，我们也看到这些人或多或少遭遇到乡村社会的道义压力，其中承担公共性职务的村干部受到的压力最为明显，而不同的人对于这一压力的应对也不同。

　　理论上，这部分群体是在扶贫实践的过程中，率先接近现代性的群体。他们借助本身所拥有的特定能力和条件，通过与外界高频率、深层次、日常化的互动，不断调整和适应乡村内部与外部世界的伦理规范。在他们身上，我们看到了扶贫开发的微观实践，看到了小农脱离贫困的种种尝试。村支书雷中山在与外来干预的积极互动中，不仅率先发展客房、建立餐厅，还将自己的儿子推进合作社成为管理团队中的一员。他们家的生计结构也从农业生产为主逐步转向更广泛的、包含新业态、工资等在内的多元化生计。但在这一过程中，支书的身份也使他在村庄平均主义状态被打破时让渡了不少以家户为单位的个体利益。赵队长家的案例，呈现了一个村干部如何在"河边实验"的不同阶段，调适自己对于时间、精力等投入的分配，以在乡村的集体发展和家庭生计中找到平衡点。唐会计家是村里收入较高的农户之一。作为村干部，他在努力满足各方诉求的同时，也不断经由村干部这一基层政府与乡村社会不断遭遇的特殊界面获取更多的信息，以实现家户利益的最大化。冯楚池作为村干部、合作社管理团队的一分子搭建了新的网络，并借助这种关系网络展开各种尝试，如开客房、做农业示范、开酒吧、承接合作社餐厅、开鱼庄等，形成了丰富多变的生计样态。胡东尚因为"河边实验"回到家乡参与建设并最终成为"乡村CEO"，在这一过程中他家的生计也转变为一个以新业态为主的、高度面向市场的结构。唐长光是青年创业小组中年龄最大但学历最低的成员。在"河边实验"过程中，他掌握了较为全面的建房技术，还以合作社工程总监、建房"专家"的身份进入更加专业的技能市场，实现了生计的转型。蒲元丰因为离婚导致的家庭结构变动调整了生计策略，从过去依靠劳动密集的农业种植转向相对更高附加值的微型农业养殖。他在这个过程中由于展现出应对市场、善于学习的能力而被发掘进入合作社管理团队，这也最终使其转向以高端客房为主的生计形式。

需要强调的是，尽管我们把这群人都称作"村干部"，但并不意味着他们采取的是完全一致的生计策略。在运用才能及把握机会的过程中，这些案例也具有一定的差异性，其生计变迁也呈现出不同的特点。但毋庸置疑的是，他们相较于其他农户更能积极地把握机会，增强家庭的韧性和动力，实现生计的稳步提升。

支书家的变化

"感谢党的领导，我们河边村才有今天。现在要建集体猪圈是件很好的事，我愿意把我们家的地让出来，给村里建猪舍。"这是2018

年建设集体猪圈时，村支书雷中山在村民大会上的表态。当时站在一旁的妻子脸色都变了，显然雷支书还没来得及与之商议，但现场气氛热烈，把他推到了风口，他只好顺势捐地以动员众人。

雷中山是村里的老党员，也是在任时间最长的村干部，从20世纪80年代村子搬迁至现址担任资料保管员，到2021年卸任村小组党支部书记，总共34年，为村里争取了通电、通自来水等多个公共项目。2015年河边村启动脱贫项目以来，他一直十分配合扶贫团队的工作。为了推动村里的猪圈改造，他答应李小云教授的请求，免费让出土地给集体使用，并且在村民大会上带头表态，由此动员了另外4户村民让出合适的建设用地，加上一块集体土地，建成6个集体猪圈。村干部就像村庄集体行动的发动按钮，只有转动他们，才能获取众人之力，有效推动农村发展。正如旷宗仁等人（2004）指出的，农村的发展是在各种环境中通过乡村精英的先锋模范和骨干带头作用取得的快速进步。

对于扶贫团队而言，村干部的积极配合是乡村建设的重要推动力，相应地，助力村干部的生计发展也能撬动他们带头参与的积极性。雷支书家坐落于入村小桥的十字路口，被定为1号门牌，是村内人流集散的重要地点。扶贫团队早期的工作室便设在一楼，关于村庄的各种规划都是从这里产生的。经过2015—2016年两年的磨合与互助，雷支书逐渐适应扶贫团队的工作风格，也较早从合作中实现自家生计的突破与提升。早在捐地事件之前，扶贫团队就率先将雷支书家作为客房示范户，支持他家进行房屋改建和客房装修，这期间所使用的工具和部分技工费都由实验项目支出，他还会得到与其他农户相同的各种补贴。他家是村内最早获得新业态收入的农户之一。

在过去几年里，雷支书家经历了明显的生计结构变动。回溯到

2015年，其家庭总收入2万余元，75%的收入靠割胶、养猪、种甘蔗等农业生产活动获取，当时教育开支较大，家庭整体处于入不敷出的状态，被纳入贫困户名单。2017年雷支书率先完成"瑶族妈妈的客房"装修，成为村里第一家接待客人的农户，家庭经济重心逐渐转向新业态。2018年在扶贫团队的支持下，又建起了农家餐厅"进福食堂"，家庭收入得到显著提升，从24 890元跃升到61 379元。2019年家庭非农经营收入已经将近5万元，家庭总收入近8万元，是2015年的3倍多，可以说已经完全脱贫。2020—2022年受到疫情影响，全国文旅产业萧条，河边村也不例外，反映在雷支书家的生计上，则是客房与餐厅收入降到2019年的1/3。然而，其家庭总收入却没有发生明显的下降，生计模式由侧重新业态过渡到以务农、务工、服务三者兼业的状态。雷中山的务农收入与非农经营收入呈现相反的变动趋势（图2-1），当旅游产业发展良好时，他选择将精力投入非农产业，而当文旅市场收缩时，则倾向于"再农化"策略，转向保底的农业产业。

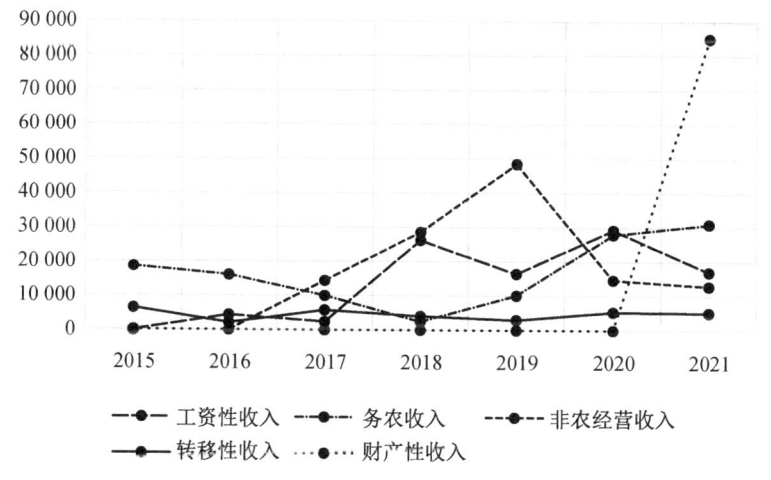

图2-1　2015—2021年雷中山家庭主要收入项目变化情况

一个家庭的生计变动往往是伴随着家庭成员的生命发展历程发生的。雷支书一家4口人，他和妻子是主要的劳动力。儿子雷斌高中毕业后在景洪打工，因为一直攒不下钱便于2018年回村，2019年被吸纳为雨林瑶家合作社的"财务总管"，负责账务、发票等事宜，后于2021年底辞职。女儿雷婷2016年考上大学，毕业后辗转回到勐伴镇的卫生院工作。通过对他们家的家庭收支情况进行比较，我们不难发现，在2018年以前，雷支书一家仍处于入不敷出的状态，且支出呈现逐年增长的态势，而当家庭总收入超过总支出以后，收支曲线的波动变得剧烈起来（图2-2）。

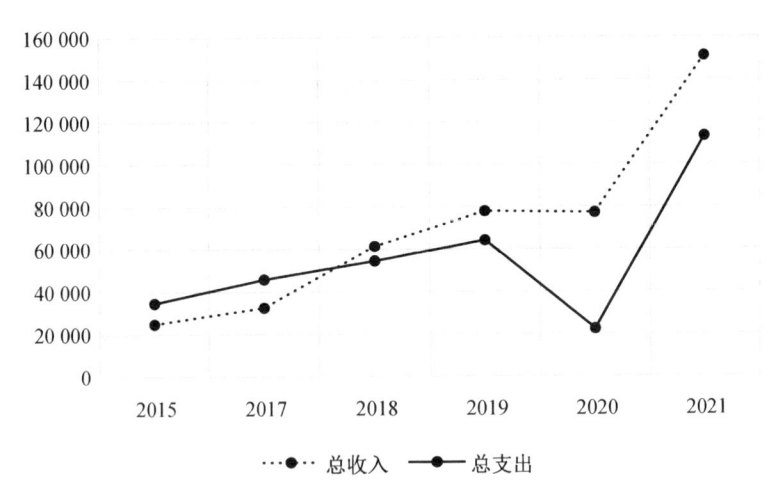

图2-2　2015—2021年雷中山家庭收支变化情况

2018年餐厅与客房收入的增加大幅提高了雷支书一家的收入水平，不过新业态的经营成本也导致家庭总支出的增加，因此总体实现了收支平衡且略有盈余。2019年新业态收入达到高峰，餐厅成本也得到有效控制，加上雷斌回村后开支减少，雷支书一家的盈余进一步增加。2020年新业态的收入受到较大程度的削弱，而"再农化"策略使得总收入基本维持稳定，但是支出方面却呈现较大幅度的减少，甚至低于2015年的水平。因为疫情之下雷中山一家维持了较低的生活消费开支，食品、衣服、交通、通信等基本生活开支为10 000元左右。2020年6月雷婷大学毕业参加工作，只跟家里要了半年的生活费，也不需要再缴纳学费，减少了教育支出。

然而，2021年雷支书的家庭收支数据却出现了陡增（图2-2）。那是因为眼见村里陆陆续续有新车开进来，雷斌也跟父母提出要买车，雷支书起初犹豫一番，后来同意儿子的请求，将几年前在山下村寨购买的土地转卖出去①，得到8.5万元的现金收入，随后购买了一辆15万元的轿车（其中将近7万元为贷款）。雷斌长得白白净净，穿得也体面，看起来完全是个城市青年。早在2018年他就曾用自己打工一年攒下的8000多元买了一部最新款的苹果手机，也穿上了阿迪达斯、耐克等潮流运动品牌的服装。2018年他在日料店打工收入2万元，基本都用于个人消费；2019年在合作社时由于每个月的补贴只有1000元，导致家庭工资性收入整体下降。不过雷支书觉得，"总比他在外头把钱花光好，在家里起码可以帮忙干点农活，花费也少一点"。

与儿子相反，雷支书夫妇平常生活节俭，三餐的饭菜十分简单，不劳动的时候一把腌菜和白饭就解决一餐。他们对于较大的开支都是斟酌再三，村民们私底下说"雷支书太抠门了"。不像赵队长、唐会计每年在烟酒方面的花销都超过1万元，他一般都是买便宜烟丝来抽水烟，只有在请客时家里才会买酒和香烟招待客人。但是面对儿子的消费，他基本言听计从。他对雷斌卖地买车的事表现得很平淡，他

---

① 农民之间的私人土地流转协议，一般只有村组干部和其他村民作为证明人，但在当地是有效的契约。

说:"反正那块地以后也是要给他的,他想拿去买车就给他吧。"我们从来没有听说雷支书与儿子因为消费问题起冲突。此外,雷婷读大学期间,每年在校生活费约为 12 000 元,虽然不算太多,但也已经超过全家人在村里的花费,雷中山两口子也从未说过什么。

雷支书作为生活于乡村社会中的有威望的长者,受乡村礼俗、道德、关系、人情等乡村文化网络的深刻影响,也具有在村庄内部生产和积累声望资本的内在需要(罗大蒙、吴理财,2023)。他和儿子同时在合作社任职。他作为理事会成员拿着每月 1000 元的补贴,但实际较少参加合作社的工作。2019 年雷斌加入合作社后,村里人对他们一家拿两份"公家"补贴时有议论。2021 年雷支书主动提出退出合作社,让儿子留在管理团队。他说:"我太老了,做不了合作社的工作,还是得让年轻人上。"但雷斌并没有如其所愿,合作社"过低"的补贴和财务工作的烦琐让其积极性不高,同年年底他也退出了合作社,现在在家庭农业劳动和餐厅服务中打个下手,一方面减轻父母的劳作负担,一方面等待其他就业机会。雷婷毕业后几经变动,没能在外面找到一份如意的工作,选择了回乡就业。2022 年她在镇上卫生院获得一个临时岗位,没有五险一金,月薪 3000 多元,她多次想要辞职。雷支书不愿她再折腾,常劝她说"年轻就是要为国家做贡献,工资够生活就好,主要是要稳定一点"。

雷支书一家的生计策略虽然受到多种因素的影响,但始终离不开对"体制内"机会的把握与权衡。首先,公共身份让他在扶贫项目中获得一定的优先发展权,他和儿子也先后进入合作社管理团队;与此同时,他通过带头捐地、自己退出合作社等方式一定程度让渡个人利益以弥补其获得优先发展权对平均主义伦理的"破坏",也维护他作为老党员、老干部的自我认同与公共认同。其次,其夫妇两人作为相对传统的家户小农,深层的逻辑仍然是寻求生计的稳定,希望孩子有份稳定的工作,他们觉得在家里生活成本低,所以在儿女回乡后也支持他们在本地就业。再次,从家庭代际消费结构来看,老两口消费很低,停留在传统农业生产和生活方式中,儿女的消费和生活则已受到城市文化的形塑。最后,雷支书的儿女通过乡村学校的输送走在通往现代城市的路上(张玉林,2004),但受各种因素和条件制约,未能在城市定居,只能回到乡镇就业或待业。在他们自己看来,无论是村里的合作社还是镇里的卫生院都达不到其对于城市就业的预期,但这对于村里其他年轻人来说,却已经是值得羡慕的机会了。

队长的生计

2022年12月的一天,外面的芭蕉老板开车进村收购村民的芭蕉。赵文华站在老板的身边,每称一家的芭蕉,他就在本子上记下数字。他记一份,老板记一份,最后两方一对照,确保每个村民拿到正确的钱。这个时候的赵文华已经不在村里担任任何职务了。过去的20年间,赵文华曾5次进入村小组任职,服务年限长达17年。[①]2016年时,赵文华任河边村的小组长。由于河边村刚开始是一个生产队,后来变成村小组,大家习惯性地称他为"队长"。

我们的扶贫实验希望村干部能够起到带头示范作用,因此赵队长家也是村里第一批建客房的农户之一。在"河边实验"的支持下,赵队长家还建起了明亮餐厅,这是项目资助下河边村首批建立的5个

---

① 最早是在1998年,年仅20岁的赵文华就成为村内的报账员(村民习惯称他为"村会计"),一直到2004年才卸职,随后在2010—2013年再次担任该职务。2013—2021年由于扶贫项目连续性的需要,他在小组长的职务上又服务了8年。

获得营业执照的餐厅之一,入住河边村的团队客人一般都安排在这5个餐厅吃饭。客房与餐厅的收益直接反映在了赵队长一家的整体收入上：2018—2019这两年,明亮餐厅年收入均在45 000元左右,再加上"瑶族妈妈的客房",两项收入之和占家庭总收入六到七成(2018年为59%,2019年为73%),2019年其家庭总收入与2015年相比基本翻了一倍,赵队长家也因此成了村里最富有的农户之一。

很显然,作为村干部,赵队长较早受益于"河边实验"推动下的新业态的发展。对项目机会的把握也与赵队长家的条件和基础有关。例如,外来客人一个比较普遍的印象是：赵队长很能干,他做的饭也好吃,因此,他带头做客房、餐厅似乎都很自然。赵队长家在村里拥有相对的资源优势和地位优势,较其他村民拥有更大的影响力(贺雪峰,2011),在共同体中也拥有领导力(Dasgupta & Beard,2007)。正是由于他的这些特点,他也成了"河边实验"较早选择的示范带头人,因为村民刚开始十分抵触盖木房,此时带头人的示范作用对于村民接受扶贫实验方案至关重要。项目刚开始的时候,赵队长帮着扶贫团队组织村民大会,一家一户沟通,动员村民投入房屋建设工程。他还是河边村"发展工作队"的队长,带领工作队铺设了村里的公共景观道。

赵队长对机会的把握其实建立在扶贫项目对乡村可能的带头人进行"识别"和"把握"的基础之上。扶贫项目"把握"带头人的目的接近于安东·卢卡斯(Lucas,2016)所说的为了让共同体中的大多数人受益,对精英进行"控制"或者影响。因此项目首先选择村干部进行示范可以被认为是外界干预与乡村之间的双向互动。在这一过程中赵队长既帮助项目更好地进入村庄,又完成了自身对项目资源的有效利用。实际上,率先示范也不尽是受益。示范房某种程度上也是

"试错房",由于缺乏经验,首批示范房在很多方面考虑得并不周到,赵队长家房子的格局甚至不如后来盖的许多房子,例如客房房间和厕所不在同一楼层、楼梯较窄等。此外,改造过程中,赵队长的房子经过了几次返工,成本也增加了。

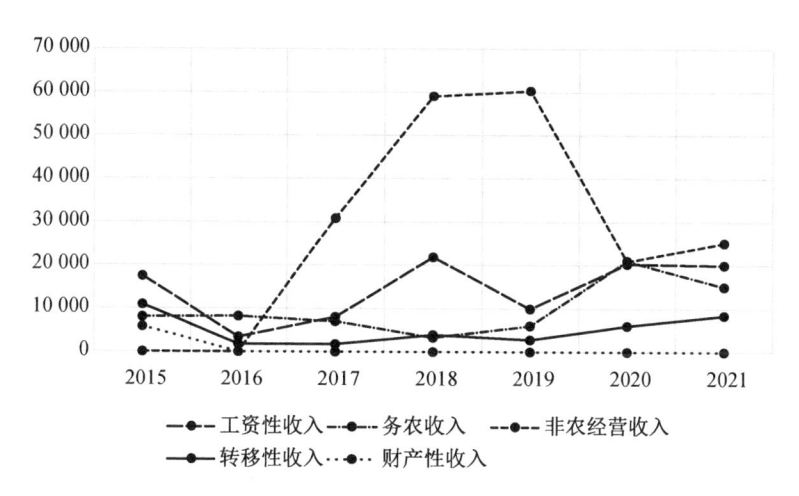

图 2-3 2015—2021 年赵文华家庭主要收入项目情况变化

2020 年初,当我们还在为河边村新业态取得的初步成效而欢欣雀跃的时候,一场席卷全球的危机悄然发生——疫情对刚刚起步的客房、餐饮、研学、会议等新业态产生了巨大的冲击,往日热闹的河边村一下子安静起来,一直到 2020 年 6 月份,河边村几乎没有新业态收入。赵队长家 2020 年全年的新业态收入同比下降了 81%,从 2019 年的近 6 万元下降到了 2020 年的 1 万元左右。但是同年,赵队长家的务农收入比前一年增加了 15 000 元,是上一年的 3.5 倍;再加上增长的工资性收入,使得家庭总收入只比前一年少了 1 万元,整体上仍然保持着稳定。

具体来看,2020 年,赵队长作为小组长的月工资由原来的 200

元提高到400元,作为合作社理事每月还有1000元补助,全年在家的工资性收入共计16 800元。这一部分工资性收入较为稳定,且相较于前些年有所提高。短期零工收入主要来自妻子在勐伴镇摘豆子和种西瓜的短期零工收入,大约3500元。此外,他家共种植20亩玉米、4亩花椒,还打理了近50亩橡胶林和10亩砂仁,同时养了9头猪(2020年度戒①时杀了2头,卖了3头)、五六十只鸡、2只鹅,还有1亩鱼塘。但大部分畜禽和粮食都用于自家消费,仅生猪销售带来了1万元左右的收入。值得一提的是,2020年橡胶收入约有1万元,是前些年的两三倍。

此外,借助于2018年农业示范项目的支持,赵队长继续把自家的酿酒产业搞得风生水起。2020年共烤酒2吨,除了自家喝的部分,大部分都已经卖出去了,收入超过1万元。与往年不同的是,烤酒不再仅仅在河边村销售,还批发给了妻子的表妹,供其在勐腊县泼水广场星光夜市的烧烤摊里出售。同时,赵队长还通过微信预定的方式将烤酒出售给其他寨子的朋友们,新一年的玉米烤酒还没出炉,去年的存货就已经销售一空了。从转移性收入来看,赵队长家按每人每年1000元的补助额度,共获得4000元边民补贴,农地综合补贴共计2000元。

赵队长家是典型的核心家庭,共有4口人——他和妻子以及2个儿子。2个儿子初中毕业后就不再上学,偶尔外出打点零工。2020年,小儿子到江苏苏州的电子厂做了4个月流水线工人,每个月工资3000多元,包吃不包住,房租每个月600元,但几个月下来并没有存下钱,连路费都还是赵队长垫付的。

---

① 度戒是瑶族的一种传统仪式,具有瑶族男子"成人礼"的意义。

总的来说，赵队长家 2020 年家庭总收入将近 7 万元，在疫情影响下总收入较上年下降了 15% 左右，最为明显的是新业态产业收入占比从 73% 下降到了 16%；但与此同时，务农收入增长了 3.5 倍左右。务农收入以及稳定的工资性收入在某种程度上稳定了家庭的生计状况。

从家庭支出结构来看，2020 年生活消费支出仍是家庭的主要支出，占比高达五分之三以上。疫情之下赵队长家的生活质量基本没有改变。烟酒支出仍是生活消费支出中的大头，一家每月都花费将近 1000 元在烟酒上。两个儿子在家时，家里 3 个人每天至少 3 包烟，且赵队长每餐都会喝点酒。除了烟酒支出之外，食品和服装支出将近 1 万元，其他交通费、通信费、生活服务费等近 5000 元，还有 3000 余元用于购置新的家电和手机。此外，2020 年赵队长的两个儿子一起度戒，每人请师傅费用 1000 元、生活费 2000 元，共计支出 6000 元左右。但该支出为短期一次性支出。相比之下，家庭经营费用支出较往年大幅下降，这是由于家里早年种植的橡胶、砂仁等作物进入成熟期，不再需要大量投入，2020 年的农业生产经营投入主要用于种植玉米、养鱼以及酿酒。作为村里的酿酒大户，赵队长家每年酿酒成本近 5000 元，种植 20 亩玉米花费 3000 元左右，购置鱼苗花费 2000 余元。4 亩花椒为扶贫项目资助，只需要自己投入人工和土地即可，但目前还没有产生收益。从家庭支出结构可以看出，疫情虽然影响了收入，但对家庭生活水平几乎没有影响。

赵队长家庭生计结构在疫情之下的调整，一定程度上反映了"河边实验"倡导的复合型产业体系的韧性。2020 年，赵队长家的收入结构虽然较之前发生了很大改变，但其多元化的特征仍然显著，既拥有能大幅提升收入的生计要素（新业态非农经营），也拥有能保障其基本生活及抵御风险的要素（农业经营，尤其是粮食作物），还包括比较稳定且具有抗风险性的收入来源（工资性收入）。虽然新业态为家庭增收贡献很大，但赵队长并没有放弃粮食和经济作物种植，甚至还增加鱼塘、花椒、烤酒等多种产业投入，有效地缓解了疫情对新业态收入的消极影响。赵队长家生计结构的调整说明，对于小农来说，多元化不一定意味着各类收入在家庭收入结构中占比稳定，而可能是在不同的条件下，农户可以依照自身资源禀赋调整最佳生计组合，以更好地抵御风险的冲击。

2021年初，河边村进行村委换届选举，赵文华正式卸任小组长。走出村公房的他带着轻松的笑意："要是连任的话，怕是老婆都要闹离婚了。以前她很支持，但这些年村里的事耽误了太多时间，以后就好好种地挣钱了。"谈到今后的规划，他说："打算种芭蕉了，即使树苗被野象踩了，每棵的补偿也够赚到人工费的。"

唐会计为何"富裕"？

到过河边村的人都不会忘记一位身体健壮、笑容可掬的瑶族大汉。我们团队的老师和学生都称他为"唐哥"，就连李小云老师也叫他"唐哥"。唐哥有时候会笑着说："李老师，你不能叫我唐哥啊。"实际上，那是我们对这位瑶族大汉的尊称。无论是客人到来还是各级政府官员到来，他总是忙前忙后。河边村是一个自然村，自然村的干部包括一位支书、一位组长，还有一位会计。这位瑶族大汉名叫唐齐贵，是村里的会计，所以村里人管他叫唐会计。2021年，唐会计又在新一届干部选举中晋升为"唐支书"，而且是支书、组长一肩挑。唐会计在"河边实验"中也算是位名人。李小云老师在他的各类新闻媒体访谈和各种学术著作中都以他为原型讲述了很多故事。2019年，央视农业农村频道的大地讲堂节目中，唐会计带着香蕉和木瓜来到北京。在这期节目中，很多人都看到了这位瑶族大汉的形象。他最著名的故事就是不愿意盖木房，执意要盖一栋砖混房。后来，他放弃了砖混房的想法，盖起了村里最"豪华"的木房之一。在"河边实验"的支持下，唐会计也建起了村里 5 个公共餐厅中的 1 个。唐会计是村里公认的能人，也是村里最富的农户之一。2019 年，他仅从"瑶族妈妈的客房"和餐厅这两项就挣到了将近 55 000 元。2020 年初，一场疫情到来，所有涉及新业态的活动都停了下来。当时，李小云老师给他打电话，说大家都要挺住。他说，"全国人民都受影响，我们也免不了。不过我们还好。我们有地，可以种水稻，可以养猪，生活不会受影响。"

唐会计家的年收入从 2015 年的 4 万多增长到 2021 年的 10 万元，即使在疫情发生以后，他家收入仍呈上升状态。而支出则呈现出波动的趋势：2015 年最低，仅为 37 992 元；2017 年由于建房，总支出提高到 54 434 元；2018—2019 年，生活消费的增长导致总支出增加到了 71 404 元和 57 870 元，2020 年随着生活消费的减少，总支出也降低到了 41 198 元；但 2021 年增长到约 18.5 万元（图 2-4）。2021 年开支剧增主要是由于学车、购买新车和家具。"有车"在当地被视为生活水平发生质的改变的标志，唐会计在 2021 年购置了一辆全新的汽车，紧接着又在 2022 年购置了一辆二手汽车，以方便自己和儿子们的外出需求。唐会计家也成了河边村唯一拥有两辆汽车的家庭。

其实早在扶贫实验开展以前，唐会计一家的总收入就比普通的河边村农户要高。那时候他和老婆两个人靠种植甘蔗、砂仁和冬季蔬菜

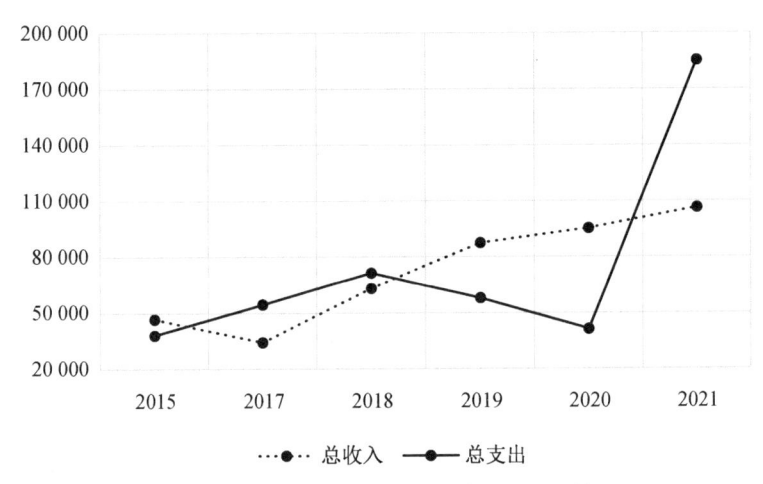

图 2-4　2015—2021 唐齐贵家庭收支变化情况

以及打零工支持整个家庭的开支。尽管收入相较其他农户来说更多一些，但他们有两个正在上学的儿子，因此年景好的时候也只有些许结余而已。一旦家里有人生病或者农业遭遇风险，就会入不敷出形成债务，因此 2015 年唐会计家的债务仍然高达 25 000 元。

2016 年村里决定按照扶贫团队的方案建设干栏式木房，唐会计立场坚定地宣称："如果建砖瓦房我就参与，木房我不盖，我们早就住够小木屋了。""木房"在他看来是落后的标志，过去村里的木房阴暗、漏风，没有窗户和厕所，而城里的"有钱人"都建砖瓦房。唐会计虽然是村干部，但与雷中山等村干部不同的是，他并没有当第一批建房示范户，而是等到第三批才开始动工。他说："那时候看全村都盖了木房子，我盖个砖房太影响整体嘛，所以我还不是没办法？"实际上，他坦承自己最初对于发展客房经济心里没底，后来发现建成的木楼确实比自己想象得要好，就立刻跟上进度，仅用一个月就搭建了房子的主体结构，三个月基本实现入住。他对自己后来居上的速度相当自豪,总是说,其他农户需要花一年的时间准备木料,又要花一年的时间建房子,而自己只要打定主意,就可以很短时间内做好这件事。河边村建房的木料主要来自村集体林,农户须经过地方政府相关部门的审批后,才能使用村集体林的木料作为建房材料。由于集体林中可用作建房的好木料并不多,准备晚了的村民只好去别的地方找木料,一来更难找,二来也要花更多钱。作为村干部的他路子广、门路多,在河边村集体林木料紧张的情况下,他迅速转换思路,向其他村打听和购买木料,极大地缩短了建房时间,还减少了因建房而耽误的生产损失和生活开销。2017年底,在村里大部分客房还没有投入使用的情况下,唐会计家的客房已经开始接待客人,当年即为家庭增加新业态收入6712元,约占家庭总收入的1/5。

随着进村的客人逐渐增多,2018年"河边实验"支持村里5个农户率先改造厨房并升级为可以对外营业的餐厅。唐会计家也成了5家餐厅之一。他家一层的开放空间变成了餐厅,两张圆桌可以同时接待20个人吃饭。当年他家的非农收入直接突破了5万元,其中大部分来源于餐厅的营收。村民们都知道,开餐厅比开客房还要挣钱。因为当时进入河边村的客人大多是会议和团队模式,少则十几人,多则几十人,会在几天时间内集中用餐,餐厅每天下来都有千余元的收入,而客房一晚上只有300—500元的收入。相比起来,拥有餐厅的农户实际上是处于收入叠加的状态。村民们会议论说,建餐厅的农户是因为跟政府、跟扶贫团队的关系好,但另一方面,大家也不否认唐会计确实有普通农户所没有的"能力"。他会做饭,在外人面前也知道该怎么"说话"。有客人来吃饭时,他会端上自己家茶叶泡的茶水,向客人介绍。镇上的领导来他家的餐厅吃饭,他总会见缝插针地聊到自家生计,他会开玩笑说:"就算你们天天来吃,也吃不穷我,毕竟我可是一天都有六块五的工资呢!"① 镇上的干部喜欢和他打交道,因为只要知会一声,他就能够把接待工作安排妥当。虽然过多的接待也让唐会计感到疲劳,但他却很少像赵队长一样拒绝、躲避,而是抱怨归抱怨,接待归接待。当然,他也会利用和干部较多接触的机会获取各类信息,如招聘信息、贷款项目他总是村里第一个知道的人。

唐会计家的餐厅,不仅是对外营业的经济活动场所,也是各类社会关系的互动空间。发生在这一空间的互动,不仅有唐会计作为村干部代理乡村集体与基层政府及外部机构发生的联结,还有他作为农户个体与其他村民发生的联结。唐会计家只要杀鸡杀猪,就会邀请路过的村民一起吃。他总是说,在村里干活,只要他叫一声,其他村民都会来帮忙。村里人遇到困难时,也会找他帮忙。河边村建房时进行宅基地的调整,其中有一户需要从保护区里搬迁出来,安排在另一个农户的宅基地附近,但遭到了拒绝,最终在唐会计的调解下,宅基地顺利地进行了调整。

2019年雨林瑶家合作社成立后,唐会计成为合作社的理事长,也可以领到每月1000元的补贴,这进一步增加了他家的工资收入。

2020年新业态收入受到疫情重创,餐厅和客房的收入共计25 722元,新业态收入下滑至2019年的一半以下。当时正值橡胶价格上涨,唐会计便迅速退回传统生计模式,重新照料自家的橡胶林。在家庭生计安排上,他让大儿子协助农事,给小儿子报名参加政府组织的劳动力输出项目,到苏州的电子厂上班,挣了8000元;妻子在周边农场打零工挣到3000元;他自己作为村干部、合作社领导以及

---

① 唐会计的意思是他作为村会计,一个月能拿到200元的工资,平均到每天也就是6.5元左右。

护林员还获得工资性收入24 000元。2020年唐会计一家创造了多年来最高的工资性收入35 180元和橡胶收入28 000元。疫情推动的"再农化"生计策略使得农业收入提高到总收入的30%。2020年6月份疫情缓解之后,"瑶族妈妈的客房"和餐厅的收入有了回升,占比则下降为总收入的1/3。唐会计家新业态、农业及工资性收入较为均衡的结构有效抵御了疫情的冲击,如下图(图2-5)所示,当非农经营收入(主要为客房与餐厅收入)攀升时,务农收入和工资性收入会相应降低,但是降低的幅度远小于非农经营收入上升的幅度,也就是说从事新业态经营会大幅度拉伸家庭收入。而当疫情来临,非农经营收入减半,但务农收入迅速回升,一定程度上弥补了非农收入的减少。

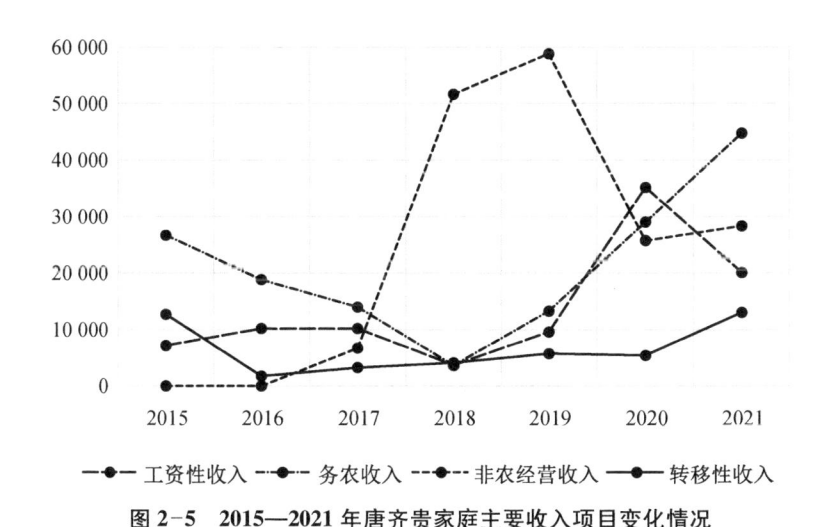

图2-5 2015—2021年唐齐贵家庭主要收入项目变化情况

很显然,新冠疫情对于唐会计家并未产生重大的影响。我们假定新冠疫情是河边村在历史上遇到的最为严重的风险。事实上从2020年1月份到2020年6月份,河边村村民种的冬季作物全部烂在了地里,也没有什么打工的收入。唐会计的很多收入也大多是在6月份以后获得的，而且6月份以后经济也并未完全恢复。所以，我们可以假定这可以算作河边村经历的大风险阶段。在这样一个大风险条件下，唐会计家的温饱问题不仅没有受到直接影响，其已经达到的生活福利水平也没有被影响到。也就是说，唐会计家脱贫并且经受住了疫情的考验，算是稳固了脱贫攻坚的成果。这是因为，第一，唐会计家的收入呈现出了多元化的特点，这也是"河边实验"所推动的复合型产业的概念。如果唐会计家依赖任何一个单一的产业都不可能具备抵御风险的能力。第二，固定资产投资如住房不再是唐会计家需要进行投入的方面，这在贫困地区农村非常重要。脱贫攻坚解决了河边村村民的住房问题。唐会计获得了将近12万元的建房补助，他自己投入了10多万元。从2017年开始，客房和餐厅有了收入，他也基本上还清了贷款，所以每年的收入不需要再投入到建房里。并且更为重要的是，这一固定资产在市场的条件下还能够产生较大的收益，推动农户的增收。第三，家里人口比较少，而且都是劳动力。这意味着通过劳动获得收入的机会即使在疫情条件下依然是存在的。如果家里的人口都是具有劳动能力的，那么这个家庭一般不会陷入贫困中。

冯楚池的乡村酒吧

现代性总是难以被精确地表述，我们常常通过捕捉一些细小的元素来感受它，在乡村社会更是如此。许多第一次来河边村的客人，都对小广场上的河边酒吧印象深刻。在一个远离城市、紧靠热带雨林的小村庄里，出现挂满高脚杯、摆放高脚凳的小酒吧，足以让所谓的"现代人"惊喜一番。自2017年开业以来，河边小酒吧一直深受外来客人的青睐，尤其是来村里参会的国际友人们，常常在晚上围坐在酒吧的大长桌旁，喝着啤酒聊着天，深夜还不愿离去。然而迄今为止，鲜有河边村民"光顾"酒吧，他们似乎更喜欢围聚在自家的矮桌边，一边喝着自烤的玉米酒，一边相互吹牛聊天。似乎现代的场景专为现代人而设，传统的日常仍然在其中穿行不悖。

冯楚池是河边酒吧的老板，2021年当选村小组副组长和会计，是青年创业小组中第一个成为村干部的人，他也兼任合作社理事会成员。1988年出生的冯楚池是开村老队长冯云照的小儿子，他上过高中，普通话好，看见新来的客人总会热情地打招呼和介绍。他也是我们在河边村最早熟识的人之一。

冯楚池能够快速理解扶贫团队的计划，并且乐于当第一个吃螃蟹的人。"河边实验"计划开发会议新业态，需要在村里建设一个小广场和会议室，合适的地块在冯楚池及其父兄名下。冯楚池对新业态十分看好，不仅爽快地让出家门前的土地用于公共建设，还帮着扶贫团队说服自己的兄弟给集体出让建设会议室和停车场的土地使用权。小广场周围需要建设相应的配套新业态，如便利店和酒吧，冯楚池家成了酒吧改造的首选。这一方面因为冯楚池的房子正对广场，另一方面也是由于他对经营酒吧很感兴趣。2017年河边酒吧建成营业，酒吧加上客房的收入将近16 000元，使当年冯楚池的新业态收入成为全村的标杆(图2-6)。

冯楚池家里只有2口人，早些年离异以后，他独自带着女儿生活，生活境况并不乐观。房屋建设过程有扶贫团队和发展工作队的帮助，后期酒吧和客房的管理则基本全靠他一个人，冯楚池家一直面临劳动力不足的问题，但他紧密结合扶贫团队的工作方向来展开自家生计的探索和开拓。

最初的尝试是在农业种植品类和技术的改进上。2017—2018年，

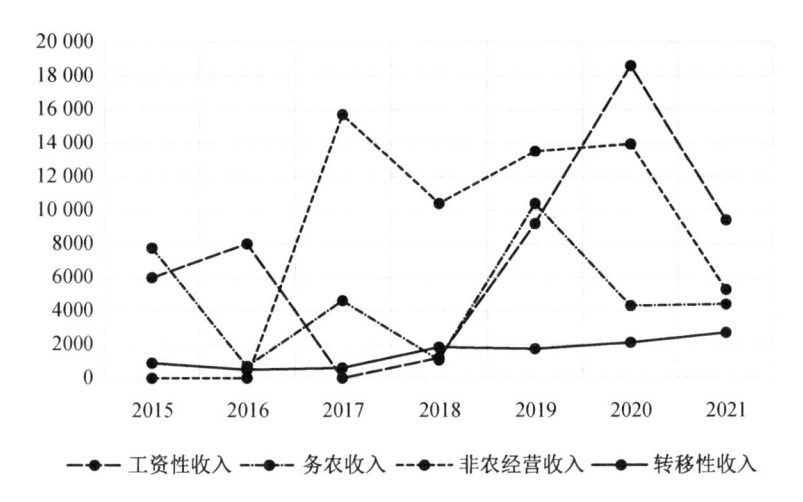

图 2-6　2015—2021 年冯楚池家庭主要收入项目变化情况

扶贫团队的志愿者徐深帮助农民探索复合型产业体系,先后引进了冬季蔬菜、百香果、黄精、丹参等适宜河边村气候的经济作物。冯楚池不仅帮忙在农户中推广这些作物,自己也平整了几亩地跟着种。每次农业师傅来指导,都是冯楚池接待。但冯楚池由于多头事务而无法勤于农事,试验田也没有产生收益,从他 2017—2018 年的务农收入可见一斑(图 2-6)。

到了 2019 年,许多农业示范项目在实践中被淘汰,但雨林养蜂推动了冯楚池务农收入的增长。他借助酒吧的人来人往,在电商平台定制蜂蜜包装,将蜂蜜作为装饰放在酒吧的吧台和展架上,到村里的客人常常会买走一两罐作为纪念品,也有一些客人通过微信进行回购。我们团队的老师、同学也经常帮忙宣传,蜂蜜销售十分火热,经常供不应求。冯楚池仅靠养蜂就能获得 8400 元的收入,加上无筋豆的收成,务农收入已经过万。不过他并没有就此专心投入蜂蜜产业或者冬季蔬菜，他意识到靠自己一个人无法在种植养殖方面获取太多收益，于是将大部分土地都出租给了村里的种植大户唐齐前，但问及租金时，他却称："先租给他种嘛，还没有要租金。"

因为要照顾女儿，冯楚池无法外出打工。在扶贫团队进村后，他的生计活动紧紧跟随着"河边实验"的脚步。由于前期在公共建设和农业示范项目中参与度很高，冯楚池也进入了合作社骨干团队，每月有 1000 元补贴，2019 年工资性收入因此明显提升。2020 年疫情暴发对旅游业造成巨大冲击，冯楚池家的蜂蜜销售也大不如前，收入仅为 2019 年的一半。但其总收入仍然将近 4 万元，超过了三分之二的村民，在全村仍处于中上水平。这是因为 2020 年 6 月疫情平稳后，河边村又开始接待外面的团组和客人，冯楚池的客房由于地理位置优势和硬件条件较好仍然获得了不少订单，客房收入几乎与往年持平。2020 年扶贫团队为勐伴镇茅草山村援建幼儿园，需要建房工人。冯楚池积极报名，跟着村里另外几个建房能手到茅草山村做了几个月的水泥工，得到了近 7000 元的务工收入，很大程度上弥补了蜂蜜滞销造成的收入缺口。

2021 年扶贫团队带来的一位公益人士想要支持河边村进行景观提升，需要拆除两个位置低洼、容易被洪水侵袭的集体猪圈，并重新盖一个村里规模最大的猪圈。新的猪圈可以部分补偿给被拆猪圈的农户，部分用于合作社经营。冯楚池把自己的闲置土地让给集体盖猪圈，并带领村民动工。不料新猪圈建成不久，村里就暴发了非洲猪瘟，猪圈只好暂时闲置。

冯楚池寻找新的谋生门道的想法始终没有停息。当他看到唐齐真在微型创业基金的支持下不断扩大养鱼产业，他又希望跟合作社其他成员合伙做个鱼庄。他说："疫情之下外来游客进不了村，还不如做个鱼庄服务附近村民。"但建设鱼庄需要投入20万元，大家手头都没有钱，于是向扶贫团队提交了创业资金申请，但考虑到风险点太多，这个项目最终没有得到资助，大伙只好偃旗息鼓。

但冯楚池并没有气馁，他觉得合作社管理团队的工资补助目前太低，于是跟管理团队其他几个人商量，大家合作做一个餐厅。新的餐厅就设在冯楚池的酒吧里，合作社5个管理成员用现金入股新餐厅，开始共同经营和利润分成。2023年春节旅游业恢复，按他们的粗略统计，餐厅2周内创收超过2万元，利润率将近60%。

经历了多次生计探索失败的冯楚池因此重获信心。在此之前，疫情打击了河边村方兴未艾的新业态产业，一直试图依托新业态实现生计结构转型的冯楚池曾一度无所适从，甚至开始寄希望于买彩票和赌博。2021年冯楚池家庭总支出将近10万元(图2-7)，远远超出往年的支出，其中2万多是猪圈建设和餐厅改造的支出，但有3万多却是

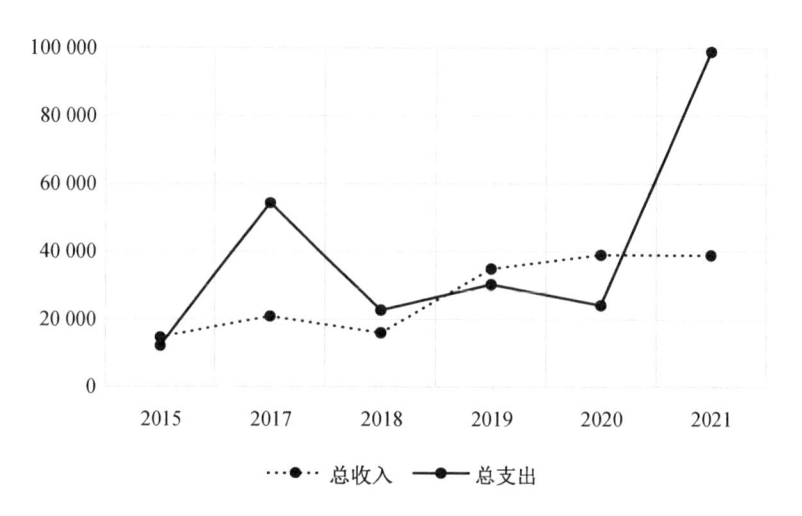

图 2-7　2015—2021年冯楚池家庭收支变化情况

赌博输掉和买彩票花掉的。合作社餐厅的成立又重新燃起了冯楚池的希望。现在，他把更多的精力投入到合作社的经营发展上，与合作社的几个兄弟们天天讨论着如何恢复客房项目、如何优化餐饮服务。

冯楚池的生计探索丰富而多变。他既可以开酒吧、做客房，也愿意在田间地头摸索种养殖技术，新业态不景气时还能当建房工人赚钱。他并不拘泥于某个生存模式，而是在"乡土中国"的环境中，不断捕捉现代化进程中产生的各种机会。幸运的是，他生计探索的试错成本某种程度上由扶贫项目承担了。

河边村 CEO

2015年12月25日，胡东尚准确地记得自己从深圳回到河边村的日子。这一天，他从外面世界热闹的圣诞节氛围中抽离出来，跨越千里回归到瑶人祖祖辈辈最盛大的节日"盘王节"的传统中。胡东尚是家里的长子，下面还有一个弟弟、两个妹妹。父亲酗酒，母亲体弱，他早早地承担了家庭的重担。初中毕业后，为了谋生，他跟着亲戚远赴广东打工。时间久了，同村打工的人们陆陆续续回到家中，只有他一个人坚持了下来，从月入800元的学徒一直做到了月入3000元的切菜工，除去每月千元的生活开销外，他还能够给家里寄回不少钱，供弟弟妹妹们读书。早在2015年，胡东尚家的工资性收入就占到全家总收入的近70%，这在河边村并不多见。

2016年是胡东尚一家建房的关键时期，由于此前他长期在外务工，得知建房信息已经晚于其他村民。别的村民早就选好了建房所需要的木料，而他回来时能够用作建房的木料已所剩无几，所以与其他村民相比，他花了大量的时间和精力进行备料。虽然家庭人口众多，但能建房的劳动力却只有胡东尚一个。除了抬木头、立房架等大工程有全村人来帮忙，改木头、砌砖盖瓦、围板装修大部分都靠他一个人。其间，作为河边村青年创业小组、发展工作队成员的他，还经常需要为集体工程出工，一定程度上影响了自己建房的进度。缺乏劳动力不仅影响了建房速度，还影响了农业生产，家里务农收入呈现明显的下降趋势。这一年，胡东尚只能依靠偶尔的零工来维持家庭的现金流开支，尽管工资性收入占总收入的比重与2015年一致，但实际上总体收入断崖式下滑，从4万多元下降到不足1万元，家庭生计遭遇严重考验，只能借债度日。2017年当村里大部分客房都开始产生收入时，胡东尚却因为劳动力的限制迟迟没建好房子，新业态产业分文未入。

图2-8显示了胡东尚一家的主要收入变化，可以看到2018年非农经营才开始有收入，但这一项收入并不显著。事实上，胡东尚家的生计结构区别于其他农户的一个非常典型的特点是，2015—2021年期间家庭的主要收入来源一直都是工资性收入。此前在外务工的打工收入，"河边实验"建设期间他承担大量的建设任务或担任合作社管理职务获得的补贴，这些工资收入都成为其家庭生计的重要支撑。胡东尚是"河边实验"期间参与村庄建设工作最为积极的年轻人之一，承担了大量投工投劳的义务工，例如修建房前屋后的挡墙、景观道等，这些工作打乱了他原来的农业生产和打工的安排。当然，他也参与了实验中的一些能够获得收入的建设项目。但这些项目相比于市场上的同类工程项目而言报酬更低，例如幼儿园的吊顶为30元/平方米，而市场价格在45元/平方米。① 几位经常在外建房的农户因为价

---

① 一方面，因为外出建房生活开支会变高，考虑雇佣村民在村内建房，其生活成本不会显著增加；另一方面，村内集体建设本身也是促进村庄公共性的一部分，作为公益项目不会完全按照市场价格予以支付。

格的原因不愿意承包,而胡东尚主动承包下来,组织协调幼儿家长一起帮工。

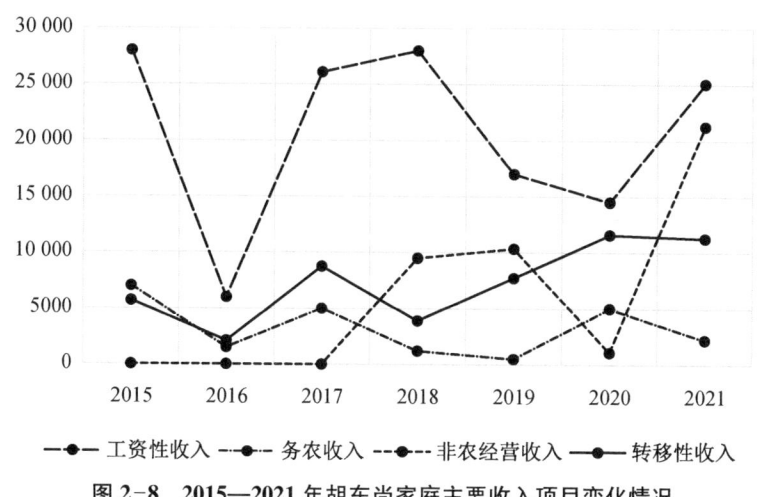

图 2-8　2015—2021 年胡东尚家庭主要收入项目变化情况

胡东尚的最初想法很简单,帮父母建好房子再外出打工,生活很快重回熟悉的轨道,但没想到自家的房子一建就是三年,"河边实验"的工作远不止步于"建房",胡东尚的工作也完全换了模样。2019 年初河边村成立了雨林瑶家合作社,并选出多个年轻人组成合作社管理团队运营村里的新业态,胡东尚成为合作社的总经理,负责新业态产业以及合作社日常各项事务的统筹管理。他从一个承担着家庭重担的贫困户的长子,变成了负责村庄集体经营事务的乡村 CEO。

乡村 CEO 是"河边实验"发育出来的新概念。传统的乡村带头人往往是乡绅、村干部或家族长老。随着现代化的不断推进和乡村振兴战略的实施,乡村的带头人也出现了新的变化(蒲实、孙文营,2018)。在现代化的路径上展开的"河边实验",一个重要的方面就是培养现代化的乡村经营管理人才。"河边实验"刻意使用现代企业中 CEO(首席执行官)、CFO(首席财务官)的称呼,也是希望尽量规避"农民合作社"这一称谓所暗含的文化、心理层面的价值贬低感,并赋予乡村职业经理人"有效对接城市、市场""乡村青年领袖"等更趋现代的新内涵(李小云、屈哨兵、赫琳等,2019)。

作为晚辈的胡东尚担任乡村 CEO 面临着不小的挑战。传统乡村的共同体多表现为按照血缘和家族关系组织起来的宗族共同体(弗里德曼,2000:1—2),而新业态的引入需要将市场思维导入传统的乡村社会,这使得市场上客户优先的逻辑常常与乡村平均主义的逻辑产生张力。河边村的客房虽然风格一致,但各家的硬件以及服务存在不小的差异,在客户不足的时候,优先安排谁家客房的问题常常困扰着胡东尚。他也尽量少给自己安排客人以避免村民的质疑。2020 年疫情后他家的客房收入更是滑落到最低点,只在 6 月份疫情缓和后接待过一次客人,得到 1080 元的收入。

尽管胡东尚为了当好乡村 CEO 让渡了一些个体生计提升的机会,但他也凭借着这个身份获得了更长远的发展。2018—2020 年,他多次获得地方政府、"小云助贫"提供的外出学习的机会,远赴北京、杭州、西安、丽江等地,参加乡村产业经营的培训和考察。2020 年,胡东尚家又被入住的客人选中作为高端共享公寓[①]示范房进行升级改造,2021 年改造完成后,他家的客房收入较 2019 年改造前直接翻了一倍。

胡东尚在"河边实验"的过程中不仅锻炼了自身的能力,也扩大了家庭的社会网络,这为其拓展生计来源、抵御生计风险发挥了重要作用。他的大妹妹考上上海的大学后,一直接受一位河边村客人的

---

① "公益共享公寓"是社会公益人士从自身的公益奉献中帮助农户获得提升收入的资产,由社会公益人士出资择定农户的半栋房屋进行改造。

资助；他的弟弟在县城当美发师，2021年罹患脑疾后一度瘫痪在床，也获得了大量关注"河边实验"的社会人士的支持，目前正在逐步康复中。

从支出来看，胡东尚家的开销一直维持在高位，这主要是因为他两个妹妹的教育和生活成本，实际上家庭用于生活娱乐消费的钱并不多。除了2018年房子竣工交付49 000元材料费与工费拉高了整体开支外，其他年份的家庭总支出都相对稳定（图2-9）。2021年客房收入增长，胡东尚才舍得拿出将近1万块去考驾照。这是因为当时合作社受赠一辆皮卡车，有了驾照他可以更方便地开展工作。

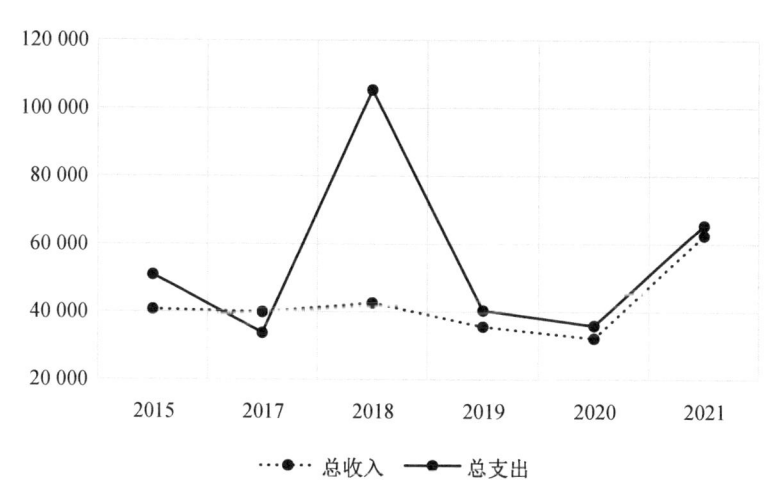

图2-9　2015—2021年胡东尚家庭收支变化情况

胡东尚家虽然人口众多，但实际上除了父母务农，四兄妹都基本脱离了农业。在新业态遭遇风险时，这个家庭也并没有像村里大部分农户一样出现"再农化"倾向。胡东尚的父母早年在山下盖了一座棚户房，平时他俩都住在山下。以胡东尚为核心的四兄妹也仍然要么以新业态为主，要么读书或工作。值得一提的是，大妹妹毕业后，终于在上海找到了一份老师的工作，算是暂时留在了城市。

胡东尚个人的经历像是一个传统与现代的隐喻：过去他在现代化的都市中从事一份非常传统的工作（洗碗工、切菜工），为了攒钱，他与外界格格不入；现在，他虽然身处一个传统的乡村，却从事着一份现代社会和现代企业才能提供的职业，为了挣钱，他密切与外界沟通合作，希望带领全村人通过新业态这样的产业架起河边村通向外部世界的桥梁。胡东尚在个人和大家庭生计策略上的调整，也呈现了一个乡村年轻人在传统与现代中的游走和选择。现在，我们常常看到他接听各种外面打来的电话，熟练地嘱咐进村的游客自驾注意事项，即使面对媒体的采访或在几百人大会上发言也没有了昔日的羞涩。在参与"河边实验"的过程中，胡东尚开阔了眼界、提升了知识技能和与市场对接的能力。这些既是他个人的收获，也是其大家庭提升生计韧性和实现生计转型的重要基础。

"工程师"唐长光

在"河边实验"之初，我们希望充分动员河边村青年参与建设工作。2016年，平均年龄只有22岁的河边村青年创业小组[①]成立了，河边村著名的"雨林鸡蛋"项目[②]就是他们的第一个创业项目。在村庄建设过程中，这些青年以他们灵巧的手艺，完成了村庄大部分的公

[①] 青年创业小组成员包括唐长光（组长）、雷亮、冯万奇、冯志远、胡东尚、赵边关、雷文、蒲凤华、雷斌、唐秀芹，共10人，主要负责景观建设等示范工作、"雨林鸡蛋"微电商创业项目。

[②] "雨林鸡蛋"的微电商创业项目，是由村里的年轻人收购村里"土飞鸡"的鸡蛋，通过互联网的平台将鸡蛋销售到城市高端市场，帮助农户创收。详见第五章第四节冯云照的故事。

共景观建设工作，村里那些由砖块垒成的小庭院、小景观、台阶路都是他们建出来的。李小云常说："我不用画图，只要说出我的想法，他们就能建出来。"很多时候，他们建出的景观和公共设施，甚至远远超出了我们的预期。这群人中技能最多、手艺最好的就是唐长光，村里的年轻人叫他"光哥"，年纪大些的则叫他"小光"。光哥设计和编织了盛放"雨林鸡蛋"的竹筐，还用鹅卵石在景观道上拼出"摸着石头过河"的字形图案。随着村庄建设的推进，光哥越来越多参与到扶贫实验的各个环节，也逐渐成为雨林瑶家合作社的核心成员。

光哥是青年创业小组中年纪最大的，但也是学历最低的，只读到三年级就因为家里没钱而辍学。那时候光哥只有10岁，母亲在他出生后不久就去世了，父亲又常年抽大烟，他只能跟着哥哥们一起干农活。随着哥哥姐姐们逐渐成家和自立门户，未成家的光哥和三哥唐长财承担起了照顾老父亲的责任。健壮的光哥是一个务农的好手，农活大部分都由他来干，三哥则常常外出打工。[①] 在扶贫项目启动以前，光哥以种甘蔗为主要经济来源，一年有大约1万元的务农收入；启动建房工程后，他基本没时间干农活了，更不用说养鸡、养猪了。伴随着客房的建成和河边村公共工程的不断推进，唐长光的时间和精力几乎全部转向新业态经营和村里的建设。过去的七八年里，河边村的每一栋公共建筑、每一条公共道路、每一处公共景观都流下了唐长光的汗水。

2016年河边村开始改造客房时，扶贫团队请建设示范房的技工张师傅来实地培训村民，光哥和财哥两兄弟经常在一旁帮工。光哥

---

① 唐长财的故事具体见第七章第七节。

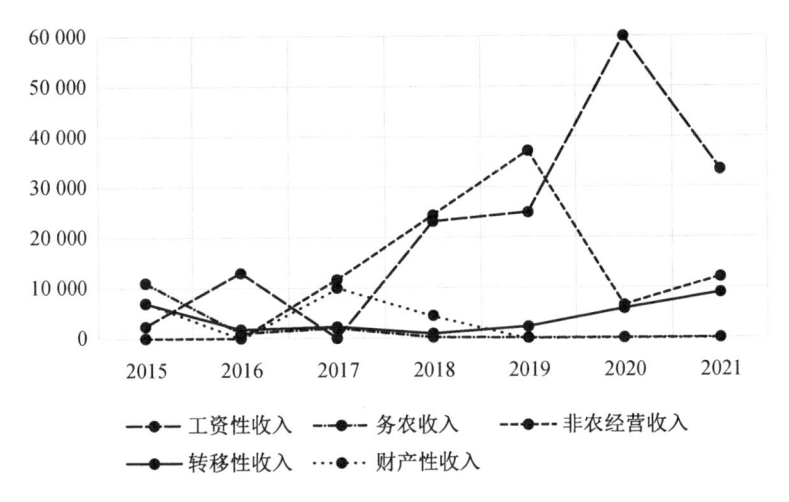

图 2-10 2015—2021 年唐长光家庭主要收入项目变化情况

说:"村里一般都是互相帮助,但是张师傅帮我们干1天,我愿意帮他干10天,帮他干能学建房。"盖房子和打零工不同,需要一定的技术。凭着一股韧劲,光哥不仅学会了建房,还通过抖音和百度学会了排水电、安开关。河边专家工作站建设时,照明设备的电路十分复杂,光哥自告奋勇负责布线。"他们一开始还不太相信我,我就让他们只管买开关来,"唐长光自豪地回忆道,"我一个人全接好了,现在河边专家工作站楼上的灯可以多开关任意操控。"实际上,不论是打地基、砌墙、排水电、布开关、吊顶,还是打木头、制作各种装饰物,光哥都做得相当专业。张师傅就曾感叹:"在河边村这么穷的寨子里,年轻人却一点也不懒惰,而且好学肯干。"经过河边村建设期的锻炼,光哥成长为了河边村的"工程师",在合作社里负责建设类、工程类的事务。

光哥家的客房也是村里公认最舒适的客房之一。面积不大,但十分温馨，从书桌到茶台，从衣柜到垃圾桶，都是兄弟俩手工制作的"杰作"，光哥还特意设计制作了一个四折实木屏风，使房间更显精致。光哥不仅擅长搞建设，也做得一手好菜。他家的"青年餐吧"也是"河边实验"支持设立的第一批5个农户餐厅之一，来过的客人无不称赞光哥的手艺。但客人们不知道的是，光哥一开始的时候也不太会做饭，所做菜品只符合本地人的口味，外来客人是难以下筷的。"小云助贫"为河边村开展了多次厨艺培训，光哥每次都积极参加，培训结束后他总在自家厨房认真研究菜品并反复试做。他还时常用手机中的"下厨房"软件，或登录抖音等社交媒体平台学习别人的厨艺和菜品，为自己的餐厅开发新菜。疫情之前，光哥一家依靠客房和餐厅经营收入大幅增加，例如2017年新业态收入已经达到11 698元；2018年"青年餐吧"正式营业以后，光哥家客房与餐厅的新业态收入达到24 440元，总收入较往年翻了将近1倍，达到了5万多元(图2-11)，其中新业态收入占比近一半，参与村里的厨房改造以及外出建房的新兴务工收入占比也超过4成。2019年随着来村团体活动的增加，光哥的客房、餐厅收入进一步提高到37 000多元。同年，光哥成为雨林瑶家合作社管理团队成员，每月还能获得1000元的工资性补贴收入；再加上为村里建设专家工作站、改造各家厨房等也获得将近13 000元的务工收入，总收入近65 000元。

2020年，扶贫团队发起了一个新项目——为勐伴镇的茅草山村建设一个幼儿园，旨在帮助边境村庄提升学前教育软硬件。幼儿园也要建少数民族的木质干栏式房屋，建设工程交由光哥和另外几个河边村村民承包。在建设过程中，光哥先是参与了砌砖等框架结构搭建工作，又以技术工的身份参与了排水电、安开关等工作，最后还以60元/平方米的价格承包下了吊顶的安装工作。光哥的建房技能是综合性的，这也使他几乎全程参与了幼儿园的各项建设工作。整个房屋建设下来，他一共获得了 10 000 元左右的收入。此外，这一年他和财哥还参与村里高端公益共享客房的改造提升工作，还获得了 20 000 元左右的收入。2021 年，光哥继续参加河边村新的建房项目，工资性收入占家庭总收入超过 6 成，成为最主要的收入来源。在这种情况下，生计的"去农化"已成为必然趋势。

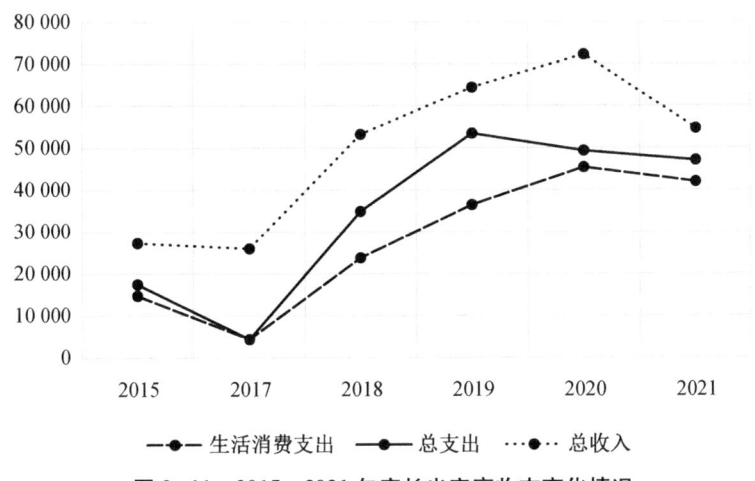

图 2-11　2015—2021 年唐长光家庭收支变化情况

不过，完全非农化意味着不再生产自给自足的农产品，米油酱醋等各种食品都需要向外购买，家庭支出随着收入的增长也同步增长，尤其表现为生活消费支出的增长。光哥家 2020 年全年支出将近 5 万元，总体来看收入大于支出，仍有部分盈余。烟酒支出是光哥家最大的生活消费支出，光哥几乎烟酒不离手，这部分消费高达 1 万多元，在村里也是数一数二的水平。交通、通信支出以及家庭设备和服务支出也接近 5000 元，2020 年光哥外出考驾照支出了学费、交通费、住宿费以及伙食费等共 1 万元。2021 年光哥家的生活消费支出仍然很高，在全年 47 022 元的家庭总支出中，有近九成都用于生活消费。但从总体看来，这几年光哥的家庭收入都高于支出，他把攒下的钱用于还清早年病逝的二哥欠下的医药费和外债。2022 年还在新建的合作社餐厅入股 3000 元，扩大了生计投资。

然而作为大龄单身汉，光哥其实对于未来的生计是有些担忧的。他常常说："我不能再在村里混下去了，一年一年在做'公家'的事。我也想出去打工，人家拉电线一天至少也要三四百，如果按面积承包，一个师傅要到八百一千呢！"光哥的技术与外面请来的电工师傅的水平不相上下，最早的示范户是请电工师傅来接电的，后来发生短路和开关控制错乱的现象，都是光哥去排查修理的。光哥可谓河边村名副其实的"工程总监"。但是他在村里帮忙建设公共设施，一天只有 50—100 元的补贴，远比市场价格低。可是经费有限，其他人不愿意干，项目也只能一直依赖着他。看到唐齐真带着村里的"建筑队"外出，连做小工也能得 180 元/天的工资，光哥自然有些心动。不过他始终没有出去，而是一直留在村里，帮着扶贫团队和合作社做事。

蒲元丰的新业态

蒲元丰 2020 年初离婚之后自己带着女儿生活。他以前也种过无筋豆、南瓜和香蕉，但离婚后因为劳动力不够，就不再种植任何粮食作物或经济作物了。除了经营客房，他把很多精力用于养蜂。

蒲元丰接触蜂蜜的事儿要追溯到十多年前。那个时候他了解到野生蜂蜜很赚钱，于是就开始自己尝试去山里找野蜂蜜。"当时也不太会取蜜，各种方法都用过，就想着能取到蜜就行。"2018 年，随着村庄客房设施配套完善，河边村开始迎接八方来客。在"瑶族文化体验项目"① 中，很多村民会把自己做的瑶族服饰，以及家里自产的土特产茶叶等展示给游客。蒲元丰也特意去镇上买了专门装蜂蜜的透明塑料瓶，把自己的蜂蜜拿到活动现场。他为人亲和，普通话也说得不错，在活动现场向客人介绍自己的野生蜂蜜，给游客对比蜂蜜的色泽、讲述蜂蜜的处理方式。很多客人当场购买他的蜂蜜，有些还加了他的微信想要之后继续购买。

对于蒲元丰来说，这是不可多得的机会。虽然一些现代小农户已经成为面向市场的专业化商品生产者（吴重庆、张慧鹏，2019），但是河边村的小农户由于地理、社会文化、信息、技术等各方面的条件制约，仍然大多停留在以乡镇、县域为中心的短半径小市场中，与现代化大市场的联系常常是间接的和零散的。蒲元丰之前卖蜂蜜，经常在凌晨4点骑着摩托车从村里出发去县里的农贸市场售卖。不但要交摊位费，还因为本地市场对蜂蜜需求量低而经常卖不出去。某种程度上，新业态的进入为河边村的小农户提供了直接对接外部市场的渠道，省去了营销和物流管理方面的成本。这些外来客人对于野生蜂蜜的需求远超本地，2018年蒲元丰靠卖蜂蜜赚了2000元。

2018年底，扶贫团队开始探索微型农业示范，希望支持村民开展不同类型的农业项目以实现生计多样性，提高生计韧性，养蜂也在示范之列。蒲元丰是主动来报名的。考虑到他有养蜂的经历，也比较善于学习和沟通，项目进行评估之后决定对其给予支持。除了小额启动资金扶持外，项目还邀请外部力量给村民提供技术支持和销售渠道。北京中农寻蜜人生科技有限公司（后简称"寻蜜人生"）和河边村达成合作，作为河边村养蜂示范户的蒲元丰开始跟着"寻蜜人生"的团队一点点学习和蜜蜂

---

① "瑶族文化体验项目"是河边村为到村的客人提供的体验服务之一，包括让客人体验瑶族传统织布、抽陀螺、做糍粑、藤编、品茶、蜂蜜品尝、瑶族服饰试穿等。

有关的知识和技术，从分辨蜂王，到了解蜜蜂的习性，再到制作和放置蜂箱，等等。到2019年正式收获的时候，"寻蜜人生"团队检测认为河边村的蜂蜜质量上乘，并决定以150元/公斤的价格进行收购，几乎是市场价的3倍。2019年蒲元丰仅蜂蜜一项收入即达到了1.5万元。他不但卖出了自己的蜂蜜，还配备好了包括蜂箱、蜂衣等在内的一系列设备。恰亚诺夫（1996）曾经强调，小农户农业真正的困境在于如何面对市场，而非生产本身。"河边实验"的过程则不仅孵化了农户新的生产性技术，还为农户提供了极为重要的市场资源和社会资本，为后扶贫时代农户的发展提供了重要基础。

蒲元丰除了借助扶贫团队带来的市场资源之外，还不断主动拓展自己的社会关系网。2019年的时候，我们发现蒲元丰家楼下长时间停着一辆山东牌号的车，蒲元丰告诉我们那是从外面来村里做抖音直播的博主，是他在抖音上认识的人。河边村地处热带雨林，森林里环境奇特、物种丰富，可以满足城市人的猎奇心理，这位博主在他的邀请下来雨林里做直播。几个月的时间里，博主都住在蒲元丰家里，博主去雨林直播，蒲元丰会给他带路或帮他带饭。一来二去，博主也会传授蒲元丰一些直播的门道，例如如何选取拍摄视角，如何解说，如何吸引更多关注，如何获得平台的推荐，等等。2020年正处于疫情多变的时期，"瑶族妈妈的客房"等新业态产业受到很大的冲击，客流量相较以往下降很多，村民们普遍开始回归到农业生产中，整体呈现出"再农化"的趋势。但是蒲元丰并没有重操割胶或种地旧业，而是把时间和精力更多放在了养蜂上。在山东博主的帮助下，蒲元丰也开始自己拍摄小短片。他买了手机三脚架，在视频里给大家做野蜂箱开箱的展示。蒲元丰在视频里能熟练地介绍野蜂的学名和习性。养蜂有效地支持了他的生计发展。2020年蒲元丰全年收获蜂蜜约100

公斤,其中约四分之一以 100 元/公斤的价格卖给了"寻蜜人生",另外小部分以零售的形式出售给到村游玩的客人,大部分留给熟客寄往全国各地。他发在朋友圈的小视频颇有成效。除去各类包装、运输成本,零售的蜂蜜每公斤能收入 160 元左右,因此全年蜂蜜收入为 1.4 万元。蒲元丰逐渐建立起的熟客网络,不仅能够保持农产品价格稳定,减少因外部市场价格波动而产生的价格调整压力,还能在生产者与消费者之间建立更亲密、更多元的关系(叶敬忠、贺聪志,2019)。有一位之前来过河边村的客人知道蒲元丰的女儿正在上学,主动提出想要长期资助并立刻支付了当年的学费。

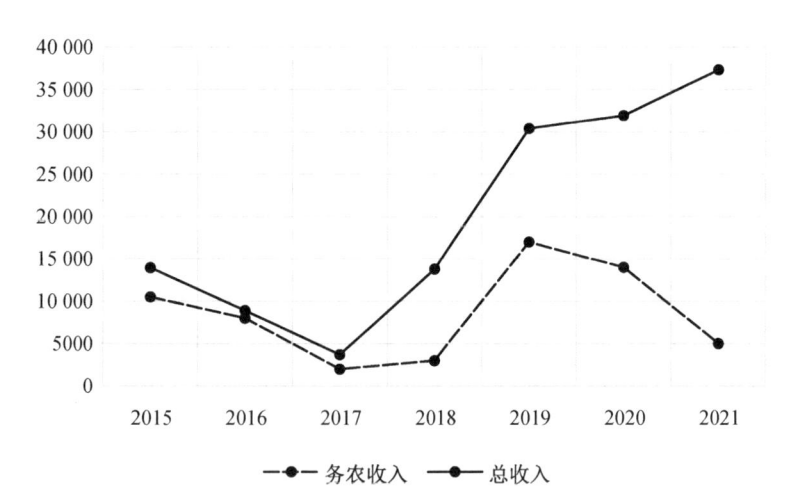

图 2-12　2015—2021 年蒲元丰家庭务农收入与总收入变化情况

传统农业面向市场的转变,信息和渠道是关键。蒲元丰养蜂做得较好,至少有两方面因素不可忽视。首先,移动互联网的发展与智能手机的普及有效地提升了农村的信息通达率,技术的便捷化发展在无形中打破了农民通向市场的壁垒。蒲元丰借助微信等社交媒体渠道进行点对点的直接销售,打破了河边村远离大都市的地理区位限制。蜂蜜本身具有耐保存和易运输的特点，一定程度上也能够抵御销售渠道不足、运输限制等风险。其次，他转向养蜂这一新业态也部分源于家庭结构的变化。离婚前，蒲元丰和妻子共同经营家庭，有足够的劳动力承担农业生产，因此在 2015 年时家中的生计来源还有诸如甘蔗等经济作物。但是离婚之后，家中劳动力减少使他逐渐放弃了对劳动力要求较高的传统种植业，转而依靠市场及父母解决基本口粮问题，并将眼光转向劳动力数量要求低、技术含量要求稍高的养殖新业态。另一方面，在生活上他也开始与村中以唐长光为首的其他单身汉走得更近。

  2020 年 9 月，唐长光带着蒲元丰等村民一起参与了茅草山幼儿园的建设。蒲元丰早在 2017 年建房时就学习了建房技术，并配备了各种建筑工具。最终蒲元丰获得了 9000 元工钱，有效地弥补了因疫情导致的新业态收入的减少，并推动了家庭总收入的增加（图 2-13）。2021 年初，蒲元丰正式加入雨林瑶合作社。现在，他已经成了向客人介绍雨林蜂蜜、带领客人开展雨林探险的河边村专业向导。同年，蒲元丰家的客房被选中作为公益共享公寓改造示范房，改造的工作主要由蒲元丰来承担，他开始二次精心打造自己的"新家"。2021 年 24 000 元的建房收入也成了他的主要收入，全年家庭总收入也提高到了 37 346 元，是 2015 年以来的最高值。根据公益共享公寓的设计，公益人士还将按年向蒲元丰支付公寓的维护管理费。此外，蒲元丰与合作社还可以按比例分成公寓对外营业所获得的住宿费收入。① 这意味着蒲元丰在今后可以依靠公益共享公

---

  ① 按照"河边实验"的思路，经各方同意，公益共享公寓的管理方式如下：公益人士承担房屋改造提升费用，每年根据房屋面积向房主缴纳一笔公寓管理费，包括房屋的水电费、修缮维护费用；房主负责公寓的维护管理；公益人士享有改造后公寓的优先使用权，与其家人朋友每年可不限时间、时长入住公寓，无须再缴纳房费；公益人士未使用公寓期间，公寓按照"瑶族妈妈的客房"管理，收入由房主与合作社分成。

寓获得较为稳定的收入。虽然疫情在 2020—2021 年两年中断断续续地影响着河边村，但蒲元丰仍然靠养蜂稳定着自己的生计，并通过外出建房、客房改造以及合作社管理工作不断提高收入、拓展生计来源。

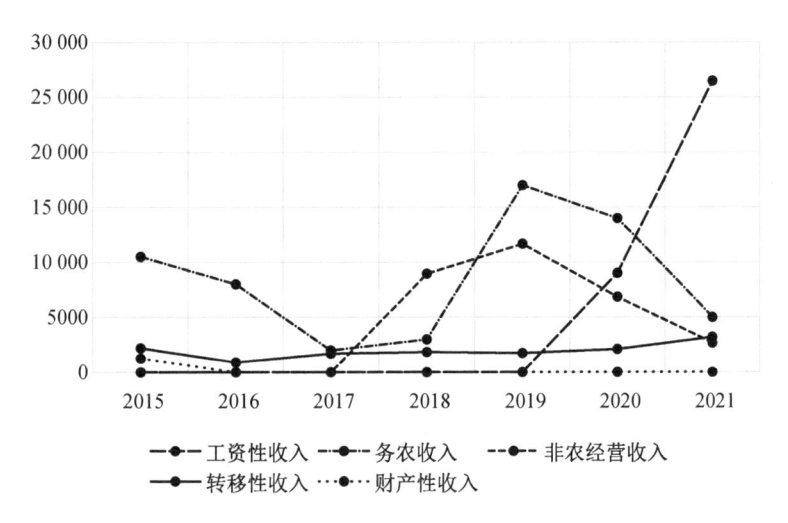

图 2-13　2015—2021 年蒲元丰家庭主要收入项目变化情况

第三章
村里的"能人"

虽然不能说河边村还处在传统的小农社会，但河边村的农户在很多方面都有孟德拉斯(2010)所描述的传统小农的特点——生产和生活的节奏缓慢、自给自足、尊重自然等。但是村里的确也有一些农户积极进取，敢于冒险。在村民的眼里，他们不是干部，但是比一般人更能干。他们大抵可算是村里的"能人"。在本章里，我们把具有这类特点的农户归为一类，分户对他们的生计活动予以呈现。

穷人的日常生活充满了风险，全球危机的确增加了穷人的风险，但对于他们每天需面对的风险来说，这根本算不了什么(班纳吉、迪弗洛，2013：121)。现代城市生活的一大优势是建立了应对风险的各类保障机制，生病了有医疗保险，受伤了有工伤保险，失业了有失业保险。但在乡村，一方面生产、经营及打工活动本身就比正规就业面临更多的风险，如来自气候灾害的风险、市场波动的风险、信息不对称的风险；另一方面乡村社会缺乏应对风险的系统性机制，即使有，保障程度也很低。因此当小农户试图对接市场时，常常发现自己处于生计资本赤字的状态，既缺少资金、技术、劳动力，又缺乏与现代市场链接的社会资本。在尝试获取这些资本时，他们往往又要付出超出自身资本实力的代价，很容易将自己暴露在"破产"风险中。

一些研究者认为风险是推动多元化生计的主要原因(Bryceson,

1996)。从经济学角度看,生计多元化可能出于农户对高收入、高风险生计类别与低收入、低风险生计类别的选择性权衡,即用收入换取安全;也可能出于最大化劳动力、土地等资本投入产出比的计算(Ellis,2000:60)。河边村的能人们,往往追求收益最大化,而低估风险的影响。与此同时,他们的认知水平和信息来源与现代市场、现代社会的要求并不对称。那些原本在传统社会运行有效的原则在现代市场可能不起作用,例如口头协议;那些浅显的经济学逻辑始终在他们身上重复演示,例如谷贱伤农;那些原本世代践行的生存方式可能成为现代社会的法律禁区,例如在自然保护区砍伐围猎。这些村民并非没有预料到这些潜在的风险,但却常常跟随"富贵险中求"的教义,自发进入一个更不确定、风险性更大的现代社会(徐勇,2006;陈明,2015;卢洋啸、孔祥智,2019)。

这些农户在追求收益最大化的目标时,也出现了差异化的生计策略,如有的寄希望于扩大规模提升产出,有的追求专业技能提高竞争力,有的冒险投机甚至行走在法律的边缘。他们对外部干预的回应也随着他们对干预的收益预判而不断调整。总之,在一个整体而言缺乏风险防范以及补偿机制的乡村社会中,他们均毫无意外地遭遇到了形形色色的风险。

唐齐民曾是村小组长、支书、村中首富,也曾被捕入狱。他经商做买卖,奉行"赚大钱"的逻辑,不惜借贷投资,也不吝高消费,生计已经起落多次。他没有跟上村里建客房的节奏,却盖起了村里最大的房子。其生计的多元性、投机性与风险性深刻地交织在一起。唐齐前以"种地就是一场赌博"指导着自己的生计,大规模租地种植甘蔗、芭蕉等市场价格波动大、自然灾害频发的农产品,却始终相信"明年我一定能'苦'到钱"。他的身上淋漓尽致地体现了小农户走规模化农业道路的"先天不足"。但近两年的遭遇显示，政府的风险补偿机制对其生计发挥了重要的支撑作用。唐齐云土地较少、农业产出低，他将家庭生计主要寄希望于客房项目，借款筹钱投入了大量资金用于打造和提升客房，一度成为村内客房项目营收最多的农户。对他而言，新业态不是可有可无的生计补充，而是一个能帮助他实现生计转型的事业。唐齐真是个能组建20人建筑队的"包工头"，还是个农业投资者，借助扶贫团队引进的微型农业示范项目，他扩大养鸡、养鱼规模，成为不断扩展生计结构的多面手。相对而言，他是几位能人中最注意规避风险的一位。蒲新桥是村里最早一批开货车跑运输的人，一连串的遭遇显示了小农在追求现代专业技能道路上的困难和风险。冯志远被我们戏称为"地主家的小儿子"，在父亲的荫庇下度过相对富足的童年，成家后独立经营，通过规模养猪、开小卖部和台球厅成为年青一代中的"小老板"。其创业跨度之大也在某种程度上反映出风险在其家庭生计上的烙印。

河边村"首富"

2015年我们刚到河边村时，就听说有一位叫唐齐民的村民与其他人不一样，有着相当传奇的经历：他出生于老挝，动荡年代随着祖辈逃难进村，虽然没怎么上过学，脑子却很灵光，擅长做生意，2000年左右他在中国和老挝之间倒卖茶叶、药材，挣得了人生第一桶金，在村民普遍穷困的年代，手头阔绰的唐齐民经常请年轻人去县里唱歌喝酒。2010年他被选为队长，2013年成为村党小组书记，2015年后便不再担任村干部了。唐齐民喜欢做"大生意"，挣钱时成了大老板，亏钱时往往也损失惨重。2015年我们见到唐齐民时，他贷款购买的价值 20 余万元的汽车就因无力还贷而被银行收回。不仅如此，他还欠了不少债，一些过去为了帮助他获得贷款而用自己户头开户的村民，也因为他还不起银行欠款，开始对他有些看法。大家说，"首富"变"首负"了。

2021 年初，我们像往年一样开展全村收支情况调查，发现缺少唐齐民家 2019 年的数据，便登门拜访请他根据回忆尽量补齐数据。唐齐民却提出一套"规矩"：双数年的情况欢迎调研，单数年的情况不接受调研。他的儿子和兄弟私下里告诉我们，唐齐民要面子，不愿意承认自己投资失败。唐齐民客气地邀请我们坐下喝茶，但无论我们问什么，他都会以半开玩笑的方式顾左右而言他。这更让我们对这座显眼的、空荡荡的三层"大楼"中隐藏的"秘密"充满好奇：这位村中曾经的"首富"为何难以"守富"？

唐齐民家人口较多，他的儿子和女儿虽然都已结婚，但还是常住在家。妻子和儿子是主要的农业劳动力，儿媳妇主要负责带娃和喂猪等较为轻松的体力劳动。唐齐民作为一家之主，极少参与田间劳动，总是在捣鼓怎么赚快钱、赚大钱，他认为大规模的农业生产是一条可行之路。2014 年，他一共投入了 84 万元用于种植甘蔗，其中有 20 万元是以赊账的形式从农资公司购买了农药化肥和种苗。根据唐齐民的估算，每亩甘蔗地就算只按 5 吨的产量、每吨按 400 元的价格保守计算，这 416 亩甘蔗地也可以给他带来 83 万元的收入，除去生产过程中的各种成本之外，每年净收入能达到 40 万元。他只需要两年的时间就可以将投入甘蔗地的钱都挣回来，而之后的盈利可以帮助他扩大生产。然而事实上，野象的破坏使甘蔗的产量大幅度下降。国家有针对这种情况的补贴，按照每亩地 700 元的标准予以赔偿，唐齐民从国家获得的补贴一共为 20.4 万元。但相比他的生产投入和预想收入，这实在是相去甚远。2015年,唐齐民继续投入24万元用于租地种植甘蔗,毛收入却只有17万多元(图3-1)。投资遭遇亏损后,他很难再进行大规模的投资。2016—2018年,家庭收入主要靠妻子割胶、儿子外出打零工等,唐齐民则一直在寻找商机,偶尔做点野生药材的生意,有时也收点茶叶去卖。

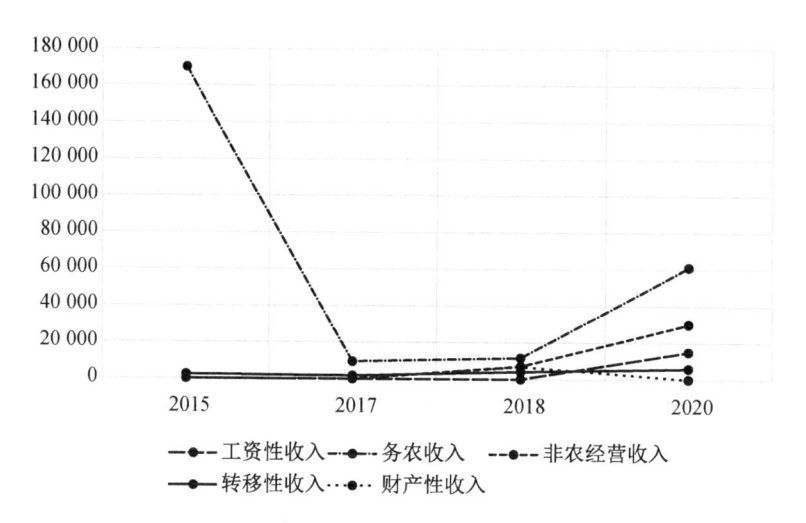

图3-1 2015—2020年唐齐民家庭主要收入项目变化情况

对于"河边实验",唐齐民有自己的想法。刚开始,他积极参加项目的各种会议和讨论,得知河边村要建客房、发展休闲旅游时,他感到这是个"大生意",表示要投入100万元将自己的房子建成酒楼做生意。唐齐民认为一两间"瑶族妈妈的客房"带来的收入十分有限,如果要做,就一定要扩大规模,他想将自家房子的一层和二层变成可以容纳上百人的餐厅,三楼建多个客房。建大房子需要的资金多,一时凑不齐,因此这些年他的建房进度一直落后于其他村民,直到2018年下半年,他的房子的框架才立起来,里面更是空空荡荡,所以他家一直没有新业态收入。

　　为了筹措建酒楼的资金，唐齐民想各种办法挣钱。看到村里改造客房的"商机"，他找到工程负责人，表示愿意承担建设专家公寓的工作。他表态可以去外面采购到便宜且质量好的木材。但是拿到定金后，他并没有按照要求交付木料，而是找来一些规格较小、无法用作主梁的木料，最终导致专家公寓建设工程延期。这次合作之后，工程负责人便不敢再找他了。村民说，唐齐民通过类似的"生意"攒了一些积蓄。2018年后，每次我们进村，都会看到他的房子发生一点变化。他的房子错过了政府的验收时间，没能得到相应的建房补助，所以2018年建房支出超过23万元（图3-2），其中大部分仍然是借款和赊欠材料费。对于没有拿到补贴这件事，唐齐民一家显得并不太在意。他的妻子说："随他吧，他说慢慢来，什么时候盖好就什么时候盖好，到时候再给客人住。"唐齐民则说自己不太看得上村里其他农户建的客房，房间数量太少，挣的都是小钱，他不怕花时间，要做就

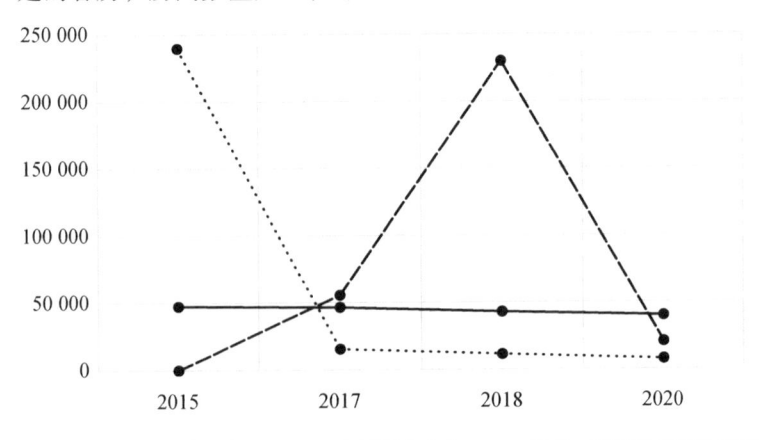

图3-2　2015—2020年唐齐民家庭主要支出项目变化情况

做大生意。2023年初我们进村的时候，发现唐齐民终于围好了第三层楼的木板用于自家居住，一楼和二楼也全部围上了落地玻璃窗，家里还建了好几个厕所，似乎就差餐厅和客房了。据估计，他这栋房子陆陆续续已经投入了50万元。

由于唐齐民并未开始新业态产业的经营，2020年的疫情对他们一家的收入冲击并不明显。他家的各项收入较之2018年都有所上升，尤其是务农收入。2020年他家的务农收入高达6万多元，割胶收入近5万元，种植芭蕉收入14 000元。用唐齐民的话说："如果没有野象践踏，芭蕉收入能翻一倍都不止。"除了务农收入，2020年唐齐民做生意收入30 000元，妻子打工收入15 000元，再加上5900元的转移性收入，家庭收入超过11万元。这样的收入水平在村内名列前茅，而唐齐民一家在生活支出方面则一直比较平稳，大部分年份都在5万元左右。唐齐民家自己种植水稻和蔬菜，完全做到自给自足，食物性消费比例很低，最大的支出部分就是烟酒支出，2020年高达16 160元，在村内可算是高收入、高消费的家庭了。

截至2020年末，唐齐民在信用社还有25万元欠款未还，每年需缴纳1万余元利息。他对大进大出的挣钱方式感兴趣，而对"瑶族妈妈的客房"这样每月小额入账的经营形式没有太大兴趣。唐齐民一家5口生活在没有围板和窗户的空架子木头房里近两年，直到2022年底才围起了玻璃墙。之前由于房子没建好，厨房设施不全，一家人仍以柴草作为燃料，在露天厨房做饭。唐齐民本人患有先天性高血压，妻子也不时会去医院，但一家人却没有缴纳医疗保险和养老保险。他们有钱时会用于修建房子、请客吃饭和抽烟喝酒，但是对日常的饮食、服饰、医疗等方面却不太在意。

唐齐民过去倾向于进行大规模的农业生产，但近些年缺少资金,他只能退而求其次,当一名买卖中间商。他的生意遵循简单的逻辑:跟老板借款,寻找货源并向农户收购老板需求的农产品,进行简单加工后,转手再将农产品卖给老板,偿还最初的借款,赚取中间差额。由于买卖的多是茶叶、药材等初级农产品,市场价格波动较大,因此赚钱快,亏本也容易。村民们虽然觉得唐齐民干的事有投机倒把的成分,经常有所议论,但大家还是觉得他很能干,一些村民甚至也学着他去外村包地种茶叶、种蔬菜,或者收购砂仁和药材。

唐齐民家显然超越了一般农户量入为出、老实本分过日子的生计模式,而呈现出一个高收入、高风险的生计样态。唐齐民家地多、劳动力多,也没有重大疾病等问题的拖累,因此其家庭生计水平一直处于基本生存线之上。但是,一旦他尝试扩大生产规模,就会遇到小农户不得不面对的资金瓶颈问题。农业产业的规模化是以资本密集作为条件的,即使可以通过借钱、贷款等方式来暂时缓解投资不足的问题,小农户仍然缺少有效应对农业生产中所面临的各类风险的办法。此外,纵然转向商业和服务业,只要追求一定的"规模",也会遇到同样的问题。毕竟,小农户走规模化路径,需要一系列的条件。而在现代农业产业分工体系中,小农是面临结构性困境的(吴重庆、张慧鹏,2019)。

总在借钱的唐齐前

孟德拉斯(2010:120)在《农民的终结》一书中,引用在法国不同地区对"什么是有才干的农民"的调查,描述农民的特征。他对"有才干的农民"的论述与一般对农民吃苦耐劳精神的称颂不同,他认为一个"有才干的农民"往往顺应进步的潮流,"使用化肥""在劳动中动脑子""比别人会算计"。

河边村的桥头有一栋显眼的三层大房子,房子的骨架高高大大,但一看就没有建好,只有三楼围了些木头板子形成了房间,其他两层则空空荡荡。这栋大房子的主人是唐齐前,他是唐齐民和唐齐贵的弟弟。唐齐前极富个性。他认为农业不是保底产业,而是可以发家致富的投资。他最常说的一句话是:"当农民就是一种赌博。"

1982年出生的唐齐前,21岁时就和16岁的妻子结婚,从父母家分出来,开始经营自己的小家庭。夫妻俩养育了两女一男,大女儿已于2022年到昆明上大学,另外两个孩子还在上小学。常年喝酒的他在三十出头的时候就患上慢性肝病,2016年前后甚至连外出劳作都很困难,长期服药和子女教育支出大使这个家庭陷入深度性贫困,村里把他家列入贫困户的名单。但唐齐前不甘贫困落后,凡事都希望往大了去做。村里建房时,大部分人家都按照"河边实验"的建议将房子的使用面积控制在150平方米左右,唐齐前却一下子立了使用面积超过200平方米的房屋框架,层高也比一般人家高。由于资金和劳动力不足,房子只有第三层围了墙板供家里人居住,其他楼层都是空架子,也没有建厨房和卫生间,平时一家人就在一楼的开放空间里生火做饭。这栋房子有点像城里的"烂尾楼",空有骨架,一楼的水泥地板还是2021年夏天在"河边实验"的资助下村里人帮他铺起来的。与唐齐民一样,由于没能在项目验收之前完成建设,唐齐前也没有拿到4万元的扶贫补贴。

每次我们催促唐齐前先把客房盖起来,他都有各种各样的理由。刚开始说,等甘蔗挣到钱就盖房子,后来又说,等把芭蕉收了。实际上,他把政府支持危房改造的6万元无息贷款投入到了种植上。他认为，客房建好一个月才两三千元的收入，根本不够他还债和开销，而"如果芭蕉价格好，至少能有十万的年收入"。那他为什么要盖那么大的房子呢？从"脸面观"的角度看，农村人盖大房子往往是为了得到良好的社会评价、社区声望或地位（董磊明、郭俊霞，2017），但在面临生存困难的唐齐前身上或许不能理解为"面子工程"，事实上他盖大房子不仅没有得到村里人称赞，反而招致"没钱还债还盖大房子"的批评。他对外说是"孩子多，房子怕不够住"，我们可以理解为这是一种想要一步到位的心态，就像他在农业上试图通过规模化一次性翻身一样。当大部分村民的农业经营性支出仍然保持在家庭总支出的20%以下的时候，唐齐前却已经超过了80%，到后来更是举债投资。2018年其经营性支出超过27万元，主要用于租地和种甘蔗，远高于其生活消费支出（图3-3）；2020年则达到近20万元，主要投入芭蕉和人参果的种植。

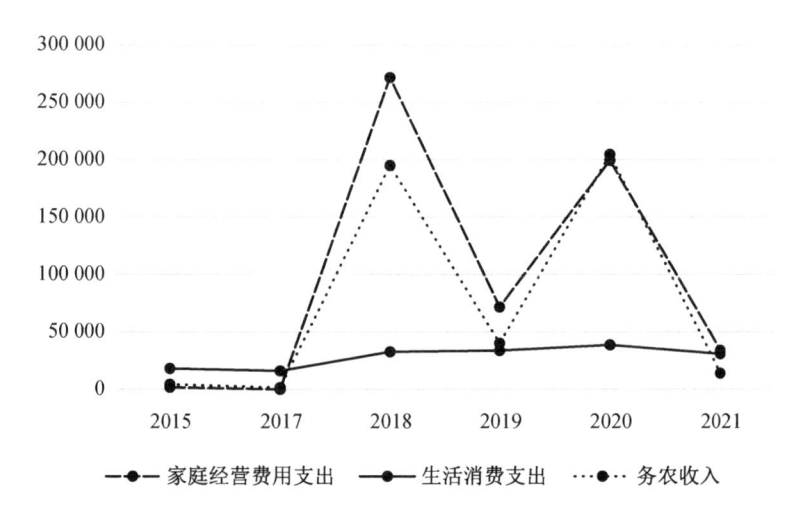

图3-3　2015—2021年唐齐前家庭部分收支项目变化情况对比

在农业投资上，唐齐前是个乐观的冒险家，但幸运女神并不眷顾他。唐齐前选择的甘蔗、人参果、芭蕉等农业项目都依赖劳动密集型的传统农业生产方式，想要规模化生产，就需要大量雇佣劳动力，这又需要不小的资金投入。2018年他承包种植了85亩甘蔗地，毛收入达到19万元，但支付10万元土地租金和8万元雇工费用后，手头就只剩下1万元，根本无法覆盖种植过程中平整土地、购买甘蔗苗、农药、化肥、灌溉、运输等多项成本。2019年他减少了初期投入，只开支了化肥、农药以及人工管理的成本，其家庭经营性支出降到7万元左右，但是由于野象破坏和管理不到位，务农收入只有4万元，仍然入不敷出。

2020年他改种1万多株芭蕉和8000棵人参果。树苗、化肥、农药和其他农业生产资料花费近2万元；加上当年的地租和雇工费，家庭经营性支出又达到近20万元。2020年的务农收入在20万元左右，基本上持平。到了2021年，经营性支出下降到大约3.4万元，但务农收入却降到了1.4万元。这一方面是由于唐齐前的人参果种植管理技术不足以及当地气候原因导致果实早熟、直径太小卖不上价钱；另一方面是由于2021年西双版纳野象频繁进村，食用和破坏芭蕉等作物。唐齐前面临人参果与芭蕉双重歉收，无法偿还之前的债务。幸而，当地政府通过购买"野责险"应对野生动物损害农民生命财产问题，由保险公司对农户进行赔付，唐齐前得到了大约7万元的芭蕉补偿款。2021年转移性收入的突增在一定程度上缓解了唐齐前当时债台高筑的经济危机。由于花费大量精力在农业种植上，唐齐前家这几年农业以外的收入很有限，基本就是转移性收入。

唐齐前追求规模化种植的结果是形成了高收入、高支出且入不敷出的生计模式。他把大部分的时间、精力、资金都放在种植业上，我

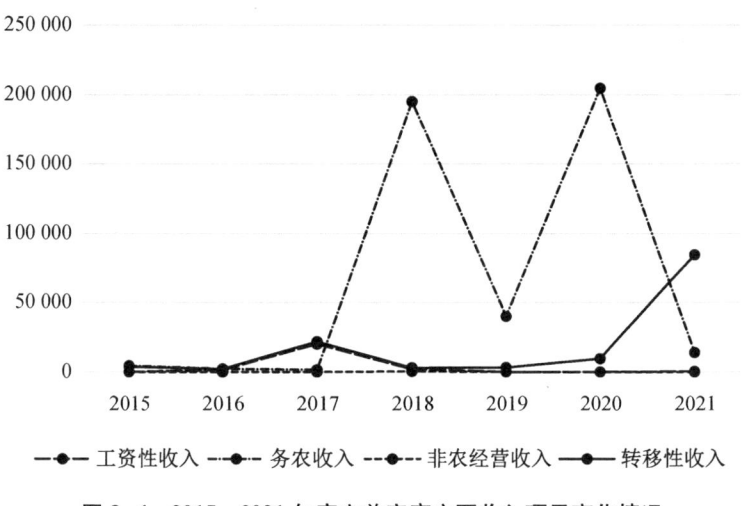

图 3-4　2015—2021 年唐齐前家庭主要收入项目变化情况

们进村的几年中，一家人的生活福利几乎没有变化，妻子跟着他起早贪黑，粗茶淡饭，身体也弱了下去。

一家人始终维持着低水平的生活消费（图 3-3），其中还有一半的花费是用于孩子的教育支出。以 2020 年为例，家庭生活消费支出大约 4 万元，其中有 1 万元是用于大女儿在昆明读高中的生活费，学杂费则由其舅舅资助；另外两个孩子就读于山下的希望小学，学杂费与生活费开支在 5000 元左右。剩下 2.5 万元要满足家里一整年的油盐酱醋、医疗支出、生活用品、交通等。因此唐齐前家只能不断地压缩非刚性支出，唐齐前个人的烟酒支出一年只有 290 元，孩子们一年到头很少有新衣服穿。针对家里入不敷出的情况，唐齐前只能采取借款的方式维持生活，往往今年的钱没有还上，明年又得向亲戚伸手，被村里人称为"老赖"。

有趣的是，这样一个"老赖"在村里也发挥着重要的作用。村民们通过观察他的成败来决定自己的种植策略。河边村民有个微信交流群,唐齐前经常会在群里发布农业信息,例如农产品收购价格、种苗购买渠道等,因为他与外面的农业老板来往密切,总是能够快人一步得到资讯,于是就顺理成章地做起代理人。一旦有市场风向鼓励种植某种作物,唐齐前就在微信群里吹风,给大家推荐种苗商家,然后发起接龙,让农户报所需数量,最后统一采购种苗。等到收获季节,卖种苗的老板一般会回购农产品,唐齐前又开始操持统一收购事宜。因为在运输成本高、农产品不够装满一车(例如芭蕉要 10 吨以上)的情况下,老板们并不愿意进村,小体量农户只有跟着唐齐前这种种植大户才能被在地收购,否则就需要自己拉到镇上或县里售卖。

交通不便对于深山中的小农户来说是对接市场的一大障碍,不仅增加了种植成本,而且往往阻碍了农产品的及时售卖。研究者基于中国西部 11 个省区的研究数据分析,发现交通基础设施存量对农村居民人均纯收入具有一定的促进作用(任晓红、但婷、侯新烁,2018)。交通基础设施对拓宽农村与外界交流的渠道(谢里、李白、张文波,2012)、优化农村产业结构(李慧玲、徐妍,2016)、提升贫困地区产品价值(Jacoby,2000)、帮助贫困人口获取额外生产性机会(Estache,Gomez-Lobo & Leipziger,2000)、改善城乡收入差距(康继军、郭蒙、傅蕴英,2014;杨茜、石大千,2019)等具有重要影响。自精准扶贫以来,河边村的交通条件改善很多,以前不愿意上山的收购商也陆续进来,但因为位置偏远,整体运输成本依然很高,只有联合起来形成规模才有和收购老板谈判的资格。唐齐前的规模化生产对村庄的经济发展形成了某种正外部性,他自己也受益于村庄层面种植的进一步规模化,但在这种规模化未拓展到生产和销售的每个环节、未形成组织化的分工协作及风险承担机制,并且仍以家户为单位,处于一种松散的状态时，作为个体农户的唐齐前就仍然难以规避和承担农业投资的风险。

"乡村改革进程带来了农民致富冲动的强化和经济理性意识的成长，但传统农业生产方式和生活方式中生成和强化的'土地情结'依然存在。"（王露璐，2015）唐齐前身上其实具有敢于开拓、勤于交往的企业家精神，但他的目光始终盯在农业上。小农家庭的客观条件无法为他探索农业规模化道路提供物质支撑。他因病致贫，自己几乎不算一个完全劳动力，妻子除了帮助农作，还需照料3个上学的孩子。更无奈的是，相对传统的乡村共同体既无法从物质上也无法从文化上鼓励其冒险探索。从物质上来看，河边村处于普遍贫困状态，唐齐前向贫穷的亲友借款来完成各种投资，结果亏得血本无归，就像他自己说的："再借就成'仇人'了，兄弟们也说'当没有这个兄弟'。"而乡村文化是小农本位的，往往将生存和安全放在第一位，本质上并不鼓励追逐高利润；村里高收入户往往是在多元生计基础上逐步积累，把农业作为保底产业。同时，河边村的日常充满了机会分享、利益分享等乡村平均主义逻辑下一定程度的"抑制进取"的社会文化实践（李小云、吴一凡、董强等，2019），在这种文化环境中，一直冒险创业的唐齐前往往被视为异类。

尽管如此，乡村的社会网络仍然在基本生存方面不断支持着唐齐前一家。兄弟们"骂"他，钱却还得借给他。这也许是小农共同体"脆而不折，弱而不息"的韧性所在，是在漫长的历史岁月里形成的一整套社会救助体系，共同支撑着小农户的生存和延续（陈军亚，2019）。与此同时，政府对农户的风险补偿机制也在很大程度上化解了唐齐前创业与生活上的突发危机，保障了这个家庭的生存安全。而屡经失败的唐齐前还一直在等一个翻身的机会。2023年初，他告诉我们自己的债快要还完了，但他想继续贷款扩大芭蕉种植面积。他还是说着那句话："当农民就是一种赌博，明年芭蕉价格保持3到4块钱（一公斤），我就可以把房子盖好了。"我们提醒他：疫情结束了，国门开放，老挝的农产品马上要涌进来，价格可能不会那么好了。他满脸的不以为意。

"没有负担"的唐齐云

唐齐云家是河边村少有的两口之家，夫妻俩既没有生育小孩，也没有赡养老人的"负担"。① 这样特殊的家庭结构，使得他们家的生计状态也与别家不同。他家不像单身汉那样"今朝有酒今朝醉"，也不像儿女众多的家庭在日常生活上开支较大，而是处于一种稳定的积累中：努力挣钱，克制消费，随时准备为生育孩子提供物质保障。村里人说他在外面当"大师傅"，建房手艺好，一天能顶别人干五天的钱。但他总是说，"家里劳动力少，土地也少，挣钱不容易，老婆身体不好，为了生小孩，总要去看病，花销大"。

唐齐云是村中少数有车的人之一。② 2022年，唐齐云购置了一辆总价13万元的皮卡，首付7万元，剩余6万元贷了款。唐齐云的父辈从老挝逃难而来，兄弟几人好不容易扎根下来，继承的土地十分有限。村里一些农户的橡胶地多达百亩，而他家只有20多亩橡胶地，

---

① 唐齐云是前述唐齐贵、唐齐民、唐齐前，以及后面将会提到的唐齐真的兄弟，由于父母跟着最小的兄弟唐齐真生活，所以总体来说他们没有赡养老人的"负担"。
② 因为唐齐云家的年度问卷缺失且并不准确，故我们不讨论他家的总体生计情况。每家每户的新业态收入由研究团队管理记录，且唐齐云家的生计并不主要依靠农业，而是依靠新业态及相关的建筑务工，所以本节我们仅用新业态相关的数据和故事大致体现唐齐云家的生计状况。

且在距离村庄很远的地方，管理和维护的成本都很高，所以他们家一年的割胶收入甚至不及橡胶树多的农户家一个月的收入。唐齐云的妻子身体不好，只能在家做一些力所能及的劳动，家庭的主要收入依靠客房为主的新业态和唐齐云在周边打工的收入。

"河边实验"新业态产业兴起时，唐齐云非常重视，他认为自家的土地太少，劳动力又只有自己一个，无法依靠农业实现收入的提升，只能抓住机会好好发展客房，所以他在其他村民还没有行动起来时，就早早地将建房的木料准备好。尽管家里只有两个人，但唐齐云打定主意建一座又大又好的房子，以便能为客房提供足够空间。此外，他认真跟着建房师傅学习技术，仔细打磨自家的房子：楼梯宽敞平坦，地板和木墙严丝合缝，就连窗檐都植入了巧思，用细木条镶边，有种别样的风情。唐齐云家的房子曾一度是全村最好的房子。凡是来过和住过唐齐云家的人，都能直观地感受到他家与其他农户的房子装修的不同。事实上，唐齐云在房子的建设上也是下了"血本"的，政府给予每家每户的建房补助，除了贫困户更多一些，其余都一样，且"小云助贫"给农户的客房补助也几乎一样。普通农户的房子的建造成本在 10 万—15 万元之间，而他家的房子的建造成本高达 24 万元。[①] 唐齐云不光花光了积蓄，还找银行贷款，并且在客房初步建成投入试运营的过程中，将有限的现金流进一步用于客房的提升改造。他认为好的客房会像土地一样成为资产，源源不断为家庭带来收益。

唐齐云一心一意发展客房事业，他很少关注村集体事务，但涉及

---

① 此处的建房成本为 2017 年时农户房屋的主体建设费用，主要是瓦片、门窗、建房工具等，政府补贴和公益资金都计算在内，不包含村民投工投劳的折算费用，也不包含后续提升改造的费用。

客房的讨论会他每次都参加。他家的客房有三个房间，一家五六口人住进去也不会觉得拥挤。与其他人家的水泥地不同，他家底层是用红砖铺设的，费工又费钱，但十分好看。房子周边用红砖围出了一圈排水沟，水沟外面又种上了花花草草，石子路被两旁的花草簇拥着，跨过了水沟，通向房内。每每顺着这条路走进他家，都颇有一种步入了新世界的仪式感。在村里的"高端客房"建成之前，他家是村内少有能提供较为优质客房条件和服务的农户。过去几年，唐齐云家从不缺少入住的客人，客房收入也成了家庭收入的主要来源。2017年，唐齐云家客房建成并开始提供服务，此后两年，他家都是村内客房收入最高的那一户。2019年，唐齐云家的客房收入接近25 000元，而村民的平均客房收入在10 000—15 000元之间。可以说，唐齐云曾经是最受益于"河边实验"客房项目的农户之一。

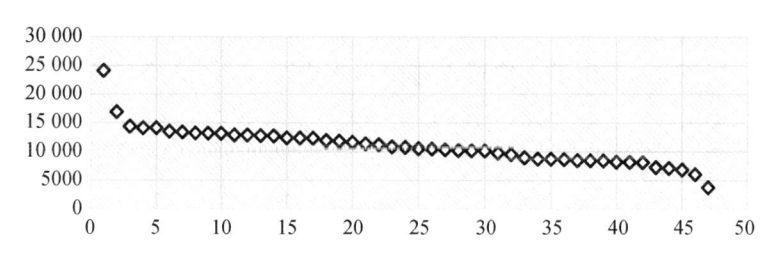

图 3-5　2019 年全村 47 户客房收入排序分布图

唐齐云家仅有他和妻子冯美燕两个人，手头宽裕的这几年，他们俩每年都会到勐腊县的医院检查，希望能怀上孩子，每年的医疗检查等各类支出在5000—10 000元之间。为了受孕，冯美燕很少劳动，更不外出打工。过去，唐齐云经常会说冯美燕"笨，什么都不会做"，冯美燕也总是略带歉疚地说自己身体不好，不能劳动。经营客房后，常年在家的冯美燕也忙碌起来了。有客人居住的时候，她几乎每天都在家，随时回应客人的需求。他们家客房入住体验好，入住率也高。当客房逐渐成为唐齐云家的主要收入来源后，唐齐云也很少再抱怨妻子在家闲着不做事了。新业态项目因其不同于传统农业生产的模式，使冯美燕这样无法胜任重体力工作的"闲置"劳动力得到"激活"。有研究指出，女性在乡村旅游中的参与对她们的家庭再生产活动的性别关系产生了影响（王伊欢、王珏、武晋，2009），"瑶族妈妈的客房"这一基于性别视角出发的新业态项目，不仅改善了农户的生计水平，也在一定程度上改善了妇女的生存处境。

2020年突如其来的新冠疫情严重影响了河边村的旅游经济，唐齐云家的客房收入锐减至8820元，家庭收入的主要来源变成政府的转移支付补贴和唐齐云外出务工。唐齐云家2020年的转移性收入包括2000元边民补贴、870元种粮补贴和6000元芭蕉地被大象破坏的补偿款。不同于其他农户在遭遇新业态的市场风险后迅速转向农业生产，唐齐云一家由于土地资本有限很难进行"再农化"尝试，2020年收入出现了大幅下降。这也是小农在转向新业态生计后，不得不面对的市场风险。

2020—2022年期间，唐齐云积极寻求新的生计来源。受益于"河边实验"，唐齐云掌握了建房的相关技能，一些来过河边村的其他村的农户很喜欢他家的房子，于是聘请他为"大师傅"，在周边其他村寨帮着盖木房。一些村民也想跟着唐齐云外出挣钱，于是唐齐云组建了建房小队，带着大家扩展收入渠道。在这个过程中，唐齐云逐渐成为村民口中的一个能人，尤其是村里的一些小伙子，愿意跟着他去学技术、去周边建房。他们一起外出建房，生活成本平摊后，按照各自负责的工种分成。小伙子们说，"客房挣不到钱了，没有农活时跟着唐齐云去建房也是一条挣钱的路子"。

事实上，单从农户自身利用国家扶贫资金和社会公益资源的角度来讲，唐齐云无疑是最大程度上实现了住房环境的提升和利用固定资产获得收益的农户之一。可持续生计框架曾指出，农户的生计资本包括人力资本、社会资本、自然资本、物化资本和金融资本，外界会不断影响农户的生计战略从而促使其经历生计转型（DFID，2000）。唐齐云在脱贫攻坚过程中从一产转向三产，实际上劳动力数量没有变化，但是劳动力过去在一产中的劣势转变为了在三产中的优势，而用于满足基本生活居住需求的房屋资产也转化为了可以"再生产"实现盈利的资本。这一过程体现出唐齐云作为小农户所具有的能动性，其优势生计资本（如建房技能、闲置劳动力）外显并被充分利用。其生计的脆弱性则主要源自劣势生计资本（如缺少土地）导致的生计单一性，因而他在遭遇市场风险时难以寻求小农经济的庇护，无法有效实现多样生计的协同（史玉丁、李建军，2018）。

养鱼"万元户"唐齐真

许多即使从未来过河边村的人，也曾在有关河边村的报道中见过唐齐真和他妻子的照片。在那张照片里，唐齐真和妻子身穿瑶族服装站在自己亲手打造的客房里，一脸满足的笑容。唐齐真是河边村唐家六兄弟里最小的一位，我们在前面已经写过他的几个哥哥的故事。唐齐真家就在哥哥唐会计家旁边，他与母亲、妻子和三个孩子一起居住和生活。他家门口有个小水池，会放一些从自家鱼塘里捞上来准备吃的鱼。唐齐真也是村里有名的养鱼"万元户"。

唐齐真的故事开始于2018年。"河边实验"为河边村设计了复合产业，除了推动新业态和基础性的粮食产业的发展，还支持农户发展辅助性产业,通过微型农业示范项目,支持农户发展冬季蔬菜、中草药、家禽等种养业。唐齐真是率先报名的那一批人,他找到我们团队的董老师,问能不能支持他两个项目,养鸡和养鱼他想同时做。唐齐真的解释是,这是一个完整的循环体系:从种植玉米到玉米磨粉再到做烤酒或喂鸡,做酒剩下的酒糟又可以喂鱼。如果不养鱼的话,酒糟就浪费了。只要支持他一点经费清理鱼塘和购买鱼苗,他就能把这个循环体系做起来。考虑到公平的原则,项目只支持他做养鸡示范,但董老师借给他6000元作为养鱼的初始资金。于是唐齐真开始建立他的微型农业循环体系。

唐齐真说自己养鱼的技术是从小跟着父亲学的。怎么做鱼塘,如何铺底,什么时候撒鱼苗,喂食什么样的酒糟养出来的鱼才好吃,他都有一套"心得"。项目的支持为他们提供了扩大生产规模的可能。除了鱼之外,唐齐真按照所设想的循环体系把鸡和烤酒也做了起来,因为家里玉米用量大,他专门购买了一台玉米磨粉机,除了方便自家,也为其他村民提供有偿服务。

几年下来,唐齐真打通了从村庄到乡镇的市场。村民们说:"唐齐真家的鱼算是远近闻名的,其他村的好多人都知道他们家的鱼好吃,我们都愿意买他们家的鱼。"村民的口口相传让唐齐真在熟人社会中建立起了产品信任(焦玉良,2015),交易频率的增加让唐齐真得以不断扩展当地市场(李涛、黄纯纯、何兴强等,2008)。在疫情背景下,唐齐真会利用在村口值班站岗的机会把鱼带出去卖;每次前往外村建房,他也都"顺便"装上满满一车鱼去售卖。他还和镇上的土鸡店老板达成合作,春节前夕价格正高的时候老板打电话来预订,一订就是二三十只。唐齐真见缝插针地拓展附近的零售销路,目标消费者是附近村镇居民,而非千里之外的超市零售商和顾客,满足短半径范围内的市场需求。在疫情的特殊条件下，大市场与小生产之间的矛盾因为运输链的原因而暴露，而像唐齐真这样的小规模农户则依靠小市场中稳定的短半径需求受益。因此，2020 年的疫情风险让对接"大市场"的纳卡村①蔬菜滞销，却并没有影响到深耕"小市场"的唐齐真，这一年他们一家的务农收入达到了 59 500 元，占全年总收入的一半以上，较 2018 年提高了近 6 倍。务农收入中占比最大的就是卖鱼收入，全年共计 4.5 万元，净盈利达 1.5 万元左右；其次是卖鸡收入 7500 元、割胶收入 5000 元，再加上卖猪收入 2000 元。

唐齐真见养鱼势头好，就于 2021 年开辟了一个 7 亩的新鱼塘。然而河边新鱼塘的开辟并不顺利，河道石头多，鱼塘很难清理，原生鱼也多，鱼苗一放进去就被吃掉了大半。2021—2022 年的两年里，唐齐真花了大量时间和精力在鱼塘上，不断地放水、晒塘、清理，卖鱼的收入几乎降低为零，他自嘲说，"这两年吃的比卖的多"。

唐齐真家的客房自 2017 年建成以来，逐渐开始产生收入。客房收入 2019 年达到 13 000 元左右，2020 年由于疫情的缘故下滑至 5500 元，但 2021 年又恢复回 2019 年的水平。新业态不仅给唐齐真家带来了现金收入，还带来了一项意想不到的收获。在建设自家房子和帮着村民建房子的过程中，唐齐真也逐渐掌握了木工、砖瓦工的技术。2018 年他就开始接一些盖房子的活。2020 年他参加了"河边实验"的厨房改造建设工程，挣了将近 20 000 元工钱，此外，他还跟随河边建房队去茅草山村盖幼儿园，到别的村子帮亲戚盖房子。2021 年，普洱江城某村的村主任听说河边村木头房子盖得好，找到唐齐真，他

---

① 纳卡村是河边村山下的傣族村寨，与河边村同属勐伴镇管辖。纳卡村地处坝区，多年种植辣椒、茄子、无筋豆、南瓜等冬季作物，一般直接远销上海、东北等地，并不直接对接本地市场。2020 疫情期间，由于运输受阻，纳卡村的辣椒都烂在了地里，村民损失惨重。

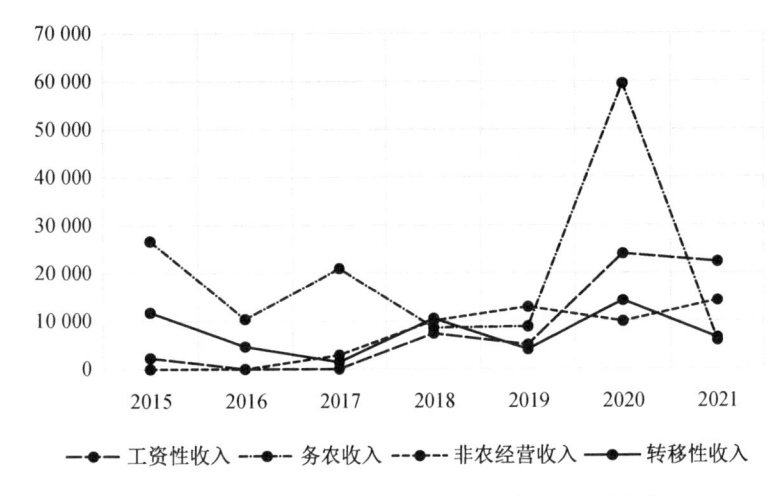

图 3-6　2015—2021 年唐齐真家庭主要收入项目变化情况

召集了河边村的建房能手一起去江城，花了大半个月时间锯树改木料，又挣到了 1 万元左右。但后来建房因为种种原因未能成行。

总的来看，唐齐真家的生计结构较为多元，且具有一定的均衡性。客房建成后，其新业态和打工收入处于上升态势，农业收入有时很高，但是波动性较大，政府转移性收入则一直较为稳定。这一多元结构在疫情最为严重的 2020 年表现也最为突出，增强了其家庭生计的抗风险性。

唐齐真家的生计多元化特征一定程度上与其家庭构成相关，正如恰亚诺夫（1996）强调的家庭规模与家庭结构对农民经济行为的影响。唐齐真家有 6 口人，但只有 2 个青壮年劳动力，3 个孩子都在上学。一方面，教育费用、生活费用支出高增加了家庭的创收压力和动力，一定程度上推动了生计多元化；另一方面，劳动力相对不足又推动了家庭劳动力的更有效分配。唐齐真无疑是家里的创收主体，主要负责养殖、烤酒、盖房等技术性较强的活动；妻子则主要负责客房的维护，也会去山下邻近的纳卡村打打零工，这些活动对她照顾孩子和老人影响不大；老母亲和逐渐长大的孩子们也会做一些简单的家务，以及日常的喂鸡喂鸭等农活。值得一提的是，客房这一新业态产业虽然在疫情冲击下对唐齐真家的直接收入贡献不算很大，但是在新业态建设过程中培养出的建房技能为唐齐真家创造了新的收入增长点。此外，新业态产业占用劳动力程度低的特点也非常适合唐齐真家这样劳动力相对缺乏的家庭。

新时代的小农经济不再等同于农业经济，更不等同于种粮经济（黄宗智，2012）。在唐齐真的身上，我们看到小农户在进行自给自足的生产活动的同时，也在努力实现传统农产品及农副产品商品化的转型。唐齐真性格开朗外向，愿意与外面的人接触。每次有老板进村，不管是五金店的老板、弹棉花的老板，还是开挖机的老板，他都会在家里摆上一桌好酒好菜请老板吃饭。他说："我要是不跟人家喝酒，就没有钱挣。"唐齐真也愿意学习。有一次，村里来修房子的王师傅涉及一桩拖欠工资的民事案件，他作为原告被通知第二天去县法院开庭受理案件。唐齐真主动询问王师傅自己可不可以和他一起去旁听。唐齐真说："我们这些人不懂法，有这种机会还是想去听一听，以后万一自己遇到了拖欠工资的事情也好知道应该怎么办。"类似的事情还有很多，疫情刚过，唐齐真就拉着我们问护照的事情，他想要去办一个护照，说疫情后想要去老挝管理自己的茶地，听说用护照的话可以比边民证在那边多待几天。

"卡车司机"蒲新桥

"我最近还想再买一辆大货车，前几天去景洪看了一下，就算

2017年的二手车也要五六万,还是有点贵。我看看雨季时候会不会降价,今年争取买下来自己接活。"这是蒲新桥第三次买大货车,从拿到驾照以后,多年来他的生计就和车绑定在一起。对于当地村民来说,驾驶技术,特别是驾驶大型装载车的技术可以算作一个谋生的手艺,他们寄希望于专业化技能能够带给自己更丰厚的收入,但现代社会的规则、契约、市场非正规就业风险却让他们频频陷入困境之中。

2004年,刚和冯婉谈恋爱不久的蒲新桥听说开大车能赚钱,决定去考一张大货车的驾照。河边村的瑶族是山地民族,通过代际手口相传获得农事技术的经验是他们熟悉的方式,但学车、考驾照则没几个人经历过。手里攥着刚刚拿到的甘蔗款,外加上女朋友资助的一部分钱,蒲新桥和冯楚柱搭伙在县里学了车,又去西双版纳的首府景洪考了试,加上生活费每人花了8000元左右。之后,蒲新桥开始寻找帮老板开车拉货的机会。

2007年,勐腊糖厂生意兴旺,收获的季节需要有车天天从村里往外拉甘蔗。蒲新桥觉得机会好,加上儿子出生开支增加,就咬咬牙花2.6万元买了辆货车。他开着大车往返于各村寨与糖厂之间,成了运送甘蔗的"卡车司机"。当时不管是从村镇到县里还是村里的路大多都没有硬化。蒲新桥记得通往县里的公路都还是砂石路,他把甘蔗捆在车上,但禁不住颠簸,车子一路跑甘蔗一路掉。不过,当时运送一趟甘蔗即使扣除油费和损耗还有将近300元的收入,相对于务农而言是非常轻松的挣钱方式了。然而,2008年他在经过村口的陡坡时不慎翻车,虽然及时跳车没有受伤,但大货车却滚落山底。还好当时废铁值钱,报废车卖了将近9000元,蒲新桥转头就花1.8万元又购入一辆货车。但是后来,种甘蔗的农户越来越少,糖厂逐渐资不抵债,不但拖欠农户的甘蔗款,像蒲新桥这样的货车司机的运费也不能及时发放。2013 年,蒲新桥思索再三,以 8000 元的价格卖掉了大货车,决定回家安心种地。他觉得自己这辈子再也不会碰车了,一年后,曾经让他引以为傲的 B 类驾照也因没有及时送检而被吊销。

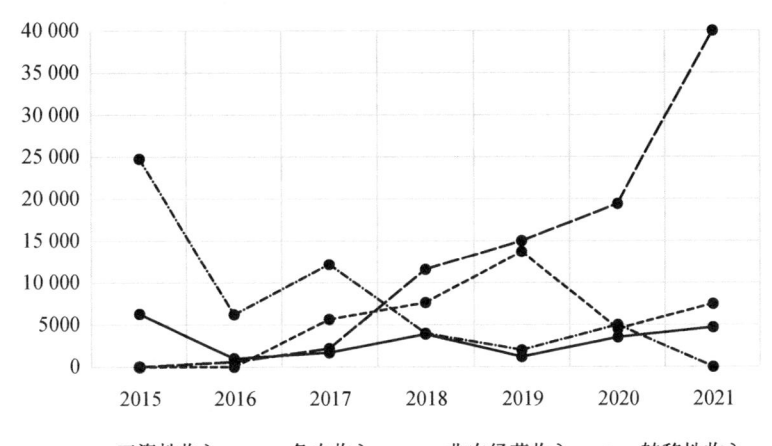

图 3-7 2015—2021 年蒲新桥家庭主要收入项目变化情况

"河边实验"开始后,河边村在建房初期几乎变成了一个大型工地,到处都需要运送材料,卡车司机又成了"香饽饽"。2016 年,卖瓦的老板问蒲新桥愿不愿意帮他把瓦和木材从县里运到纳卡,再从纳卡运到村里,一趟 300 元。蒲新桥心动了,于是帮老板开了几天的车,赚了点小钱。不过回忆起当时的日子,蒲新桥第一反应不是赚了多少钱,而是心有余悸:"那个时候我没有驾照,但是机会太难得了,就偷偷跑去开车挣钱。每次都要趁着勐伴镇没有交警的时候赶紧开,一听说有交警在路口查车,就休息一天。幸亏最后也没有出什么事情。当时我就想,等建好房子挣了钱,还得去再考一个驾照才行。"蒲新桥清楚地记得 2017 年自家客房建成后接待的第一个客人,拿到第一笔房费后他转头就用这个钱去考了驾照。只不过这次他考的是 C

类驾照，因为当时勐伴已经有挂蓝牌的翻斗小货车，用 C 类驾照也能开车赚钱。

2020 年，突如其来的疫情席卷全国，各地隔离政策严格，工程纷纷停工，没有运送砂石的需求，蒲新桥也就只能在家务农。4 月时，疫情稍缓，东部省份开始复产招工，农民外出意愿增强，因此河边村出现了一拨外出务工潮，许多以往没有省外打工经验的人当时也选择了外出。蒲新桥夫妇就是其中一员。2020 年 4 月，夫妻俩经人介绍和其他同村村民一起前往江苏苏州打工，投入到复工复产的大军当中。但原计划前往的公司有体检要求，一行人里只有最年轻的两个小伙子体检合格。蒲新桥夫妇只得听工友的介绍，去了一家没有体检要求、规模较小(50—60 人)的电子厂上班。因为工厂急需复工复产，安排昼夜班交替轮流的工作方式，他们被安排为夜班。第一次经历晚 8 点到早 8 点严格的生产管理制度，且必须全程站着工作，蒲新桥夫妇极为不适应。在上班第 9 天，他们就辞职回了家。

英格尔斯讲，工厂、企业是人的现代化最好的场所(英格尔斯，1985：27)。但是对于蒲新桥来说，相对于开车的日子，电子厂的夜班和严格的生产管理制度让人难以适应。他曾说："开车比打工舒服太多了。"尽管有开车的技术，但是自从大货车卖了以后，蒲新桥只是零星地帮老板开开车。2020 年 10 月，之前打零工时遇到的老板找到蒲新桥，问他愿不愿意做司机运送砂石。原来之前给老板开车的师傅是蒲新桥的亲戚，他不开了后就向老板推荐了蒲新桥。当时橡胶已经停割，有时间打工了，于是他答应了给这个同镇另一个村庄光明队的砂石老板打工，每天往返于勐腊县和光明队，从县里运送砂石到村里。到 2020 年底，蒲新桥通过开车获得了 11 000 元的收入。

蒲新桥家的客房自从 2017 年建好以来，收入在 2019 年上升到

1.3万元左右，但2020年受到疫情冲击下降到5000元以下，2021年也只有7470元，并没有立刻恢复至疫情前的水平。与此相反的趋势是，客房建成后，他家的务农收入越来越低，只有2020年疫情期间达到5000元，其余年份均未超过这一水平。夫妻俩在2021年迎来了第二个孩子，冯婉由于需要照顾孩子无法干农活，家里的农业收入几乎降到了零。但蒲新桥开始比较稳定地给老板开车，因此2021年全年开车的收入达到了4万元，提升了家庭的总收入。

蒲新桥家的生计相对简单，他家的地少，农业增收的潜力有限。"河边实验"以来，开车与客房逐渐成为家庭的生计主线，农业与政府补贴则为生计提供了一定的兜底支撑。蒲新桥希望继续开车以积攒积蓄，重新买一辆货车自己搞运输。但2023年初的一天，他告诉我们，老板找了个新的驾驶员，不用他再开车了。

非正规就业的存在与发展对扩大就业、减缓贫困发挥着非常重要的作用（金一虹，2000），对于蒲新桥而言，相对专业的技能让他在非正规就业市场上具有了一定的优势，开拓了新的生计来源。但非正规就业中同样存在着风险。开货车本身也是一种较为危险的职业，在边境山地地区开车危险性更高，而非正规就业中对从业者的安全保障程度却是非常低的；此外，劳动者与雇主之间的劳动契约十分松散（李强、唐壮，2002），且大多组织化程度很低，从业者处于非常弱势的地位；而由于本地市场小，需求有限，会开车的人却越来越多，从业者的选择余地实际也越来越小。

"养猪大户"冯志远

每逢河边村重大节日、庆典及仪式，村民都会摆杀猪饭款待亲朋好友，过年杀猪也是这里的重要传统，因此村里几乎家家户户都养猪。养猪看起来并不复杂，每天定时割猪草、喂猪食、打扫猪圈就行，但实际上也大有门道。有些农户常常把猪养病了、养死了，这也常常与他们缺乏饲养技术有关。2020年的一天，冯志远说，晚上他要到猪圈旁的棚屋里住，因为他家的母猪马上要产崽了。我们好奇地问他："你怎么知道这一两天猪就要产崽了呢？"他告诉我们，他大姐夫是个养猪能手，他常常跟着大姐夫学技术，现在已经会自己给母猪配种，母猪是不是马上要产崽了，他一眼就能看出来。

这个"看出来"背后其实是他的技术积累和经验沉淀。某种意义上讲，养猪这一技术属于隐性知识或默会知识（波兰尼，2000），是难以用正式语言表达的技能、经验和诀窍。冯志远通过师徒相传的方式获得了这一默会知识，他的大姐夫则是一位在地师傅（杨宏任，2007）。通过不断学习和积累经验，2019—2021年的两年多时间里，冯志远已经成了村里的"养猪大户"。他养了30多头猪，其中9头母猪每年能产下十几窝小猪崽，一只小猪崽能卖1500元，一窝猪崽少则能卖几千元，多则能卖上万元。近几年非洲猪瘟和新冠疫情导致生猪存栏量大跌，周边农户养猪的需求大大增加，他家的小猪崽还没出生就已经被预定完了。"我们家的母猪产崽量特别高，一头母猪1万块我都舍不得卖出去，现在猪圈已经不够用了，明年我们打算继续扩建。"2022年初，冯志远和我们畅谈着未来的规划，脸上满是喜悦。

1996年出生的冯志远是家里唯一的儿子，上头有四个姐姐。父亲冯华才年轻时在边境地区贩牛挣了钱，在村里开垦了不少土地，冯志远也因此度过了较为宽裕的童年，被称为"牛老板家的少爷"。但好景不长，冯华才突发精神病，时不时挥刀舞棍，妻子不堪重负改嫁了，女儿们也陆续自寻夫家嫁人了。其中二女儿冯婉与同村的蒲新桥结了婚。冯志远一直跟着二姐冯婉一家干活和照顾疯癫的父亲。初中毕业后,他决定外出打工。2013年,他去了广东惠州,但因为家里劳动力不足,他只工作了2个月就被叫回家帮忙砍甘蔗。2015年,他和二姐家攒了2万多块钱带父亲去医院做了系统的治疗。治疗后,冯华才情绪稳定下来,虽然有些不记事,但没有了疯癫的表现,每个月需要五六百元的药物稳定他的精神状态。同一年,河边村启动扶贫改造,冯志远与二姐也分了家,在政府扶贫资金的支持下和姐姐们的帮衬下,冯志远建起一栋自己的房子,带着父亲一起住,二姐夫妇则另外建了一栋。19岁的冯志远开始像个大人一样承担起家庭生计,也加入了河边村的"青年创业小组",承担起村庄公共建设的工作。这个阶段他还是个单身青年,以打工为主要收入来源,土地仍然与二姐一家同耕,以获得粮食。

2016年9月,随着房子的建成,冯志远也迎来了人生的第二阶段,建立了自己的小家庭。成婚后的冯志远觉得"有老婆后就要多为家庭想,不能天天干公家的活",于是渐渐淡出创业小组。小夫妻俩依托客房项目开始探索家庭生计项目。妻子成为客房的主要服务者,冯志远则外出做建筑工。从家庭主要收入项目来看,2015—2016年的转移性收入是他们最大的收入来源,其中大部分都来自姐姐们的资助,2017年以后的转移性收入则主要是政府的退耕还林和种粮补贴。2018年"瑶族妈妈的客房"开始接待客人,经营收入达到8100元,冯志远的打工收入也有明显增加,达到7000元。2019年,客房收入为8985元,但冯志远没有出去打工。

然而,这样的收入水平对于年轻的冯志远夫妇而言,根本无法满足家里的生活开支需要。到2019年冯志远家已经有5口人,他和妻子作为家里的主要劳动力,不仅要照顾常年患病的父亲,还要养育2

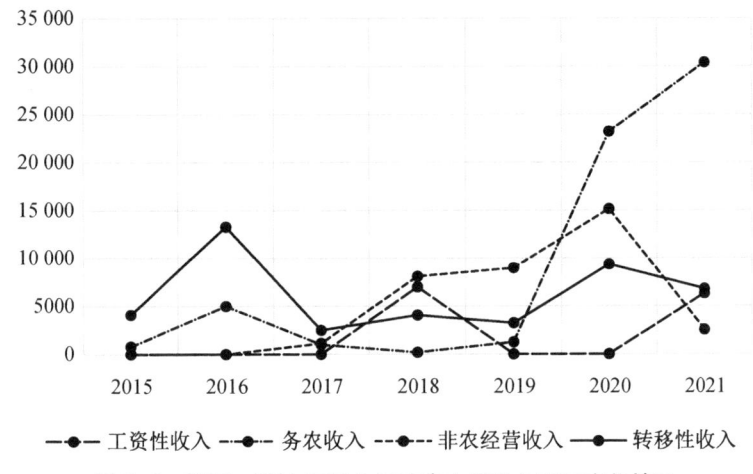

图 3-8　2015—2021 年冯志远家庭主要收入项目变化情况

个小孩，经济负担非常重。

  2020 年上半年，疫情导致客房几乎没有收入。冯志远也有些着急起来，开始寻找机会。他发现，村里人年年要跟外面的老板买猪苗，猪苗价格还年年上涨，但是没有人规模化养母猪、卖猪崽，于是，他跟大姐夫商量合作搞养殖，以大姐夫出钱、冯志远和妻子出工的方式，在村口外建猪圈开始大规模养猪。在这一过程中，冯志远跟着大姐夫不断提高自己的养殖技术，随着母猪一批又一批地产崽，冯志远的猪圈很快就满满当当。在有了养猪的收入以后，冯志远在猪圈旁挖了一个 1.5 亩的鱼塘开始养鱼，还搭建了一个临时棚屋，主要用于烤玉米酒，房前屋后还可以散养鸡鸭鹅等家禽。

  烤酒是一门手艺活，玉米用量、温度、湿度都十分讲究，冯志远跟着大姐夫学了大半年，已经能够独立完成整个流程了。冯志远家的烤酒主要在大姐夫在县里开的小卖部里出售，销量很好，另外两个其他寨子的朋友也帮忙代销。实际上，养猪、养鱼、种玉米、做烤酒，已经形成了微型循环农业体系：玉米可以当饲料、做烤酒，猪粪可以用作鱼塘养料基底，烤酒剩下的酒糟可以喂鱼，几乎没有一点浪费。这套模式后来在村里流行开来。

在这一过程中，冯志远家也投入了大量成本。早期购买猪崽及猪饲料花费8000元左右，鸡鸭鹅等家禽花费1000元左右，鱼苗花费4800元，修缮鱼塘花费1200元；烤酒时购买了8吨玉米，均价2.5元/公斤，共20 000元，酒曲花费1500元，烤酒柴火及车费共2100元；成本投入达38 600元，这部分开支由冯志远和大姐夫共同承担。此外，冯志远家里还种有水稻、玉米、南瓜，种植投入达21 500元，这样一来2020年一家的农业生产经营支出已经超过40 000元。

不过，2020年农业方面的高投入也带来了不错的回报：全年卖出小猪崽的收入为2万多元；鱼塘出售1000多条鱼，收入约为5000元；烤酒出售2吨左右，收入在2万元上下。这些产业均为冯志远和大姐夫合作经营，收入对半分成。此外，冯志远家还种植了一些冬季作物，包括无筋豆、南瓜和花椒，其中无筋豆的收入近7000元，且还有几批豆子未出售，南瓜和花椒也暂未有收成；割胶收入较上一年也有所提高，2020年达到3000元。

总的来说，冯志远家2020年度务农收入为23 200元，加上出售自烤酒收入10 000元、客房收入5130元、转移性收入9360元，全年总收入近5万元。与2015—2016年以转移性收入为主，2018—2019年以新业态产业收入为主相比，2020年在新冠疫情的冲击下，其家庭的务农收入大幅提升，占总收入比重提升至近50%。虽然这一收入中相当大的一部分都用于生产经营投入，但是这一投入的效果实际上延伸至了第二年。2021年，冯志远家总收入仍然将近5万元，其中务农收入主要是养猪和养鱼获得的30 000元，占比直接超过了65%，此外还有 6300 元的打工收入和 2520 元的客房新业态收入。

实际上，从总体的收支情况来看，冯志远家 2015—2021 年一直处于入不敷出的状态。冯志远夫妇上有一个长期吃药的父亲，下有两个嗷嗷待哺的孩子，家中各类生活消费支出也不低，2018 年以来，每年生活消费支出都在 3 万元左右。2020 年支出达到高峰，除了投资养猪、养鱼、烤酒等多个生计项目花费了约 4 万元，生活消费支出也超过 3.5 万元。首先是医护费用，父亲冯华才每月的药费约为 400 元，全年约 5000 元；小儿子得肺炎住院，医药费报销以后自付 500 元左右，而看病的生活费花销高达 3800 元。其次，由于家中孩子小，还需要改善营养，每月食品支出近 500 元，全年大约 6000 元，也稍高于其他村民。每月固定支出还有交通费 240 元、通信费 160 元、烟酒费 400 元。此外全家每年衣着支出约为 3000 元，购买了 2 部新手机和其他家庭设备等花了 5200 元。冯志远在销售烤酒时，与周边村庄代理的交际应酬全年约 5 次，每次花销 300 元左右，总计 1500 元。入不敷出的小家庭很大程度上仍然需要靠着姐姐、姐夫们的帮助，从

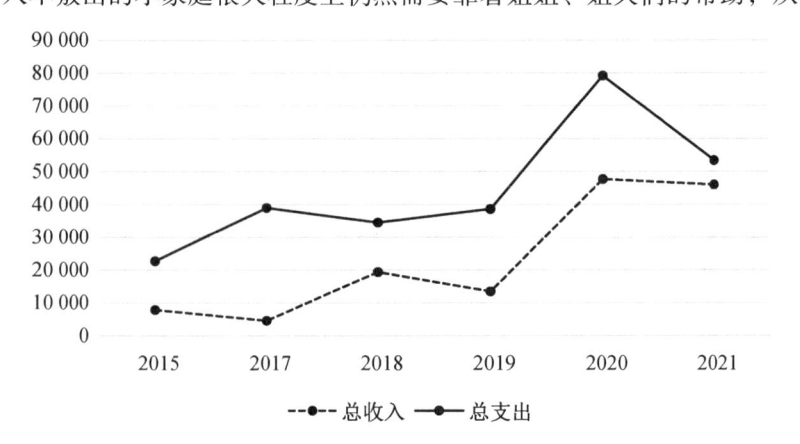

图 3-9　2015—2021 年冯志远家庭收支变化情况

他们那里得到借款来维持生计。因此，冯志远看似发展出规模不小的产业，但实际并没有赚到多少钱。

2022年，由于外来染病猪苗的进入，村里绝大部分人家的小猪都染上了非洲猪瘟，冯志远的猪圈也未逃过厄运。农业是个典型的风险产业，其自然风险的不可预测性与破坏性有时候比市场风险更让农民无奈，只能眼睁睁地看着它发生（穆月英、陈家骥，1994；安兵，2015）。但生活仍要继续，养猪受挫的冯志远又转向了非农生计项目。他发现，几年疫情期间，县里、镇里许多人无处可去、无工可打，喜欢聚在一起打牌、玩台球。2022年底，冯志远将2台二手台球桌运进河边村，摆在自家一楼的架空层，供村民娱乐消遣，他还简单用木板围了一间屋子做小卖部，为前来打球的村民提供饮品、零食甚至香烟。冯志远把自己的收款二维码贴在墙上，每天可以收入大约100元的球桌使用费：不论玩法如何，赢家都要向"冯老板"支付2元/局的使用费。冯老板不愿意透露他小卖部和台球场的具体收入，村民们说："我们打球的人，钱都是游来游去，最后全是冯志远赚了。"

冯志远的案例显示了农户多元生计的弹性特征：从2015年以前以转移性收入为主的生计模式，到"河边实验"构建出复合型产业体系后呈现出以新业态产业为主、以农业为辅的多元生计模式，再到疫情冲击之下转向以养殖业为支撑的农业经营主导的生计模式。正如秦晖（1996：2—25）所指出的，自20世纪60年代"重新发现恰亚诺夫"的浪潮兴起以来，农户经济出人意料的弹性已获得普遍认识。根据恰亚诺夫的农户经济理论，由于农民兼具消费者和生产者的属性，其劳动自我开发的强度建立在其消费需求满足程度与劳动投入程度的关系上。换句话说，经济压力越大的小农越愿意追加劳动投入（恰亚诺夫，1996）。在农业现代化转型语境下，我们无法忽略农业技术与家庭劳动投入之间的关系，小农户也往往借助农业具体业态的转换或技术力量来应对经济压力(叶守礼，2020)。

基于养殖技术及时进行的生计结构调整，推动了冯志远家的农业生产，使其成功地用农业经营收入的增加弥补了非农经营收入的减少。在新冠疫情背景下，运输、原料供应、劳动力供给、检验检疫等方面的限制给养殖业带来了严重的冲击；但与此同时，疫情也为本地市场的繁荣提供了一定机遇。冯志远家抓住了本地市场需求增加、价格提高的机会，充分利用其拥有的农业种养殖技术，适时发展农业产业，特别是在原有养殖基础上扩大养殖规模，从而提高收入，化解了小农在生活上可能受到的冲击。养殖技术的获取一定程度上帮助冯志远家提高了抗风险能力。

其家户农业生产形成的微型循环农业体系也体现了其技术能力的另一面——对生产要素的最大化利用，包括对资金、生产资料、劳动力、劳动时间等的有效配置。畜禽的不断繁殖使得饲料需求也不断增加，传统饲养方式如打猪草、种玉米等已经不能满足大规模的饲料需求，冯志远用购买代替种植，将节约出来的时间用于烤酒，并且将烤酒产生的酒糟用于喂鱼喂猪，同时用猪粪肥沃鱼塘，实现了资源的循环使用，节约了农业生产经营成本。冯志远还充分利用其亲属社会网络，形成生产销售联合体，获取市场信息并扩展农产品的销售渠道。他和妻子在上述经营活动中实现了充分的就业，呈现了小农依靠掌握技术与社会网络提升抗风险能力的叙事。然而，非洲猪瘟的突然到来很快就瓦解了冯志远的"微型循环农业"，暴露出小农户在农业领域创业的风险性与脆弱性(于丽卫、孔荣，2021)。

第四章
生计稳健的农户

埃利斯(Ellis, 2000)将农村生计多元化定义为农村家庭为了生存和提高生活水平而构建日益多元化生计活动和社会支持能力的过程。他继续把生计多元化分为主动型多元化与被动型多元化。主动型多元化生计策略往往意味着农户在具体生计领域能获得稳定的收益并具备剩余的资本,有条件和能力拓展生计结构,提升防范和抵御风险的水平。在农闲时节外出打工、投资子女教育以获得新的非农收入是这一主动选择的表现。被动型多元化生计策略则意味着农户由于生计资本的某些缺陷无法在具体生计领域获得足够生存的收益,而不得不采取多元化策略,以补充其收益,满足生存需求。因土地面积小、务农收入不足只好外出打工,因健康问题无法务农和打工只能在家做轻体力手工活则属于被动型多元化(Ellis, 2000:55)。戴维斯(Davis, 1996)与哈特(Hart, 1994)就两种生计模式做了不同的表述,分别提出了必要型多元化和选择型多元化、生存型多元化与积累型多元化这两组不同的概念。

像河边村这样背靠热带雨林、农业条件好的村庄,生计来源本身就非常多元。农业就有砂仁、红菇、橡胶、甘蔗、芭蕉、茶叶、养猪、养鸡、养鱼等许多种类,此外还有打工以及外界扶贫干预以来产生的客房和餐厅等新业态。从实践的角度看,一个相对稳定的家庭生计结构总是和多元化的收入来源相联系，收入来源越多，家庭收入自然就越高。但是，并不是所有的农户都能够实现生计多元化的理想结果。生计多元化取决于诸多因素，如家庭劳动力的数量、所拥有的资产状况、上述情况的组合方式和使用方式，以及农户是否能够把握机会，做出正确的决策（Bebbington，1999；Koczberski & Curry，2005）。在资源相对丰富、生计来源较多的村庄，个体农户的生计决策是非常关键的。其决策既需要最大化其生计资本的利用率、与外来机会的互补性，又需要最小化不同生计所面临风险的共变性。对于缺乏资金、技术的小农户来说，家庭人口与劳动力的配置是需要优先考虑的关键要素。例如，如何兼顾家务与外出打工？如何挣到新业态的钱但也不放弃农业？本章所介绍的农户，他们的"生计木桶"几乎都没有明显的短板，能够达到一种生计相对均衡稳健的状态，这类农户更接近于哈特所说的积累型农户。

赵起杰家是一个重组家庭，曾经因抚养多个年幼子女而导致家庭贫困。但随着两个儿子长大成为可以独当一面的劳动力，这个家庭的生计变得更加多元，其中人力资本是推动实现生计多元化的关键要素之一。扶贫资源向这样的家庭倾斜可以说推动了扶贫的政治与经济的双重议程。杨闻耕曾是合作社核心团队中的一员，他的案例是劳动力价值最大化驱动下的生计多元化。对其家庭而言关键是如何将生产要素进行有效配置，根据价值最大化原则安排劳动力。然而，杨闻耕不久前因为遇到大象袭击而丧生，又颇具深意地暗示出生计资本、生计策略与全球化背景下的政策变化愈发交织互动的复杂关系。冯楚万是村里的便利店老板，但他不止于便利店，从茶地到酿酒、木工、客房等样样都做，为我们提供了一个"复合型产业"的微观样本。胡瑶财将农业和手工业相结合，是相对传统的兼业类型。值得注意的是其在疫情后日益发展的家庭手工业业态是以少数民族族群、亲缘所连接的关系网络为基础的，这一基于传统的社会关系，以现代社交通信媒体工具为载体，又链接了市场需求，某种意义上呈现了传统文化在市场中实现再价值化的一个路径，这一过程也可以成为小农生计的新的来源。赵善诚是开源节流的典型：一方面一直走在拓展生计资源的前沿，最早种橡胶，积极建客房，疫情后第一批种芭蕉；另一方面也奉行小农的节俭原则，将刚性支出压缩到最低。这提示我们，拓展生计来源固然重要，对于仍然生活在乡村社会的小农户而言，控制消费和支出也是增强生计稳定性不能忽视的方面，因为相对传统的收入很难承担消费主义冲击下的支出。其中，小农户长期以来勤俭节约、趋向稳定的特性也发挥了一定作用。

总体上讲，在经济社会转型的大背景下，河边村的生计多元化呈现出愈来愈复杂的特点。河边村的农民不再是生活在封闭社会里的传统小农，而正与政府、市场、社会发生着日益频繁、深入的互动。他们的生计景观不仅与其个体的家户特征、生计资本、生计策略相关，也与乡村社会的变迁相联系，甚至还受到全球化所伴生的机会与风险的形塑。因此，本章我们所要探讨的小农户的生计多元化也是一个持续性的经济、社会与政治过程。

从贫困户到买上车的赵起杰一家

吃过晚饭在村中漫步，走到上坡的转角常常会看到一台"公用电视"在卖力营业。一群老年人围坐成一圈，有的抽着水烟，有的做着手中的竹编活计，有的只是双手托腮，目不转睛地盯着那个21寸的小屏幕。这台彩电和屋外的"卫星锅"是赵起杰家前两年新添的，购买它们的是他的继子雷亮。雷亮在 2020 年当上镇林业站的野象监测员，成为村里人羡慕不已的政府工作人员，每个月有稳定的工资。同样令人羡慕的还有他的弟弟雷文，因为考取了 B 类驾照，可以为建筑工地上的工程老板开大型转载机，有活干的时候，每个月能得到 6000 元以上的收入。

然而在重组家庭之初，这个家庭在村里人眼里是再可怜不过的了。赵起杰和妻子楚婧皆因丧偶而独自带着孩子生活，经人介绍才组成新的家庭。楚婧育有二子一女，赵起杰有一个女儿，年纪最小。新家庭建立时，最大的雷亮只有 10 岁，夫妻俩以务农为业，要养育 4 个孩子，生活十分拮据，这种境况一直持续了将近十年。雷亮读到初中，考上勐腊县一中（高中）的雷文由于家里贫穷而中途辍学，两个女儿只有小学文凭。离开学校后孩子们都要投入家庭劳作，雷亮曾因在山上劳动遭遇大象追赶，情急之下爬上树摔坏了腿，但因为害怕医疗费太高，母亲楚婧按照瑶族偏方采药，给他敷贴，耽误治疗时机，他至今仍有些跛脚。

2015 年以后，4 个子女均已成年，可以帮助赵起杰夫妇劳动，但子女长大意味着家庭的各项开支也在增加。在家庭土地没有增加的情况下，雷亮、雷文经常外出打零工，但打零工为家庭增收有限。家里仍然处于入不敷出的状态，也被认定为贫困户，得到比一般农户更多的扶持补助，例如在危房改造过程中得到 13.8 万元的扶贫资金支持。①

利用这些补贴，他们终于能将原来破旧狭小的木房子推倒重建，家庭的劳动力优势一下子显示出来。多子女最初是这个家庭的负担，

---

① 包括 6 万元贷款、5.7 万元补助、2.1 万元社会公益资金，为了减少转移性收入造成的收入极值，影响对个体生计策略的呈现，建房补贴均没有体现在图 4-1 中。

如今充足的劳动力让他们的房子比一般农户建得更快更大,客房也设计成两室一厅的套房类型。楚婧成为客房的主要服务者,2017年开始接待客人就获得6658元收入,2019年达到14 110元,客房经济成为家庭收入的重要组成部分。经营客房并没有占用这个家庭太多精力,却给他们创造了满足家庭日常开支的现金流,也成为他们开展多种农业生计项目的启动资金。近几年,橡胶、无筋豆、花椒、人参果、鸡、猪、鱼等,赵起杰一家均有涉足。我们从图4-1可以看到,务农收入波动的幅度并不大,即使在2016—2017年的建房过程中,他们也有充足的劳动力投入农业,使务农收入保持在正常水平。

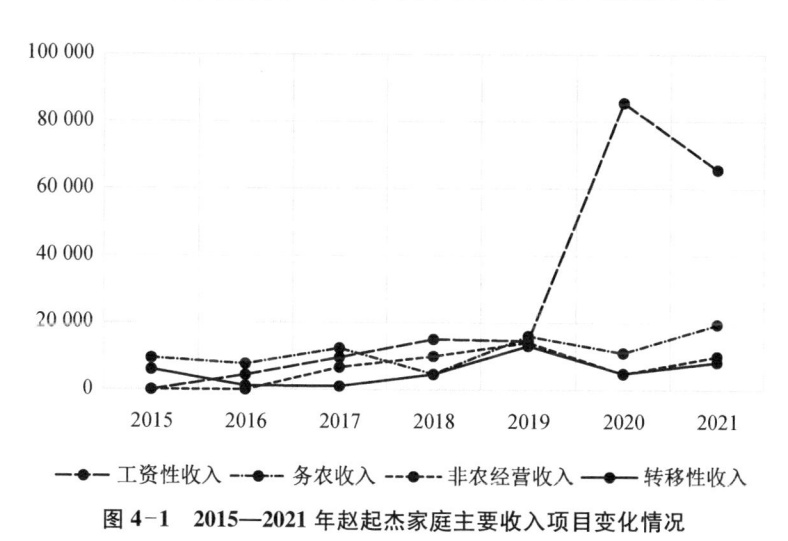

图4-1　2015—2021年赵起杰家庭主要收入项目变化情况

作为传统农业社区,河边村很多人仍然保持着这样一种观念:无论发展什么类型的生计或产业,家中都必须要有人种粮。而农业本身的季节性种植规模的不足,会造成农业人口不充分就业即隐性失业(黄宗智,2006)。在人口增长压力下,大量农业人口离开土地,开始了以打工为主、种粮为辅的半工半耕生计方式。赵起杰一家起初并不是打工为主、种粮为辅的生计方式，而是以家庭为单位在打工与种粮之间平均分配劳动力。但随着两个女儿出嫁，赵起杰夫妇年纪渐长，雷亮、雷文成为家庭经济支柱，农业生产不能满足两位年轻人充分就业的需求，其重要性便逐步让位于外出工作。

2017年村里选护林员的时候，雷亮因为勤奋和有初中学历而当选。2020年政府有公益岗扶持项目，需要有文化的年轻人当野象监测员，他又因为初中学历和护林员的经验顺利当选，工资从原来的800元上升为3800元，还在工作中快速学会使用无人机，成为林业站的技术性人员。雷文虽然没有读完高中，但为人聪明机灵，学习能力强。他不愿意一直在家里干农活，就跟亲戚借钱去考驾照，这才有了后来开装载车的机会。村里的年轻人看到他有出路，纷纷去学车，掀起了一阵学车潮。不仅如此，在不开转载机的日子里，村里的"包工头"唐齐真就会来找雷文一起出去做建筑工，不是因为他的木工有多精湛，而是他记账最清楚——有一次雷文有事外出，另一个工友帮忙记账，结果唐齐真"怎么看都看不懂"。雷文一开始也是河边村青年创业小组的主力，在雨林瑶家合作社筹备之际，一度成为合作社总经理的重要人选，因为他学历高、形象好，口才也不错。不过雷文有自己的打算，想要尽快完成自己家庭的积累，便渐渐淡出村庄的公共事务。2020年以后，雷亮、雷文的工作变化使得家庭工资性收入陡增，推动家庭生计结构发生变化，即从原本各项收入相对均衡的生计结构中生长出明显的"生计长板"。

这一块长板随后成为原本节约低调的家庭实现消费水平跃升的跳板。在许多农户困顿不已的2020年，兄弟俩合资买了一辆价值15万元的汽车——作为农村家庭脱离生存型消费阶段进入高端消费品市场的标志（方松海、王为农、黄汉权，2011）。不仅如此，兄弟俩请人挖了2.6亩的鱼塘，养的鱼基本供自家食用，较少出售。家里还添置了不少家电和电子产品，例如3000元的台式电脑和3000元的手机。还有我们开篇所说的彩电，是他们家最聚人气的物件，总能吸引三五老人围坐在一起谈天、抽水烟、看电视，晚饭过后这里就成了一个公共空间。这个特殊的再婚重组家庭，体现了工资和务农双保障下蒸蒸日上的生活。从图4-2中，我们可以看到这个家庭的收入和支出呈现稳健型增长，尤其是日常支出逐渐稳定在5万元附近（不计买车的大额支出）。不过总支出曲线总是在总收入曲线之上，这一方面与数据中剔除了大额的政府转移支付和社会资助有关，另一方面也与相对富裕的农户总倾向于保守估计收入有关——这也是扶贫机制中"贫困户"作为显性福利标签难以避免的诱导性结果（唐丽霞、罗江月、李小云，2015）。不过从他们全款购车的行为中——尽管有5万是向亲戚借款——可判断，他们对于未来的收入有良好的预期。

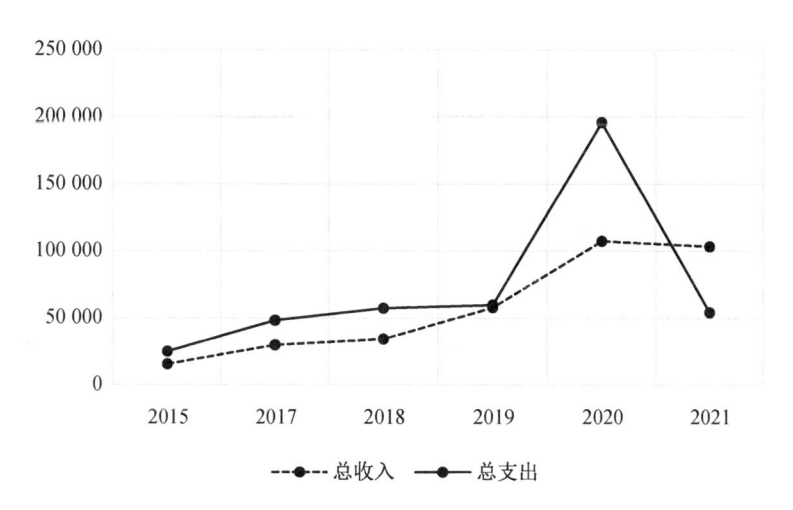

图4-2 2015—2021年赵起杰家庭收支变化情况

正如"羊皮效应"所示,学历所传递出的信号远比我们想象的复杂。在劳动经济学家的研究中,中学毕业的劳动者比只接受了1年中学教育的劳动者,能够多得到5—6倍的薪酬(范利安,2014)。也有研究表明,农民工的多维贫困主要受其教育维度影响,教育水平相对较低,且自身教育投入动力不足,使农民工成为高技术工人的可能性下降(王春超、叶琴,2014)。在普遍初中辍学的河边村民中,雷亮、雷文的学历相对较高,这成为他们获得技术性工作的敲门砖。

从更深层的结构来看,人力资本的市场价值实现是这个家庭实现生计稳健提升的关键。早年多个年幼子女的生活教育成本是赵起杰家庭致贫的主要因素,随着儿女成人,特别是一个儿子进入正规就业,一个儿子进入技术性市场,致贫因素转变为家庭稳步发展致富的重要资本。这也体现了扶贫政策"一人就业,全家脱贫"的实践逻辑。需要注意的是,进入正规就业或技术性就业市场,除了一定程度基于个体的能力和条件,更重要的是需要有外部的条件以及相应机会的支撑。这个家庭的生计转变有个体的因素,也是在脱贫攻坚为乡村导入资金和机会的背景下发生的。无论是"瑶族妈妈的客房"对家庭非农收入的助力,还是政府创设公益岗帮助贫困户获得稳定工资性收入,都是在扶贫议程下个体积极回应外部支持、承接外部资源的过程。

忙于割胶、养殖、客房的杨闻耕一家

杨闻耕是河边村仅有的两个汉族人之一,20年前从红河老家来到西双版纳包地种,留在河边村做了上门女婿,生了2个儿子。他说得一口流利的瑶族话,过着瑶族人的节日,心里却很清楚:村民始终没有完全接纳他作为"们胞"(瑶族男子)。但杨闻耕在很多村民眼里是个"脑子灵活,比瑶族更勤快"的人,他的普通话表达能力也非常突出。2019 年初村里开大会,雨林瑶家合作社宣布开始自主管理新业态产业,合作社当时的"客房总监"杨闻耕将之称为"断奶",让人印象深刻。

杨闻耕一家在扶贫项目开展以前主要依靠农业、打工维持生计。杨闻耕挑香蕉,妻子则在附近村镇打农业零工,儿子们也时不时打打工。除了 2016—2017 年建设房屋期间没有外出打工以外,工资性收入一直占比较高,其中不仅包括一家人的打工收入,还有杨闻耕给村里管水的 2000 元补贴。在务农方面,他们通过种植粮食蔬菜、养殖猪鸡等实现食物的自给自足,并将少量剩余出售给市场,所以务农收入一直稳定在较低水平。2018 年客房建成以后,以客房收入为主的非农经营收入一跃成为家庭的主要收入来源。由于杨闻耕家客房条件相对较好,服务也比较到位,客房入住率一直比较高,即使在疫情冲击下,客房收入下降也不多,2020 年非农经营收入仍有将近 1 万元。

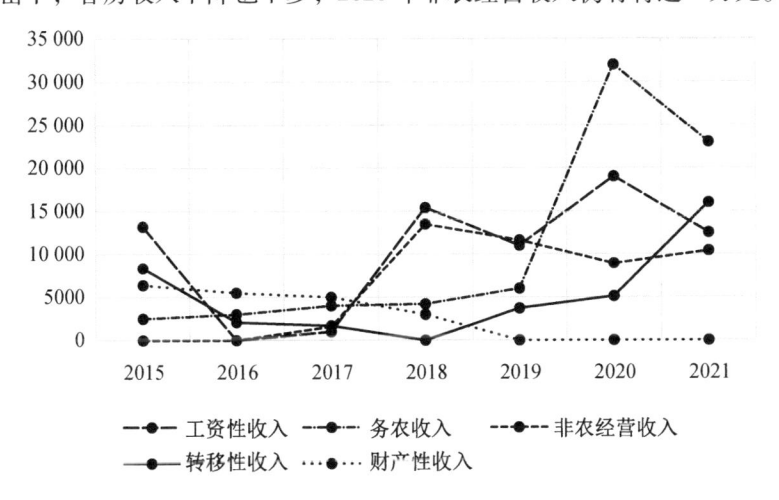

图 4-3 2015—2021 年杨闻耕家庭主要收入项目变化情况

2020年，杨闻耕家出租给外地老板种香蕉的25亩土地租期到期，在确认老板不再续租以后，杨闻耕开始重新规划如何利用土地。以前帮老板们挑香蕉也学到不少技术，他这次决定将花椒套种在香蕉地里①，可以更加充分地利用土地，扩大收入来源。与此同时，橡胶价格上升，村民又开始投入割胶事业，杨闻耕也不例外。他一边管理花椒，一边照料香蕉，一边收割橡胶，并在务农之余积极参与合作社的运营以及村庄用水管理，利用有限的时间和土地获得最大限度的收益。因此，在大部分农户受到疫情影响的2020年，杨闻耕一家的收入却逆势上升，尤其是务农收入达到32 000元，总收入达到64 998元；2021年家庭务农收入也达到23 000元，总收入达到61 866元。②

在多种生计的交叠中，客房服务只需要杨闻耕的妻子一人就能完成，平常没有客人时妻子也可以参与割橡胶树、种香蕉等农事。香蕉产业因为西双版纳常年有野象出没，无法预料收成情况，唯一能预期的是政府对野象肇事的保险政策。2021年刚挂果的香蕉就遭遇了野象，导致颗粒无收，政府为保护野生动物、减少人象冲突购买的"野责险"当年赔付杨闻耕一家8280元，降低了他们的损失。河边村民种植香蕉、芭蕉，除了看重市场势头，更重要的还是因为政府的补偿力度比较大。村民们习惯说："我今年种芭蕉喂大象，大象都靠我们养。"政府出于对野生动物的保护而出台的补偿政策成为当地农民扩大种植的"诱因"之一，而扩大种植面积某种程度上又招引大象更加频繁地造访。对杨闻耕而言，种植香蕉更像是一种博弈，他的投

---

① 香蕉与花椒都适合温暖湿润及土层深厚肥沃的壤土、沙壤土，耐寒、耐旱，喜阳光、湿热气候，二者的种植环境都能相互适应，所以花椒可以和香蕉套种。

② 2021年若计入30 000元的酒席礼金，则总收入为91 866元。在此沉痛说明，2021年末由于野象入侵橡胶林地，正在劳作的杨闻耕不幸遭袭罹难。此处酒席礼金收入，为其葬礼的份子钱。其开拓翻耕的土地，后来由其妻子与儿子继续耕耘。

入一般会控制在"被大象吃了能赔多少"的假设范围内,以确保自己不亏本。

相比之下,橡胶对杨闻耕一家来说是更稳定、更重要的产业。割胶虽是个苦力活,不过橡胶树一旦成熟就可以割十几年,胶价好的时候是一笔不错的收入,胶价不好的时候也可以作为一种保底的生计,用村民的话说就是"只要勤快点,'苦'口饭吃没问题"。杨闻耕是割胶的能手,种有500多棵橡胶树,占地约16亩。每年从4月中旬开割第一刀开始,一直到10月底天气转凉停割期间,杨闻耕每天凌晨2点钟出门,一直到早上8点左右才会回来。在胶水的市场价格还比较高时,他一般选择当天就卖掉胶水。早上8点左右割胶结束后,稍作休息,10点以后又得花上2小时收胶水,500多棵橡胶树一般只能收到六七十公斤胶水,再以3元/公斤的价格出售给收胶人,丰水期每天可以获得大约200元的收入。胶水价格下跌的年份,每天再花大量时间和精力收胶显然不划算,因此以每月1次的频率卖碗底胶,每次收入在1000元左右。2019年,500多棵橡胶树能给杨闻耕家带来6000元左右的收入,主要用于家庭的日常花销。

杨闻耕觉得:"500棵橡胶树太少了,不够。要是想挣得更多,得割更多的胶树才行。"他试图通过增加劳动力投入来提升农业产量,因为相比于资本投入与技术投入,这对小农户而言是最直接、见效最快的方式(敬同泉,1990)。2020年2月,尽管仍然处在疫情当中,杨闻耕通过金平老乡联系上了当地橡胶林的老板。杨闻耕告诉我们:"我家的橡胶地太少了不够割,老板的橡胶地靠着我家的花椒地,如果老板要人帮管地的话,我可以去割他的橡胶地。"最终,杨闻耕和这个素未谋面的老板通过电话达成了口头约定:杨闻耕帮老板管理橡胶地,负责除草、看护、割胶等多项事宜,作为回报,前两年时间里

80亩橡胶地的所有割胶收入均归杨闻耕所有；两年过后，割胶收入开始分成，分成比例另行约定。这看起来是一笔不错的交易，但2020年雨水过多、天气阴冷，橡胶树在2月初开始患病，杨闻耕投入许多时间和精力管护，直到6月份才开割第一刀，比正常开割时间整整推迟了2个月。之后的时间里，杨闻耕专心负责这块胶地，妻子前一天和儿子一起割自家的胶地，第二天就和杨闻耕一起去割老板的胶地，就这样一直割到10月底。老板的橡胶地杨闻耕选择留碗底胶，年底将接近2吨的碗底胶出售给附近村子的加工厂，获得近2万元的橡胶收入，自己的橡胶地收入还有6000元。

随着割胶事业忙碌起来，客房总监杨闻耕经常无法待在村里，只有在团体客人入住的时候，他才停一停地里的劳动，对村里的客房内务进行检查和安排。但他渐渐感到力不从心。在合作社的管理团队中，他年纪稍大，加入合作社两年后，他于2021年9月辞去了客房总监的职务。他告诉我们，当客房总监补贴不多，会占掉不少劳动时间，客人一来，胶水停割几天产量就下降了，他的损失更大。

我们非常理解杨闻耕的想法。从他的收入结构来看，近几年开拓香蕉、橡胶等产品的种植显著提升了收入，但二者皆为劳动密集型种植业，需要大量的人工投入。客房总监虽然有一些额外的补贴，但是参与客房管理以及合作社事务与其高强度、长时间的农事工作形成了一定的时间冲突，对于杨闻耕而言是一件"吃力不讨好"的工作。与合作社管理团队中大部分年轻成员不同，杨闻耕只是把客房作为一种补充性生计，而回归农业劳作则是他熟悉和擅长的。他在农业中不断探索新的机会，一方面灵活利用收回的香蕉地，另一方面与橡胶老板达成协议扩大割胶规模。扩大农业种植规模的另一个原因是两个儿子已经成年，且小儿子已经成家，在劳动力方面给他足够的信心扩大生产。随着农业收入增加，客房经营也从主要收入项目变成一项生计"增项"。

从杨闻耕的家庭支出情况（图4-4）可以看到，2017—2018年杨闻耕的"租房、建房及财产性支出"较高，其中不少是为客房添置设备和家具，例如他的客房是第一个农户自主配备空调的房间。反而"家庭经营费用支出"（主要是农业经营费用）除了2019年对香蕉地进行翻耕略有升高之外，其他年份普遍投入较少。在务农方面的低资本投入与较高产出也反映了杨闻耕生计决策的合理性，这一生计决策较好地利用了家庭充足的劳动力条件，推动其生计转向以扩大农业规模为主、新业态为辅的多元生计模式。

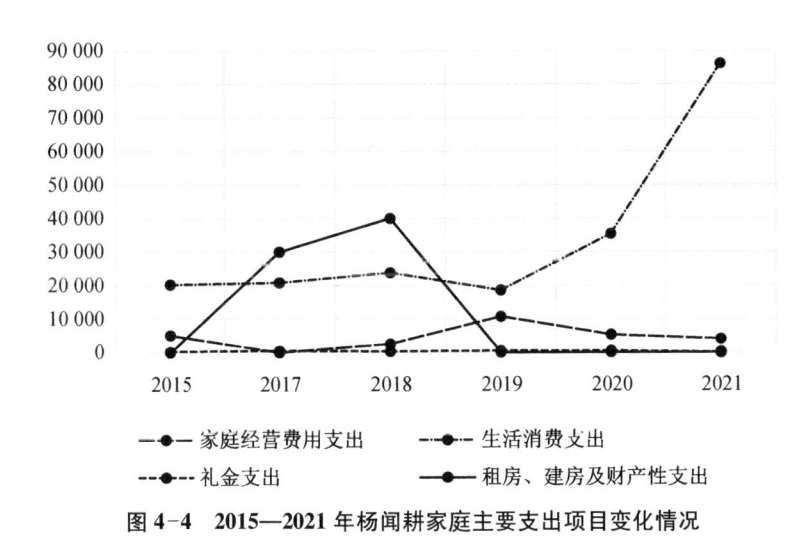

图4-4 2015—2021年杨闻耕家庭主要支出项目变化情况

随着家庭整体收入的提升，杨闻耕一家的生活消费支出也有了明显增长。2021年"生活消费支出"曲线出现突然上升（图4-4），因为他终于有钱给两个儿子进行"度戒"，为儿子们请经师、杀猪设宴等产生了大额支出。在此之前，河边村因为贫穷，许多年未曾举办

"度戒"仪式，这次仪式也是农户脱贫后逐步有了积蓄的结果。杨闻耕作为汉族人，原本没有"度戒"的需求，但通过给儿子们举办这一仪式，也体现了其主动融入瑶族社区与文化的姿态。

总的来说，伴随着家庭结构的变化，杨闻耕一家的生计呈现出由农业务工为主转向新业态主导下的多元生计并重，再到扩大农业生产的多阶段变化，经济收入也在这一过程中得到了有效提升。杨闻耕一家人整天忙碌着，不是割胶就是种香蕉，还养猪、搞客房。这一家很像舒尔茨笔下的理性小农——能够对生产要素进行有效配置，在购买要素时会比较不同市场的价格，并根据价值最大化原则安排劳动力（黄宗智，2008；邓大才，2013；舒尔茨，1987：61—80）。但是，杨闻耕家这样的小农户从事着超越农业生产的更为复杂的生计实践，某种意义上也超越了这些所谓的理性小农的经典范式。2021年末，由于野象入侵橡胶林地，正在劳作的杨闻耕不幸遭袭罹难。可以预见，杨闻耕家的生计又将发生新的调整。

冯楚万的"复合产业"

在河边村2017年修通村硬化路之前，大部分日常生活用品需要靠村民骑着摩托车从8公里长的土路出去到镇里购买，但烟酒和零食等小件可以在村里的小卖部购买。冯楚万家经营河边村的小卖部已经十年多了，是村民口中的"冯老板"。以前，冯楚万经营的小卖部位于村口，是一间10平方米的小店，四周用围板简单围成，售卖的零食也基本都是"三无"产品。小孩子们拿着5角钱，光脚来到小卖部，选购一袋饼干或者辣条，男性成年村民基本隔天就会来小卖部购买六七块钱一包的香烟。由于村里大多数人都处于负债状态，消费需求不高，冯楚万的小卖部基本挣不到什么钱。2015年冯楚万家的总收入仅仅达到8311元，主要由6000元的务农收入和2000多元的转移性收入构成。2016年村里开始大规模建房，大家需要以相互支持、采用帮工和换工的形式，在短时间内获得充足的劳动力，作为建房主要劳动力的男性村民对于烟酒和日常食品的需求也随之增加，小卖部的营业额也迅速攀升，这一年小卖部的收入大概为1万元。

"河边实验"期间，考虑到新业态的引入会使得小卖部的客户从村民拓展到外来访客，因此扶贫项目也支持冯楚万的小卖部升级改造为"河边便利店"，不仅改变了小卖部过去破旧的外观，也规范了售卖的商品。便利店仍然位于村口，冯楚万还专门开辟两个货架用于摆放河边村的特色产品，如瑶族服饰、河边村明信片、雨林蜂蜜等。现在，"河边便利店"能满足村民和进村游客等不同群体的需求：村里的小孩子依然喜欢来此购买零食；男性村民至少每两天购买一包香烟；家里来客人时，村民还会到小店购买鸡蛋；进村的游客也能在店里选购伴手礼。

与城里完全面向市场的商店不同，"河边便利店"的开店时间非常灵活，冯楚万根据自家的安排来掌握营业时间。一般情况下，冯楚万和雷涵两人轮流看店，如果两人都不在，则会安排大儿子在家看店。尽管表面上看"河边便利店"占用了劳动力的绝大部分时间，但其实冯楚万家的农业生产并没有因此而耽搁。冯楚万家共4口人，包括冯楚万、妻子雷涵、大儿子冯浩和小儿子冯林。两个儿子均在上学，尚不能为家庭创收，每年的教育支出也是一笔固定且占比较大的支出。因经营小店与照料家庭，除割胶、收获无筋豆、采摘茶叶外，妻子雷涵大部分时间都在家中。她一边看店，一边负责日常农活，如喂猪喂鸡等，空闲时间还缝制民族服饰。"瑶族妈妈的客房"建成以来，常年在家的雷涵也能够兼顾客房的打扫和整理工作。新业态不仅没有扰乱冯楚万一家的生计习惯，反而将雷涵在家的闲置时间充分利用起来，增强了女性对家庭生计的支撑作用。

2019年，冯楚万家总收入为3万多元，包括客房收入1万元、便利店收入1万元、农业收入1.5万元，转移性收入不到3000元。与很多受益于客房新业态的农户逐渐开始"去农化"不同，冯楚万家的农业生产在原来的基础上保持和略有拓展，在此之上，依托新业态的发展机会，提高了自家的生计水平，形成了农业和非农业几乎并重的生计结构。

冯楚万除了定期去市里和镇上为便利店进货外，还要不时驱车前往易武乡查看和管理自己的茶园。妻子雷涵原本是易武乡人，易武是勐伴附近的一个乡，当地的普洱茶在全国都十分出名。随着雷涵最小的弟弟成家，她娘家的地也进行了划分，虽然雷涵外嫁到了河边村，但按照瑶族的规矩，还是分到了一块茶地。2013年起，冯楚万和雷涵每年都要花一段时间去易武乡管理这片茶地。这期间，他们还通过打零工的方式学习周边茶园的管理技术来提升自己采茶和炒茶的技能。2018年起，茶树陆续开始长成，每年到了茶叶采摘的时节，夫妻俩都需要暂时关闭一段时间的便利店，前往易武乡采茶、制茶，并将做好的茶叶放置在便利店的货架上进行售卖。2020年，光是售卖茶叶这一项，他们就进账25 000元。

随着便利店越来越步入正轨，冯楚万的经商头脑也不断迸发出新的灵感。以前他总是到镇上购买白酒，在村内进行销售，一斤白酒售价为10元。2018年河边扶贫项目开始支持农户发展"微型农业示范"，赵队长率先成为酿酒示范户，很多农户便逐渐从到小卖部购买白酒转向去赵队长家购买自烤酒。冯楚万看到了商机，2019年他投入 1200 元购买酿酒的设备开始学习酿酒。酿酒所需要的玉米为自己家种植，酿酒过程中需要用到的柴火也都随处可见，所以并不需要太多的投入。酿酒的经济效益立竿见影，依托便利店，冯楚万酿的酒很快就来到了河边村每家每户的饭桌上，2020 年冯楚万卖出 7500 元的自烤酒。

作为便利店的老板，冯楚万对于经营"瑶族妈妈的客房"这一新业态产业有着自己独特的考量。作为较早建起客房的农户，冯楚万起初对于客房的经营非常积极，2017—2019 年期间，每次有论坛、会议或者冬夏令营在河边村举办时，他家都会有客人入住。每次召开客房股东大会时，他总能拿到一笔"不菲"的现金。久而久之，他开始"挑剔"起了客人，不愿意再接待单价较低而入住时间较长的客人。

2020 年河边村"瑶族妈妈的客房"新业态产业由于疫情影响遇冷。但这一年，冯楚万家的总收入却逆势增长，达到了 74 530 元。其中，农业收入为 42 500 元，包括 25 000 元的卖茶叶收入、15 000 元的割胶收入以及 2500 元的无筋豆收入。农业收入撑起了冯楚万家的生计主体。便利店收入 15 000 元，占总收入的 20%。此外，经营"瑶族妈妈的客房"所得收入为 4950 元，约占总收入的 7%，出售自烤酒收入 7500 元，边民补贴 4000 元和种粮补贴 580 元，也成为冯楚万家"高收入"的补充部分。冯楚万家以农业、非农经营为双主体的复合生计结构非常稳定，2021 年家庭继续保持在 7 万元左右的收入。这也是冯楚万在生计方面长期积累的结果。

实际上，冯楚万提升家庭生计的意愿也十分强烈。当他看到别的农户通过酿酒获得收益时，即使他没有得到"微型示范农业"项目的帮扶，他也勇敢投入资金，增加收入的渠道。听说一些村民在外建房能获得不少的收入,2021 年他花费 3500 元购置了一把油锯,跟随村里组建的"建房工作队"到云南江城建房子,获得了 12 000 元的工资。随着家庭收入水平的大幅度提升,冯楚万于 2020 年购置了一辆价值 10 万元的小车,2021 年花费了 12 500 元购置了一辆小型拖拉机。这些是他进一步巩固和提升生产生活水平的工具。

冯楚万一家的复合生计有效抵御了疫情之下市场萎缩的风险。河边村大多数村民的收入来源为务农,主要靠割胶、售卖无筋豆支撑日常开支,"河边实验"为村民提供了新的收入来源,但客房收入受市场影响,2020 年以来更是受疫情冲击,波动较大,收入不稳。与大多数村民不同的是,在务农方面,冯楚万家除了传统割胶收入,还通过售卖茶叶、烤酒来获得收入;此外,经营便利店每年也能稳定获得 1 万元左右的收入。冯楚万一家向我们呈现了"河边实验"试图建立起复合产业的微观可能性。

需要指出的是,冯楚万家的复合产业结构包含多元化、高收益等特征。采用生计阶梯的动态视角来讨论河边村的小农脱贫和生计转型之间的关系时,农户的生计按照高、中、低收益三类生计策略呈阶梯形分布(Walelign, 2017),实际上在进入高收益生计策略或退出低收益生计策略时农户会面临一定的壁垒(Barrett, Reardon & Webb, 2001)。冯楚万的案例向我们清晰展现了这一壁垒。开设便利店需要有良好的地理位置、进货渠道、前期投入的运营成本;茶地更是几乎只能通过继承的方式从外部获得的稀缺资源。这类高收益生计策略无法被其他村民轻易采用,普通村民只能选择中低收益的生计策略,因为这类生计策略对资产的需求相对较低(Bezu, Barrett & Holden, 2012)。

相比于前一章很多面临高收益、高风险的小农,冯楚万选取的实际上是相对高收益而低风险的生计业态，酿酒和外出建房并不需要过多投入，茶地的维护成本也较低，拒绝收益较低的客人入住也不会带来实质性的影响。冯楚万还有一些防范风险的意识。脱贫攻坚期间，政府给村里建了集体猪舍，村民家的猪大多集中在这里养殖。但近几年由于当地猪瘟流行，养猪的农户经常遭遇损失。有一种 15 块钱的母猪保险，在猪因病死亡后可获得 1000 元左右的赔付。村中很少有农户购买母猪保险，但冯楚万为家里养的两头母猪都购买了这一险种。

"半耕半匠"的胡瑶财

　　河边村瑶族的祖辈是居住在山上的蓝靛瑶。用蓝靛命名，是因为这一支系善于用蓝靛织染衣物。每到农历十月的瑶族传统节日盘王节时，村中的男女老少就会穿上自己织染编绣的衣服，一同欢度佳节。河边村有一位手工"匠人"胡瑶财，他制作的织布机卖到周边很多村寨，经常供不应求。胡瑶财还是村里有名的会做法事的师傅[①]之一，村里人经常尊称他为"胡师傅"。胡师傅和妻子主要以农业和手工业为生。他们的 4 个子女均已成年，其中 2 个儿子已成家，大儿子退役后入赘到别村，有时会带着妻子、孩子回村住一段时间，小儿子和儿媳妇带着孩子与父母住在一起，一个女儿已出嫁，另一个女儿在外工作。

[①] 当地瑶族至今仍有大量祭祀、祈福等活动，做法事的师傅一般由熟悉瑶族传统文化、懂得传统仪式、能够主持活动的人担任。一般情况下，瑶族男子成人礼"度戒"、婚礼、丧葬以及平时的迷信活动均有法事环节，主人家一般会请做法事的师傅来到家里，并根据活动规模大小送给师傅猪腿、鸡肉等礼物作为答谢。

2015—2017 年，胡瑶财家每年的务农收入都超过 1 万元。即使是建房期间，他家的农业也没有耽误。河边村农户们种植的农作物大多类似，除了基础粮食作物外，主要是种甘蔗。胡瑶财曾经是村里的"甘蔗收割联络员"，负责村里与县糖厂的联络。① 后来，许多农户因为大象侵扰的原因放弃了甘蔗种植。甘蔗种植是劳动密集型农业，需要村里互相帮工。随着大部分农户不再种植，甘蔗的帮工体系也趋于瓦解，个别继续种植甘蔗的农户就需要承担很高的雇佣劳动力费用，时间一长就没有人再种甘蔗了，大家都转而种植橡胶树、无筋豆、南瓜等经济作物。胡瑶财也一样。农忙时节，胡瑶财夫妇二人早出晚归，几乎见不到人影。无筋豆是当地特色的冬季作物，一般在春节前后收获，胡瑶财早年就跟着山下的纳卡村村民学习种植技术，甚至还在纳卡买下一块地种植无筋豆。② 2021 年赶上无筋豆的市场价格上涨，胡瑶财一家光是无筋豆就挣到了 43 000 元，占到家庭总收入 143 180 元的 30%。胡瑶财家也成了当年村里收入最高的农户。村里人提起他很是佩服："养孩子，还养孙子，现在摩托买了，三轮买了，就连小车也买上了。"

除了务农收入之外，胡瑶财家的非农经营收入也非常可观。但和其他家户主要依靠客房新业态不同，胡瑶财一家的非农经营收入主要来源于他制作的瑶族织布机。胡师傅自豪地告诉我们："这个手艺是我看短视频学的，没人教。"最早，胡师傅在社交媒体上发现了对织布机的需求。近些年网络在边远山区的普及，改变了过去不同村庄的

---

① 甘蔗收割需要在短时间内完成并运往糖厂进行处理，因此大面积种植甘蔗的村庄往往会有一个联络员负责统筹和协调农户的甘蔗收割时间。这类联络员通常都由甘蔗种植大户担任。

② 2015 年以前，河边村有 20 多位农户曾在山下的纳卡村购置土地，不过绝大部分购买的都是宅基地，只有胡瑶财少数几家还额外购买了作为生产资料的农地。

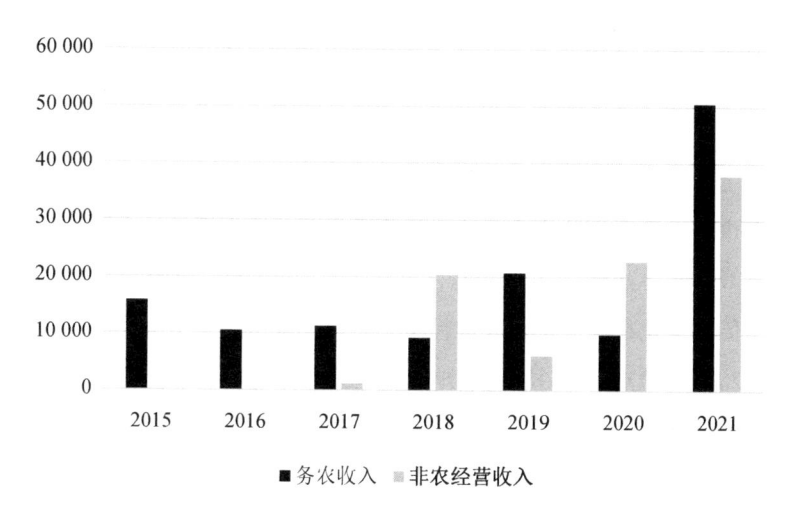

图 4-5　2015—2021 年胡瑶财家庭务农和非农经营收入变化情况

农户只能依靠面对面接触才能互动的模式，也为具有相同文化的少数民族群体搭建了一个可以随时互动的虚拟空间。线上的交流推动线下的互动，使得作为少数民族的小农的个体意识与族群信念得到交织融合（孙信茹，2016），织布机也由此在瑶族群体中形成市场。由于每架织布机都需要根据织布人的身高、偏好进行定制，因此很难形成工业化的生产，却由此为小农户生产留下了空间。通过网络自学成才后，胡瑶财就在附近瑶族村寨的微信群打开了销售渠道。2020 年胡瑶财利用闲暇时间打磨木工技艺，根据网络客户订单共制作了 16 架织布机和 40 个部件。他的织布机做得很精致，在附近的瑶区乡很受欢迎。在他的带动下，村里又有几户开始学习制作织布机。胡瑶财的这项技能给他带来了不错的收入：一架织布机售价为 1600 元，需要一周时间制作，木料要求不高，可从集体林获得，因此除了人工外几乎没有其他成本。2020 年胡瑶财仅靠织布机就获得了约 20 000 元的收入，2021年更是达到了37 800元。织布机的生产成为胡瑶财家新的收入来源，弥补了务农和客房收入的下降。深层次看，承载着传统文化的织布机的兴起，也反映出少数民族群体的小农在面对疫情时能够基于传统的社会关系，以现代社交通信媒体工具为载体，将传统文化在市场中实现再价值化，这一过程既离不开地方性的社会网络，也离不开新媒体建构的生产销售关系网络，就像费孝通曾经指出的那样，传统文化在现代化发展过程中是两种力量相互作用的结果（费孝通，2007：20）。织布机的制作与销售帮助胡瑶财一家获得了较为充足的生计补充，这一生计方式也展现出小农户灵活运用各类资本拓展新的生计渠道的特征。

从收入结构来看，胡瑶财一家是典型的兼业小农，收入来源呈现多样化。尽管他家也建了客房并开展了新业态的经营，但客房收入占其家庭总收入的比重一直低于村庄平均水平。2017—2021年，胡瑶财家新业态产业的年收入最高值为6000元，2020年客房收入更是下滑到1000多元。胡瑶财似乎更看重来自农业和手工业的收入，为了能更方便地开展农业、手工业的生产，他将木料堆在自家楼下，猪和鸡也养在家边。他一直不愿意像其他农户一样将猪和鸡迁到村外饲养。他认为通过改变原本的农业生产方式来发展新业态会得不偿失。如果为了客人的居住体验，就把猪和鸡等放在村外养殖，自己就要走更远的路、花费更多的时间去喂养，同时鸡如果放在外面山里，晚上又很容易被野兽侵扰或者被老鹰啄食，他也没有精力半夜去守鸡棚。家门口小环境的卫生状况也影响了他家的客房入住率。新业态发展初期，为鼓励大家的积极性，合作社基本以平均主义的原则将客人轮流分配到不同客房，村里有客房的农户一年下来接待游客的数量基本相近。随着"河边实验"由扶贫转向乡村振兴，合作社为了引导大家提升客房质量，开始主要按照市场的原则分配客房，优先让客人在条件和服务更好的客房入住。胡瑶财家的客房在这一过程中渐渐失去了客人，到2021年其客房收入更是下降为零，新业态产业累计只为他家带来了1万多元的收入。

图 4-6 胡瑶财家庭2017—2021年客房收入变化情况

在中国农村，农户是最基本的经济单位，农业与手工业结合也是近代以来农户经济活动的一种普遍现象。与具有半工业化性质的农户纺织业（彭南生，2007）等乡村手工业形态不同，工匠手工业在乡村虽然也普遍存在，但由于传统工艺的特殊性，很多时候无法由机器生产、工业化生产替代，因此常常保留着更多的传统特征，如半耕半匠、师徒传授等。除了新业态阶段性地带来了一些补充性的收入以及政府的兜底补贴以外，胡瑶财一家近几年来基本上可以说是依赖于半耕半匠的复合型生计。

一些研究对中国小农的特征与演变进行梳理，认为不该将小农范式化、极端化，而应还原典型中国小农特征的复杂性和丰富性，呈现他们对制度变革与结构变迁的反应（刘守英、王宝锦，2020）。胡瑶财一家就体现了小农对于外界变化的复杂反应，他对于新业态从未抱有过高的期望，却对新媒体平台发掘出的传统技艺兴致勃勃。

开源节流的赵善诚

赵善诚是家中的长子，有一个贤惠的妻子和两个还在上学的儿子，还担负着照顾一对年迈父母的责任。瘦瘦高高的他在长辈们眼中是村里最有出息的：河边村出的大学生很少，在2015年之前，他是村里唯一一个考上大专的，学习的是林业相关专业。毕业后的赵善诚没有接受林业站的邀请，而是追随父辈继续做一个本分的小农。赵善诚一家一方面踏踏实实务农，不断拓展生计来源，一方面却始终保持节俭的品性。

2003年左右，山下的纳卡村村民已经靠割胶致富，当时胶价高，农户每天割胶能拿到400—500元，令河边村村民羡慕不已。于是，赵善诚和唐齐民一起去勐腊胶场育苗的地方购买了1000棵橡胶苗木。自己的地不够种，赵善诚就以5元/亩的价格租了一些别人的地，把1000棵橡胶苗种了下去。赵善诚可以说是河边村最早种橡胶树的人之一。后来，河边村种橡胶树的人越来越多，村民的主要生计来源也渐渐从甘蔗转向了橡胶。尽管种植时间较早，但是赵善诚家的橡胶林直到2018年才正式开割。割胶是一件辛苦的工作，割胶人往往需要每天半夜或凌晨出发，戴着头灯趁着夜色，忍受着林间蚊虫的叮咬在胶林割胶。如果遇到下雨天，辛苦割的胶还可能会作废。这是一项需要勤勉和恒心的劳动，割胶的收入除了市场价格之外，一方面取决于胶树的质量，一方面也与割胶人的勤劳程度有关。赵善诚是割胶的好手，人又勤劳。从2018年开割开始，除了第一年之外，剩下的时间里赵善诚一家割胶的收入没有低于过1万元，基本保证了全家人的温饱。

2015 年开始，扶贫实验给村庄带来了新的生机。一栋栋瑶家木房拔地而起，各个不同的客房和庭院景观是每个家庭的匠心所在。赵善诚认为做客房颇有前景，于是在建设的时候把自家二层的一部分和整个三楼都用作客房，建成了村里为数不多的双人间。对于村民而言，每家建客房获得的 2.1 万元补助资金是相同的，建双人间的成本只是多一张床和一套床品，而双人间营业后的收入是比单人间要高的。赵善诚在客房的建设和布置上颇下了一番功夫。2020 年他又自己花钱升级了客房的卫生间，重新贴好防水瓷砖。不但如此，赵善诚还把自家门前的自留地围起了木栅栏，种上梨树、桃树、甘蔗、木瓜、柚子，住在他家的客人经常能够吃到新鲜的水果。赵善诚和妻子也乐于与入住客人沟通，及时满足客人的需要。赵善诚对于客房的用心没有白费：从 2017 年开始家里增加了非农经营收入，2018 年非农经营收入就超过了务农收入，成为家庭最重要的收入来源。2019 年，赵善诚家的非农经营收入继续增长，占到了家庭当年总收入的 54%。

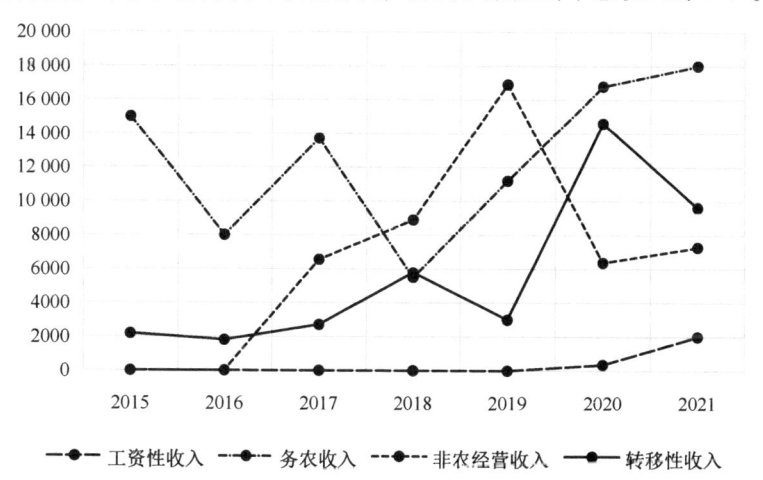

图 4-7　2015—2021 年赵善诚家庭主要收入项目变化情况

2020年5月左右疫情稍缓的时候，赵善诚又成为河边村第一批种植芭蕉的人，他和唐齐前一起到乡镇挑选芭蕉苗，试图开发新的生计来源。芭蕉比香蕉更容易管理，只要没有大象的侵扰，市场价格不低于3元/公斤就能够保本，而由于疫情的影响，老挝的芭蕉暂时进不来，当地芭蕉的市场行情也不断上涨。即使受到大象的破坏，政府"野责险"的补偿也可以提供基本的保障。成年芭蕉树每棵补偿10元，2000棵芭蕉树就是2万元，因此即使不能售卖，仅靠保险也能保证基本的收入，算是稳赚不赔的买卖。赵善诚2020年种的芭蕉就靠着野责险的赔付获得了11 000元的收入。

小农生产的坚韧，不在于其技术的先进和合理，而在于小农比农业雇工更勤劳、更拼命；此外，与农业雇工相比，小农还有着更低的需求和消费水平（列宁，1984）。赵善诚一家不仅秉持"勤劳经济"，以辛勤劳作代替资本投入农业（高雪莲，2020），也通过节俭来积累家庭财富。赵善诚家的节俭体现在两个方面，一是基本生活支出的压缩，二是娱乐、社交等支出的削减。从图4-8中可以看出，除了在2020年因为购车而产生的大额支出之外，其余年份赵善诚家的各项家庭支出都稳定在一个较低水平。赵善诚家一年的食品支出最多也就1000余元，仅仅在2021年遇到非洲猪瘟时才因买猪肉略微提升了开支。对于他们一家而言，种植水稻已然可以保证全家一年的口粮，家边的小菜园是每日的蔬菜来源，猪、鸡等家禽的圈养也提供了全家的蛋白质。可以说除了必需的调味品之外，他们并不需要从市场上购买其他食品。小农的特征之一就是基于生存取向，自家生产的农产品会优先满足家庭内部消费需要，以形成集生产和消费于一体的自给性特征（郭晓鸣、曾旭晖、王蔷，2018）。赵善诚家的基本生活支出就这样控制在一个较低的水平。此外，与河边村的很多男性不同，赵善诚既不抽烟也不喝酒，按照 11 元/包、每日 1 包的烟钱来算，仅仅在不抽烟这一项上赵善诚就比其他家户省了 4000 元/年。赵善诚极少参加娱乐活动，除了过年杀猪和做法事等必要的仪式之外，赵善诚也很少与村里其他人一起聚餐。很多村民认为赵善诚一家是村里相当富裕的农户，但是他们同时也觉得赵善诚"太抠了"："你什么时候看到他请大家吃过饭？"

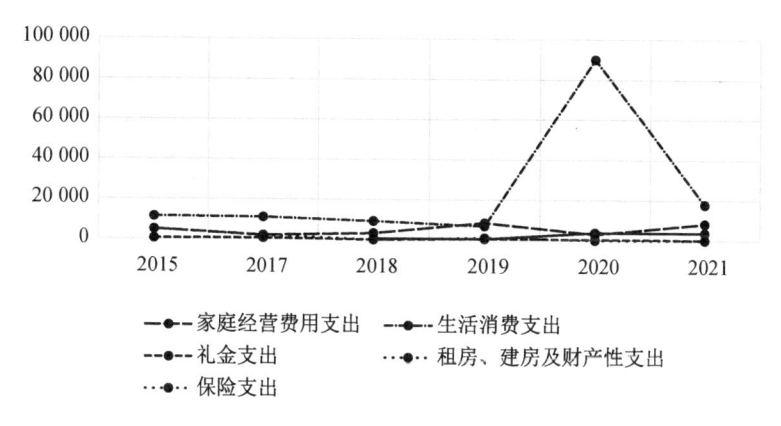

图 4-8　2015—2021 年赵善诚家庭主要支出项目变化情况

赵善诚一边开源一边节流，因此与河边村很多农户不一样的是，他家里总是能有点积蓄。这也使得他在应对疾病和教育等较大支出时非常从容，极少借钱，疫情也没有影响他家的基本生活。其家庭生产生活的韧性不仅来源于日渐多元化的生计，也与其自给自足的生产-消费体系相关。

第五章
"生存型"农户

虽然河边村的农户在整体上都是生计多元化的,但有的农户生计比较稳健,有的农户生计则更趋向于生存型。本章介绍的农户由于种种原因其生计状况相对更差,可以说是更接近于"生存型"的农户。

斯科特(2013:16)在《农民的道义经济学》一书中,提出了"生存伦理的经济学与社会学",将农户的行为界定为以稳定可靠的方式满足最低限度的生存需要。恰亚诺夫(Chayanov,1986)把农民从事小生意看作在家庭规模不变的情况下,由于家庭可用土地减少,农民不得不为了生存而增加劳动。尽管我们将河边村看作一个相对封闭的乡村共同体,但那只是与许多被城市化、市场化过程更深刻影响的村庄相比而言的,实际上河边村民的生存型生计并不指村民以温饱型生存为目的。他们的生计实际上已经超越了传统的生存性,我们在这一章讲到的生存型生计,更多是指农民虽然没有落入贫困陷阱,但往往由于缺乏劳动力、疾病或其他种种原因而不能由脱贫进入致富的轨道,收入和支出维持在一个相对低水平的均衡中。他们已经不再在齐颈深的水中行走,但还在波涛汹涌的大海中行船,一旦有突如其来的支出压力,仍会险象环生(邓大才,2009)。他们之所以过着看似平淡的生活,是因为他们已经跨过了生存伦理的边界,基本能够满足家庭的温饱与生活;但他们处在现代化的大潮中,其生活约束已经从生存伦理转向货币伦理。换句话说，他们虽然摆脱了贫困，过着平淡的生活，但是他们低收入、低消费、无储蓄的状态仍然呈现出了某种程度的脆弱性。

本章关注的农户在生计资本上都存在或多或少的不足，因此其在采取多元化策略时往往遇到很大的制约，甚至无法采取多元化策略。此外，他们能够达到的生计水平的高度，以及生计稳定的程度，实际上取决于他们与现代市场对接的程度。能将生计资本持续转化为市场价值的农户往往能够获得更高的收入，缺乏有效转化的农户其生计资本容易处于生存性的消耗中，很难产生积累，在脱贫与抵御风险的过程中更多依靠政策与亲缘网络的支撑。

胡天亮两口子，因为生育与疾病的高额刚性支出，多年来处于一种生计的净消耗状态中。虽然两人非常勤奋，不断拓展新的生计来源，但由于其看似多元化的生计实际都建立在劳动力这一单一资本之上，而这一资本又受到疾病或生育等问题的影响，无法充分发挥其效能，更无法支持其生计收益的提升。此外，客房这一不太占用劳动力，可以与农业、打工等劳动密集型生计项形成互补的新业态，又因为其家庭人口多的需求而受到挤压甚至不得不从其生计选项中被排除。因此，胡天亮家至今仍未走上正向积累的轨道。冯楚维由于慢性病影响了自身的生计资产的利用。尽管在多元生计的帮助下避免了因病致贫，但整个家庭仍然困于"生存"状态中。蒲成昌并不是村里的贫困户，但由于家庭刚性支出较大，一家在应对风险时只能退回小农最为熟悉的安全领域。冯云照是曾经带领大家开辟现在生活道路的河边村的老村小组长。迟暮之年，之前积累的社会关系所提供的物质性支持，与政府的转移性支付一起，保障了他的晚年生活。篾匠赵守心和上一章的胡瑶财一样都是传统手艺人，但是在各种障碍之下他未能很好地对接现代市场，因此没能像胡一样利用传统手艺有效提升生计。赵远山一家则提供了河边村一个完全脱离土地的生计样本。父母年老无力务农，子女维持低水平务工，无法产生家庭积累，整个家庭维持在生存型生计当中。唐进明的故事与第二章中的雷中山形成了对比。两家均有一儿一女，且两家女儿是同期考上大学，但女儿毕业后，唐进明家的生计状况并没有多大改善。在城乡差距仍然普遍存在的背景下，唐进明家的遭遇并不是个案；相反，这显示了小农生计代际转型的困难。蒲新天家秉持"过一天算一天"的态度，看似是劳动力未充分利用、生产经营技术缺失以及缺乏以多元生计提高抗风险能力的意识等问题使然，实际上则可能是小农的个体能动性在结构性制约的条件下未得到充分发挥的结果。唐长明家与唐进明家不同的是，儿子进入正式就业，家庭生计从农业向非农的转型似乎更加顺利。

　　河边村村民的这些生计策略，看起来具有明显的生存伦理色彩。但事实上，他们的生存型生计并非温饱型生计，他们面对的是刚性的消费需求，如生育、看病、供孩子上学，我们或可将之称为"小农的货币伦理"（邓大才，2009）。在不同的社会经济条件下，"生存"也具有不同的含义。河边村村民不能没有摩托车，但是有了摩托车就不得不支付维修和汽油费用；生病了不能不去就医；他们的孩子也不能不去上学：这些需求呈现出明显的刚性特点，也构成了村民生存型生计的新内涵。

支出拖累的胡天亮

　　2021年1月，河边村每家都派了一个人投工投劳修建村道旁的挡土墙。胡天亮虽然几次骑车路过，但最多也只是停下车抽根烟，跟大家打过招呼后又匆匆离开。几次碰面，我们发现胡天亮消瘦了很多，衣服破破烂烂，整个人显得无精打采。我们问他是不是最近太辛苦了，他说他妻子班雅前不久生病住了院，家里的无筋豆、南瓜等作物没人打理，现在马上要上市了，需要赶紧浇水、打药以挽回些损失。此外，妻子住院还借了不少外债，所以他趁着外面有需求，抓紧出去打工挣点钱。此后几个月，我们每次见到胡天亮，都是在他务农或者打工回来的路上。村里人提到他，也说他家生活太困难了。

这几年，班雅陆续生下两个孩子，家庭储蓄不够支出生育产生的医疗费用和进城住院的生活费，胡天亮为此还卖掉了年猪，用于应付急剧增长的开销，但家里生活水平还是一落千丈。班雅身体羸弱，大女儿青青就是早产儿，刚出生时只有两斤重，在医院住了一个月，待到生命体征正常后才出院；小儿子出生后也有点先天不足，医生说需住院观察才能确定是否需要手术。胡天亮无力负担，只好暂时出院，打算有点积蓄后再给儿子做进一步检查。这些年，他提到最多的就是家里人的医疗开支。

除了不太顺利的生育过程产生的医疗支出给家庭带来的难题，劳动力的问题也加剧了家庭的困难处境。班雅主要负责带孩子，也帮着胡天亮种地和割胶。由于她只会说瑶话，不会说汉语，一般也不出去打工。胡天亮本人患有严重的痛风，平日里需要服药缓解症状，饮食和天气的突然变化还会加重症状，甚至需要到医院进一步治疗，2018年仅痛风的医药费就达到 5000 元。正如一些研究指出的，健康对农村男性劳动力的退出有显著影响（解垩，2011）。胡天亮的病痛带来的不仅是支出的上升，还有对收入的制约。为了应对家庭支出和偿还贷款，胡天亮的母亲还补贴了他 3000 元现金。

胡天亮家 2015—2021 年期间的收支如图 5-1 所示。除去 2017 年

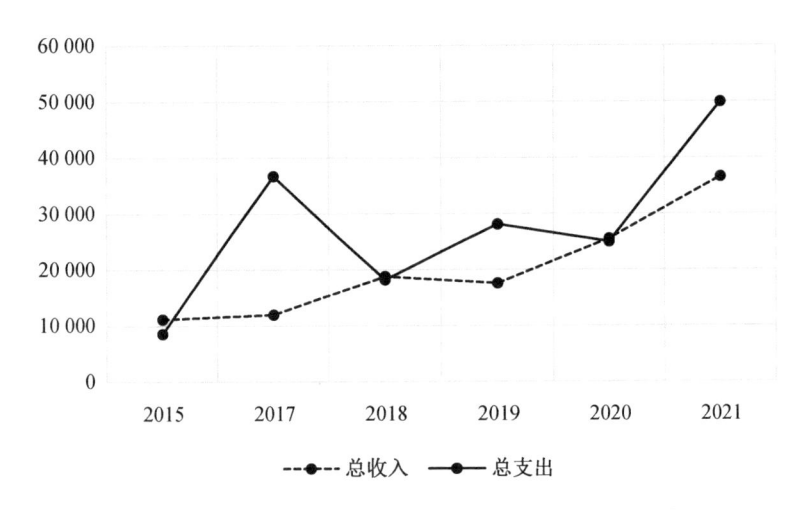

图 5-1 胡天亮家庭 2015—2021 年度收入与支出变化情况

3 万元的建房支出和 2018 年的 5000 元医疗开支外，2019 年以前，胡天亮家的开支基本维持在 1 万元左右，低于全村平均水平。随着 2019 年班雅产下二胎，家庭开支突破 2 万元，同年总收入却只有 17 590 元，难以覆盖家庭开支。需要指出的是，2019 年胡天亮家近 60% 的收入来源于客房这一新拓展的生计资源。由于不断有客人来到河边村，在家带小孩的班雅为了打理客房、与客人交流，参加了勐伴镇举办的汉语培训班，也和在村里上幼儿园的女儿用汉语对话，逐渐掌握了日常交流用的汉语，这也让她能够逐渐在附近村镇打上零工。2020 年胡天亮家庭总收入为 25 518 元，较 2019 年增长了近 45%，其中务农收入、工资性收入和转移性收入的增加是收入实现增长的主要原因。2021 年胡天亮家的收入水平继续上升，达到 36 531 元，比上一年增长了 50%。这主要是因为家里的橡胶地进入出胶的年份，使得务农收入持续增加。

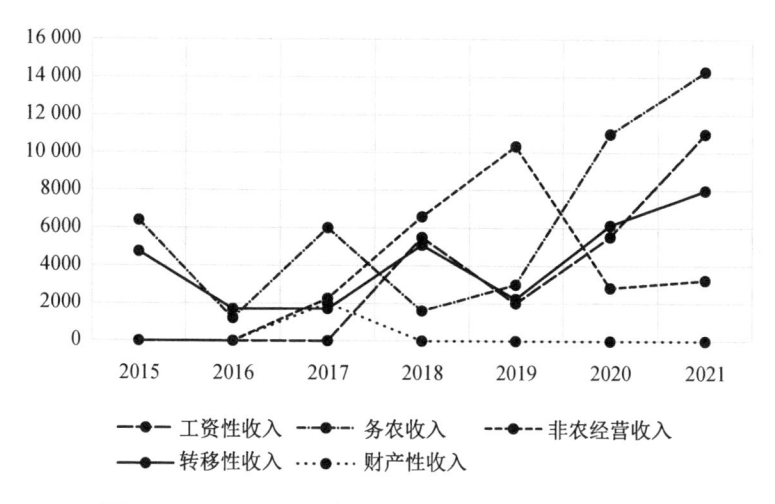

图 5-2 2015—2021 年胡天亮家庭主要收入项目变化情况

尽管 2019 年起家庭收入逐步上升，但胡天亮依然难以实现有效积累。2020 年胡天亮家支出为 24 973 元，几乎与当年收入持平。除去日常生活开销外，其他大笔开销主要包括他在乡村发展基金会的支持下新修建的一间厨房花费 2000 多元，偿还银行贷款 4280 元，以及治疗痛风的药物费用 4600 元。2020 年起，为了照顾两个小孩，母亲从别的村寨搬来同住，家庭人口的增多导致原有的房子不再够住。实际上，因为新冠疫情的影响，2020 年开始河边村的客流量显著下降，胡天亮家条件一般的客房很难优先被客人入住。因此，他把"瑶族妈妈的客房"收回自用。

失去了新业态的收入，胡天亮又开始寻找新的生计来源。由于他从继父那里受赠了数十亩茶地，他开始投入大量的时间和金钱在茶地的种植和维护上。2021 年胡天亮在茶地等农业生产上的经营性开支将近 2 万元。另外，年初班雅突发胃病住院，产生的医疗费用和胡天亮平日里痛风的医疗费用，加起来接近 1 万元。大女儿青青开始上小学，到山下镇里的寄宿学校，生活费支出 2200 元。这些新的支出将胡天亮家 2021 年的总开支推高到近 5 万元。

事实上，胡天亮家一直试图削减开支。有时他连手机话费都交不起，联系他只能等他回家连上无线网络之后。家里的两辆二手摩托车也骑了很多年，看起来已经破破烂烂，班雅有一次深夜打零工归来，破旧的摩托车突然在半山腰报废，胡天亮只得向村里人借摩托出去接她回来。虽然摩托车是河边村民不可缺少的交通工具，少了它很难开展农业生产，但胡天亮一直没攒出钱来买一辆新摩托车。

生育和疾病一方面不断形成刚性支出，另一方面也消解了劳动力，限制了收入的提升。生育这一生命周期中的特殊事件，会占用小农家庭极大的资源，不仅占用现金支出，也大量占据了作为生计重要来源的女性劳动力。尽管河边村的幼儿园能为 4—6 岁的儿童提供看护支持，一定程度上减轻河边村瑶族妈妈们的照料压力，但 0—3 岁的公共育儿服务仍处于"真空状态"，隔代照料虽然能减轻女性的照管压力，增加女性劳动参与率（华淑名、陈卫民，2020），但无法完全抵消年幼子女对于女性劳动力的负面影响。"瑶族妈妈的客房"这一不太占用劳动力、可以与其他业态互为补充的新业态，曾一度帮助不得不待在家照顾小孩的班雅重新进入农业零工市场，从而对家庭经济提供支持。但可惜的是，家庭人口增多产生的住房刚性需求又与客房新业态产生了矛盾，最终客房被排除在其家庭生计选项之外。

2021 年夏天河边村暴雨频频，影响着村民的正常务农和务工。在间歇性晴天里，我们经常在傍晚看到胡天亮骑着摩托车回到村里，问他去哪儿了，他只淡淡地说一句"'苦'钱去了"。与村里的其他农户相比，胡天亮家显然还处于发展的末端，但妻子班雅却说，河边村的生活相比过去她成长的村庄要好很多：不会断的电，遍布全村的网络信号，小孩能够获得教育，他们一家四口还能住上政府补贴的好房子。对她来说，这是实实在在地脱离贫困了。

长期患病的冯楚维一家

健康是讨论福祉问题的起点：健康上的差距往往是物质生活水平差距的反映，收入和健康状况又是决定人们能否幸福的两大主要因素（迪顿，2014）。学者原新等人（2005）认为，民众的健康可被看作发挥功能的一种关键性的基本能力和价值，通常情况下，健康被剥夺是贫困的一种表现形式，也是导致贫困的重要原因。在一些贫困地区，疾病成为损害农户生计的重要风险因素，而且农村疾病的主要发生模式已经从传染性疾病转向慢性疾病（李雪萍、王蒙，2014）。

对于河边村的冯楚维一家来说，如果没有慢性病的拖累，生活应该会容易很多。冯楚维和妻子正当壮年，育有两个儿子，家里有父亲分给他们的30多亩橡胶树，还有很大的宅基地，村口的停车场用的就是他家的地。家庭生计资本不差，但是冯楚维患有慢性肾病，妻子雷海燕则患有胃溃疡、妇科病等慢性疾病，两人既无法从事长时间的农业劳作，也基本无法外出务工，家庭生计选择受到极大的限制。

以种植橡胶为例，2021年雷中山家50亩橡胶林收获了28 000元胶水，冯楚维家的30亩却只收了2000元。这主要是由于橡胶林要定期管理，到了割胶季节又需要长期熬夜割胶，非常消耗身体，夫妇俩都没有办法做到，只能从事较轻的农活，收入自然也很不乐观。从冯楚维的家庭主要收入项目（图5-3）来看，如果不计"瑶族妈妈的客房"收入，务农收入和转移性收入是其家庭的两大经济来源，但均处于低水平波动状态。例如，他们家务农收入最高的年份是2019年，也只有7000元。转移性收入主要是种粮补贴、边民补助等保障性福利，尽管逐渐上升，到了2021年已经达到6901元，但对于一个四口之家来说，仅靠转移性收入是难以承担必要的现金支出的。食物的供给仍主要通过种粮种菜、养鸡养猪实现自给自足。2017年客房项目植入后，迅速成为这个贫困家庭最主要的收入来源，尤其在新业态发展良好的2019年，客房收入达到13 200元，占家庭总收入的一半以上；而在受到疫情影响的2020—2021年，客房收入仍然略高于家庭务农收入。

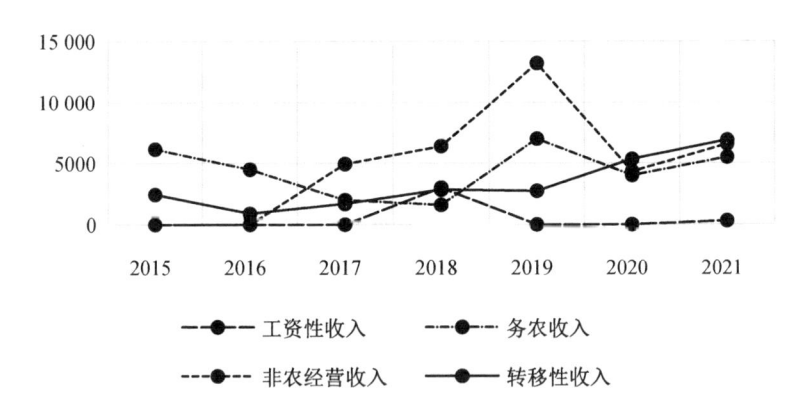

图 5-3　2015—2021年冯楚维家庭主要收入项目变化情况

客房项目对于许多农户来说只是补充性生计，但对于这个家庭而言却是极大改善家庭境况的重要经济来源。因为不像其他产业需要耗费大量的体力和精力，客房管理和服务工作只要妻子雷海燕一个人就能胜任。在客人入住期间，雷海燕每天询问客人是否需要打扫卫生，热情地和客人交流，下雨刮风还会帮客人收衣服，时时关注客人的需求。冯楚维也对这个新增生计项目十分重视，常常会留意村里各家各户的客人安排情况，有一次还因为自己家没有被安排到客人而与合作社发生争执。从图5-4可知，2015—2021年，冯楚维家只有2019年收入大于支出，其他年份都入不敷出，尤其是新业态运营以前，支出远远大于收入；有了客房以后，收支差距得到明显缩小。对于无力开发其他生计项目的冯楚维而言，确保客房入住率，就是确保生计的基本保障。

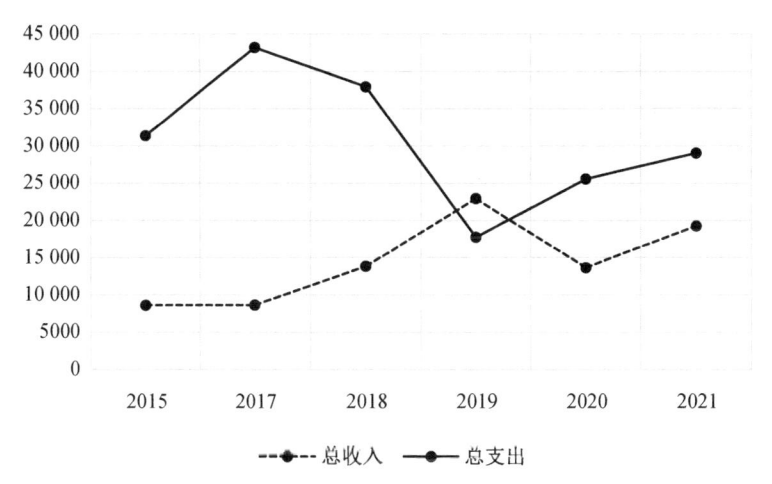

图5-4 2015—2021年冯楚维家庭收支变化情况

慢性病不仅让家庭每年都持续产生医药费用，更重要的是会影响他们开拓生计的信心。例如，由于拥有的土地较多，曾有亲戚在2020年找冯楚维合作种植辣椒，但冯楚维和妻子雷海燕商量后，怕"搞不赢"（忙不过来）就放弃了。到了收获季节辣椒价格空前高涨，达到一公斤五六十元，冯楚维只能无奈摇头。不仅如此，他们对待疾病也是典型的"小病拖、大病扛"心态，入不敷出的生活境况常常让他们拖延病痛，不到非常难受不去看病买药，进一步导致病情加重与延长。在身体病痛的情况下，劳作不断被耽搁，又进一步影响收成。如此循环之下，想要跳出债台高筑的陷阱几乎不太可能。尽管新业态的植入在很大程度上为他们脱离贫困提供了动能，但也只能解决生存性压力，很难大幅度提升他们的生活水平。

冯楚维家是河边村生计困难家庭的一个缩影：这样的生计困难并没有达到影响生存的程度，因为政府提供的转移支付及小农户的农业生产，已经能让这些农户维持基本生存，加上他们又有了安全的住房，因此他们已经不再属于贫困群体，这一普遍状况反映了脱贫攻坚的成果。但是生存已不再局限于"温饱问题"，各种高于温饱线的"生存性需求"越来越需要金钱的支持，而且越来越呈现出刚性特点（斯科特，2013）。因此，满足家庭现金的需要，已经成了河边村村民新的"生存性需求"。从冯楚维家的生计状况可以看出，他们出于健康原因不能经常外出打工补充现金收入，客房收入也在疫情期间受到很大影响，又没有资金和勇气投资冬季蔬菜的种植，无法把握机会。其实他们所患的疾病仍然属于常见的慢性病，如果好好就医、按时吃药、注意饮食卫生，是有可能治好的。但对疾病的认识不足加上生活条件的限制，导致他们无法得到适当的休养，不断拉长与病痛对抗的战线，最终使一家人的生产生活停滞不前。无论是在国家脱贫攻坚还是乡村振兴的战略背景下，疾病都是最常与个体生计困境相联系的因素。2015年国家卫健委统计数据显示，44.1%的贫困人口是因病致贫、因病返贫，即使当前农村已经实现整体脱贫，疾病也最可能成为触发返贫的因素。健康的人力资本有助于提高农民的劳动参与率、增加其劳动时间，从而提高劳动收入（王翌秋、刘蕾，2016），对于河边村的个体化的小农群体而言，健康的劳动力仍然是至关重要的生计资本。

节衣缩食的蒲成昌

蒲成昌一直介意自己没有评上贫困户。前几年，村里轰轰烈烈开展各种建设时，他曾经有过很多抱怨。他搞不懂为什么像他家这样土地少、劳动力少的农户不能被认定为贫困户。他看到镇政府的人来到村里给贫困户发了小猪，医保钱交得少，除了易地扶贫搬迁补助的6万块外，贫困户还能额外拿到4万块的建房补助，而自己这种非贫困户只能拿到额外1万块的建房补助。他说，原本大家都是商量好的，贫困户只是得到资格，多得到的补助需要平均分配给非贫困户。可是，随着大家陆陆续续开始建房，每家每户的验房时间有差异，拿到补助的时间也不同，平均分配的事情就这样拖着拖着没有了音信。蒲成昌觉得不平衡，他希望每家每户都能得到一样的待遇。他说自己没有上过一天班，不会争取待遇，所以好事永远不会落到自己的头上。

事实上，贫困户的资格在建设初期的很长一段时间内一直是河边村农户关注的头等大事。随着2014年政府提出"精准扶贫"概念，强调通过建档立卡来对贫困户进行精准识别、帮扶、管理和考核等，将扶贫瞄准机制从村级精确至个体，提升政策实施精准度和扶贫效率。农户发现过去贫困户很难拿到实质性好处的情况有了极大的转变：基本上所有政府推动的项目如建房、医疗等都会对贫困户有更多帮扶倾斜。2015年之前村里开会确定贫困户时，很多人都不了解而没有参加，2016年建档立卡"回头看"时，发现贫困户都是村干部，于是村里又重新开会确定贫困户，最终结果是较原先的12户贫困户增加了7户。第二次村民大会集中评议出最为困难的10户，这10户经过镇政府核查，又按照硬性指标剔除了3户。① 蒲成昌这样的家庭，虽然确实困难，但由于全村普遍困难，因此最终入选的主要是面临特殊困难的家庭，如家里有人生重病或是多个小孩上学负担重等。蒲成昌家还算不上有特殊困难，因此也没评上建档立卡贫困户。

　　蒲成昌和妻子还有两个上小学的孩子偏居在河边村北岸东边一角。蒲成昌话很少，刚开始的时候他没有智能手机，也没有微信，村里很多消息他也不能及时知道，时间久了，他也很少主动参与村里各项事情的讨论。蒲成昌的妻子叫唐笑笑，不会骑摩托，也不会说汉语，还患有慢性病，这很大程度上限制了她像村里其他妇女一样到周边村寨去打农业零工。

　　蒲成昌一开始乐于发展客房项目，他说自己土地少、劳动力不够，两个小孩都需要上学，只靠干农活没有出头的日子。但建设过程中，他渐渐发现自己有点"跟不上"：有些盖房子的工作他会做，但还有一些活他不会干，只能花钱请工，政府补助的6万元的建房款花得差不多了，房还没建好，只好又向易武的亲戚借了1万元。邻居家盖的房子占了他家的地，但是房子已经盖起来了，虽然起了几次冲突，他也只好妥协，将自家的房子盖得小一点。看到有的村民家已经迎来了客人，有了客房收入，他心里有点着急。他安慰自己，实在没钱的话，房子也只能盖到哪算哪。有了钱再搞客房，没有钱的话他就把自家房子盖好，让家人有地方住。他经常为资金发愁，也错过了一些补贴。比如卫生间的建设，补贴要盖好再给，他说他一点钱都拿不出来，实在是盖不了卫生间，最后也只能不盖了。

　　"河边实验"的初衷是不落下任何一人，但是在实施过程中，农

---

① 有些农户的子女在国家公职机构（如邮政所）上班，虽然是临时工性质，且家庭收入确实在贫困线以下，但也遭到了剔除。

户自身的发展条件和外界给予的支持力度仍然有所差异。蒲成昌家的客房勉勉强强建了起来,但刚开始还没有达到对外营业的标准。"瑶族妈妈的客房"试运营期间,多次安排作为"内部人"的项目人员入住蒲成昌家,以尽可能帮助其增加收入。但有时住得久了,项目人员会形容自己"脸都绿了",因为蒲成昌家的饮食基本以唐笑笑采摘的野菜为主,很少外出购买肉食,这也侧面反映出他们家确实是节衣缩食。

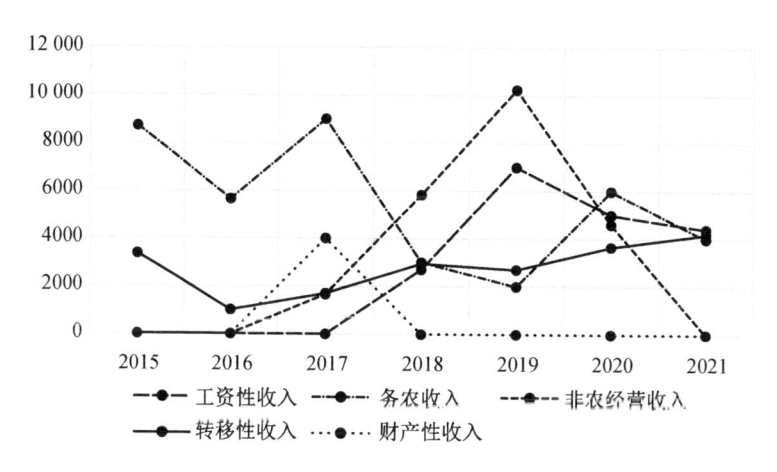

图 5-5 2015—2021 年蒲成昌家庭主要收入项目变化情况

蒲成昌家是河边村收入较低的农户,2020 年,算上家中还有两个仍在上小学的孩子,全家人均收入仅为 4813 元。2015—2021 年期间,他家的收入很少超过 2 万元,只有在 2019 年客房收入超过 1 万元时,家庭总收入才首次突破 2 万元。2020 年新业态遭遇挫折后,蒲成昌家的收入水平重新回落到 2 万元以下。尽管新业态遭到重创,但 2020 年他家的收入并未出现大幅度的下降,这主要得益于夫妻二人尤其是蒲成昌在附近打零工的收入。我们驻村期间,蒲成昌经常骑着摩托车外出挑香蕉①，以帮助家庭应对教育、医疗等刚性支出。

蒲成昌能够在市场中获得的现金有限，所以他尽量通过自家种植来覆盖农业生产成本。他每年能从自家的 6 亩玉米地收获 3000 多斤玉米，这些均用来作为冬瓜猪和杂交猪的饲料。2020 年受到自然灾害的影响，蒲成昌只收获了正常年份一半的玉米量，影响到了猪的饲养。蒲成昌觉得，自己今后最重要的收入来源将是养猪。他的这一养殖取向实际上是对现有资产（农场或土地）的保守经营策略（费孝通，2012）。

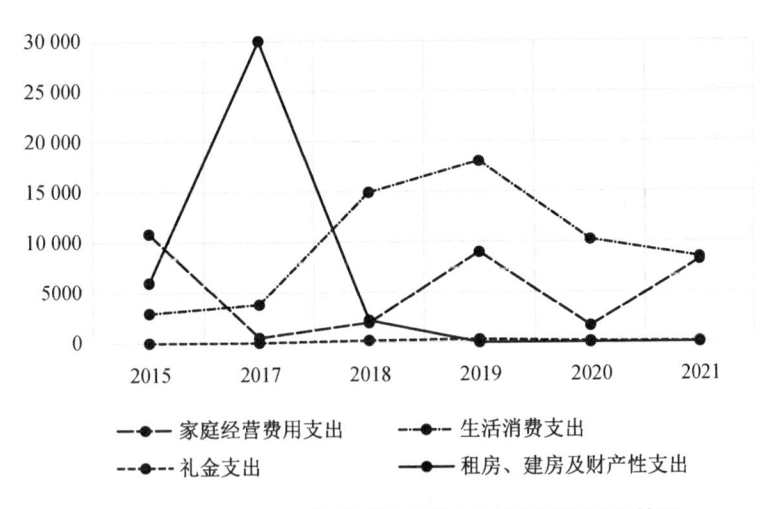

图 5-6 2015—2021 年蒲成昌家庭主要支出项目变化情况

由于唐笑笑患有慢性病，两个孩子都在上学，为了方便照顾家人，蒲成昌外出打工的时间大大缩减。在无法拓展新生计来源的前提下，蒲成昌家选择的生计策略是尽量减少非必要的消费支出。2020年蒲成昌家的支出主要集中在生活消费和家庭经营费用上面。2020

---

① 关于挑香蕉这一工种会在第六章案例中详细介绍。

年生活消费支出共 10 232 元，主要花费在小孩的教育费用、家人的医疗费用以及通信费用上。其中，两个读小学的孩子每人每年的教育及相关生活花费在 2000 元左右，加上送孩子上学的汽油费等，教育相关支出构成了蒲成昌家最大的生活消费支出类别。另外，妻子因患妇科疾病，到医院就诊后没有显著疗效，就开始按照瑶族老方抓草药来调理身体，一年抓药支出为 2000 多元。像很多其他农户一样，蒲成昌家的通信支出为 2040 元，构成了家庭日常开销的主要部分。偏远村庄可供选择的通信服务较少，因此通信费用很难进一步缩减。蒲成昌家的日常生活消费很低，每年在食物上的支出不足 100 元，烟酒支出也几乎没有，他说自己很少在外面买米买菜，更别谈买肉了，饮食基本自给自足。总的来说，教育和医疗是蒲成昌家最大的生活支出类别。

2020 年的疫情冲击让蒲成昌对客房项目的未来走向产生了较为悲观的预计。于是，2021 年起，为了能够通过增加务农收入来弥补客房收入的缺口，他大大增加了生产性资料的投资，花费了 6200 元购买种子、化肥和农药等，并花 2000 元购入了小猪崽。但是，2021 年由于市场等复杂因素，务农收入并没有像他预期的那样增加。对于很多穷人来讲，他们的生活充满了风险，以至于面对新冠疫情这样的风险时，他们也能坦然接受。就像《贫穷的本质》说的那样："全球经济危机的确增加了穷人的风险，但对于他们每天需要面对的全部风险来说，这并不算什么。即使没有令世界银行担心的全球危机，情况也会是这样。"（班纳吉、迪弗洛，2013：121）蒲成昌一家似乎就是这种情况。他习惯了低水平的收入和低水平的开支，遭遇风险时，他又退回到小农最为熟悉的生产领域。

老队长的晚年生活

住在村口的冯云照,算是河边村最为"重量级"的人物之一。河边村迁移到现在的地址后,在长达20年的时间里,冯云照一直是河边村的队长。① 我们进入河边村时,他虽然已经从队长的位置上退下来,但仍然是我们工作中依靠的骨干成员之一。这一方面是因为他对于村庄整体情况非常了解,他曾经说"土地是河边村一切矛盾的根源",提醒我们注意易地搬迁涉及的宅基地调整可能导致的冲突;另一方面则是因为他所在的冯家在村里颇具影响力,他育有6个子女,都集中住在进村口,"河边实验"的推进需要争取他们的支持。

一开始,听说我们要利用进村口的一块平地(冯家的土地)为新业态产业配套建设停车场和会议室,冯云照持强烈反对意见。长久以来,这片土地都被冯云照及其子女用于生产生活。冯云照说,20世纪90年代,一些农户沾染上大烟,无力从事生产,村庄大概有一大半的家庭都处于吃不饱、生活极度困难的状态。由于自己勤劳肯干,最先搬迁到河边村现址,因此将村庄周围最近的田地开垦出来。这些土地易于看护,方便发展养鸡、冬季作物等产业。因此,当我们打算将位于村口的土地进行改造,建设适应新业态发展的配套设施时,不出意外地遭到了整个冯家的反对。

冯云照家在村里算是大家庭,他有4个儿子、2个女儿,老两口现在和大儿子冯楚柱一起生活。冯云照与妻子年纪大了,这几年都开始患病,几乎没法从事农业生产活动。冯楚柱是个单身汉,曾做过代课

---

① 河边村是一个仅有200多人的自然村,在以前就是"生产队",所以大家一般叫"村小组长"为"队长"。在此我们沿用了村里人的习惯叫法,称冯云照为"老队长"。

教师、辅警、橡胶技术宣传员、茶叶种植员。经历生计探索的失败后，冯楚柱曾到老挝赌场赌博，欠下3万元赌债，最终借钱还清赌债。他戒赌后回到家，又尝试养过猪和鸡，但都没能够成功，还欠了信用社2万元贷款。经历种种失败以后，2012年底冯楚柱被诊断为轻微抑郁症，无法从事重体力生产劳动。冯云照家虽然有3个成年人，且没有未成年人要抚养，但由于实际劳动力的缺乏，家里反复遭遇生计困难。

冯云照家的收入在村里处于低收入水平，他家的收入结构也非常简单。因为劳动力限制，冯云照家2015—2021年都没有工资性收入。一些研究指出，工资性收入对于农村家庭收入不平等的贡献率最大（江克忠、刘生龙，2017），高收入群体工资性收入的绝对值远大于低收入群体（叶兴庆、殷浩栋，2022）。实际上，工资性收入的缺失导致冯云照家一直处于低收入水平。冯云照和老伴年纪较大，只能从事较为轻体力的劳动生产。他们在家附近圈了一块地用于养鸡，需要用钱时，将鸡送到山下的市场售卖，零零散散不成规模。尽管这些鸡不能帮助他们从市场获得较为充足的现金，但至少能够在一定程度上满足他们对于生活改善的需求。每当家里来客人时，冯云照就会提前一晚去鸡圈捉鸡，用于宴请客人。

"河边实验"首先着眼于提升农户的家庭生计。在实验初始阶段，我们设计了"雨林鸡蛋"的微电商项目，由村里的年轻人收购村里"土飞鸡"的鸡蛋，通过互联网的平台将鸡蛋销售到城市的高端市场，帮助农户创收。2016年，"雨林鸡蛋"一上线就获得了很好的销量，并处于供不应求的状态[1]，来自热带雨林腹地的"雨林鸡蛋"卖到10元一个。冯云照是河边村养鸡最多的农户，也成为从这

---

[1] 为了帮助农户树立发展产业的信心，也为了短时间内提升他们的收入水平，初期购买"雨林鸡蛋"的客户更多是和扶贫团队有关的人员，但这助推了项目的发展和扩大。

个项目中受益最大的农户，仅2016年他就获得了1万多元的卖蛋收入。他做梦都没有想到，自己家母鸡产下的土鸡蛋变成了这么值钱的"金蛋"。由此，冯云照对扶贫项目的态度也逐渐改变。

2016年，冯云照也开始着手建造自己的房子。建造过程中，因为他的技术并不熟练，导致木梁上打了很多废洞，之后只能请师傅来改木料。有一次我们去的时候，冯云照正在用旧木板画门。他向我们提出，同意将自家的土地用于建设"河边会议室"和停车场。经过商议，双方最终决定，项目团队出资建设会议室和停车场，会议室将来对外营业收取费用，营业收入的90%归村集体所有，10%归冯云照所有。停车场不收费，所以不涉及分成。2019年1—7月，河边村的客房迎来面向市场的阶段，有几场会议和论坛在会议室召开，冯云照也因此得到了1682元；到2019年底，他又获得一次740元的分成。尽管会议室的分成收入相比于客房收入来说显得有些微不足道，但是冯云照仍然感到满足。他说自己对河边村的发展也做了点贡献，钱多钱少并不是最重要的事。

近年来，冯云照的身体逐渐变差，2018年一次肺结核后，他几乎很少下楼，很难再像过去那样作为一个家庭的"顶梁柱"，仅靠务农收入维持生计是很困难的。2018—2019年，"瑶族妈妈的客房"每年为冯云照提供六七千元的收入，很大程度上缓解了劳动力不足导致的增收困难问题。

2020年冯云照家总收入近16 000元，其中务农收入最高，占到总收入的近4成。冯云照家的农业生产收益全部来自橡胶，2020年其割胶收入为6200元。虽有60亩橡胶林，但其割胶收入却远低于其他拥有类似规模橡胶林的农户。① 这主要是由于冯云照夫妻两人年纪

---

① 参考其他农户割胶收入，若家庭劳动力充足，60亩的橡胶地一年割胶收入在3—5万元。

大无法劳作，大儿子冯楚柱身体也不好。冯云照与外地来的哈尼族人签订了为期30年的合同，约定平时橡胶地都由哈尼族人打理，等到割胶时节，冯云照家与他对半收割胶水，各自去市场售卖获得收益。① 因此，冯云照家实际割胶收入只来自其中的30亩橡胶林。且由于最佳割胶时间为凌晨两三点，而冯楚柱因病无法保证在这个时间割胶，因此很难进一步提升收益。也就是说，尽管冯云照家的生产资料充足，但由于劳动力限制，只能使用一半的生产资料。

2020年，冯云照家第二高的收入是5000多元的转移性收入，占到家庭总收入的34%。转移性收入主要包括三个人的边民补贴3000元和种粮补贴725元。此外，冯云照夫妻两人的养老金有1600元，此项收入相对稳定，对家庭的收入起到兜底作用。客房收入占到总收入的第三位，2020年客房收入为4289元，比2019年的7300元下降四成左右。2020年疫情开始后，新业态发展遇冷，对于冯云照一家来说，他们不仅客房收入大幅减少，会议室的分红收入也迅速下降，这对生计渠道非常有限的冯云照家影响很大。

目前，冯云照夫妇的生计相对稳定，务农、新业态及转移性收入支撑起全家的基本生活，社会性支持（斯科特，2013）对其晚年生活也发挥着重要的补充作用。政府的转移支付为冯云照夫妇的晚年生活提供了重要的生计保障，无论是养老保险还是边民补贴等，都对已经丧失大部分劳动能力的老年人起到关键的现金补充作用，使得他们在自给自足的小农生活之外还能有向市场寻求和购买服务的基本能力。在河边村这样一个生产生活仍很大程度遵循小农传统的乡村社会，子

---

① 与冯云照签订协议的哈尼族人原先住在红河县，因为人多地少便离开家乡，在勐伴镇的山林中暂时居住下来，为当地人打理林地，再按照一定比例进行收益分成。这种情况在当地很常见。

女的"在场性支持"往往是解燃眉之急的最可靠力量。6个子女就住在他们的周边，在老两口需要时能够很快响应需求：大女儿冯琴常来帮助母亲处理生活琐事；小儿子冯楚池是村干部，有固定收入，不仅经常接济父母的生活用品，还开车带老人外出就医；开便利店的冯楚万也会时常帮父母采购商品。此外，当过村干部的冯云照在乡村社会有着不错的声望，无论是建房还是生病时，都得到大家各种形式的帮助。乡土性的福利实践与现代国家的福利政策，共同构成了对冯云照这样的乡村老人的生计安全保障。

竹编手艺人的失落

很多人可能不知道篾匠，但一定使用过篾制品——米筛、簸箕、筲箕、凉席、蒸笼、鸡笼等，这些用竹子编成的篾制品经久耐用，是传统农耕文明社会里必不可少的器物，正如俗话所说："竹刀拿得起，不怕没柴米。"竹编作为几百年传承下来的老手艺，曾经是一条难得的谋生之道。但是今非昔比，这条传统的谋生之道已不见往日光辉。不过河边村有一位老人仍然在守护这些技艺。

这位老人叫赵守心，家里有4口人——他和老伴以及2个儿子。他家在村里的篮球场对面，来到河边村的人只要走到这里，目光就会被赵守心吸引——这个瘦小的老人时常坐在家里一层的空地上编制竹制品。篾匠活很辛苦，赵守心自己也念叨过，但他还是喜欢。砍、锯、切、剖、拉、撬、编、织、削、磨，篾匠的基本功他从14岁开始就样样都练得扎实。一把背厚刃薄的锋利篾刀攥在手里，竹条就会被他劈成一条条指宽的竹片，然后在粗大又灵巧的手指下变成竹凳、竹筐等篾制品。

赵守心还记得刚搬来河边村时找竹子很难，往往天不亮出去，到晚上才能回来。那时候他担心以后年老了腿脚不便，找竹子更困难，于是在1996年和村里其他几个人分头种了一些竹子。20余年过去，小竹苗长成了挺拔的翠竹，赵守心的篾制品也做得有模有样。他还会主动去学习别人的编制技巧：有一次赵守心看到傣族放仪式祭品的小竹桌，觉得精巧方便，他便买来拿回家学习，编一道比对一下，再编一道再比对一下，就这样一点点学会了傣族的编织技巧。这位年近花甲的老人成了村里有名的手艺人，常常自豪地告诉其他人："这种编法别人都不会，是我自己研究出来的。"

虽然赵守心的篾匠手艺在河边村无人能及，但却没有给他带来收入的增长，一家人维持着简单的农业生产，后来在扶贫干预下增加了客房项目。原因大致有三个方面。

第一，他所制作的篾制品工艺价值低。从制成品角度看，赵守心家的篾制品主要停留在实用价值上，还未达到产生工艺价值的水平，通俗地讲就是市场价值较低。他的篾制品品类少，样式也较为普通，基本就是竹凳、竹筐和簸箕，不像湖北、江西等地一些更为商品化的篾制品那样品类丰富，且达到工艺品的标准。

第二，其工艺行为本身并没有转化成为商品，因此无法带来经济收益。工艺民俗的非物质性包含着工艺行为、工艺知识和工艺观念这三个重要层面，它们由特定的习俗需求所孕育，其表达融合于习俗生活的实践，其维续依存于习俗生活的流动（黄静华，2010）。游客来村参观时，合作社有时会根据游客的行程安排瑶族文化体验，这种体验本身是一种工艺行为展演。在体验活动时，村民通过展示传统手工艺和民族文化的机会来打开自己产品的销路，例如通过展示养蜂和手绣技术，来销售蜂蜜以及瑶族妇女手绣的传统衣服、帽子和背包。每次有体验活动时，赵守心都会被邀请现场编制竹筐和板凳，并请游客一起体验编织活动。由于竹编产品不便携带，游客往往重在体验而很少购买，但展演过程本身难以商品化，因此这一过程没能为赵守心带来经济收入。

第三，日常篾制品的市场已经明显萎缩。从销售角度来看，赵守心的篾制品主要为日常劳动或生活用具，未能形成有效的卖方市场。首先，河边村年纪稍大的人都会编竹筐，哪怕不够精细也不妨碍使用，不可替代性或者说稀缺性较低，因此真正有使用需求的人几乎不会向他购买；其次，竹制品经久耐用，较长时间内都不用更换，重复购买率低自然抑制了销售量；最后，由于篾制品制作程序繁杂，花费人工较多，因此成品定价明显高于工厂制品，超乎实用主义购买者的预期。以编制一个簸箕为例，篾匠需要经过砍竹子、削竹片、泡竹片、修竹片、编制、晾晒等一系列工序，哪怕每天投入五六个小时编制往往也需要花费一周时间。一个如此耗时的纯手工簸箕售价为150元，在新生代农民看来很不划算，因为这要花掉一个壮年劳力一天的工钱，他们宁愿购买价格低廉的机器制品。

与之形成对比的是村里的另一位手艺人胡瑶财，他制作的瑶族传统织布机却成为新的收入增长点。胡瑶财抓住传统民俗与民族服饰复兴的市场心理，为周边民族村落提供订单式服务，既可以确保销售，又能提高织布机成品价格，手艺回报率较高，从而有效提高收入水平。胡瑶财的生产模式类似于手艺人作坊，依靠手艺的生产力，主要面向熟人社会，与消费市场联系紧密（邱春林，2010）；而赵守心一家的社会网络不如胡瑶财广泛，加上手工篾制品行业本身的结构性障碍，使其无法如前者一般实现手艺市场化的有效转型。

依靠竹编无法维持生计，赵守心一家只能维持着简单的农业生产。2015年赵守心家的总收入为24 618元,其中务工收入6000元,务农收入10 000元,其余均来自转移性收入。2016年甘蔗几乎绝收,砂仁收入也仅有1200元,再加上由于盖房需要劳力,儿子们也不出去打工了,导致务工收入减少,全年家庭总收入仅为5300元。2017年砂仁收获3000元,卖了一头猪4990元,加上转移性收入,家庭总收入为10 690元。2018—2019年,随着"瑶族妈妈的客房"项目的运营,赵守心家依靠客房收入实现了家庭收入的提高,这两年客房分别创收7500元和11 950元,成为家庭收入的重要组成部分。但2020年以后受疫情影响,客房收入锐减,两个儿子也几乎没有外出打工,赵守心家全年总收入又跌落到13 000余元,2021年家庭现金收入只有7744元,几乎回到自给自足的生存性状态,国家的转移性收入成为最主要的收入来源(图5-7)。

造成这一生存型生计状态的原因除了赵守心的手艺无法实现市场化转型,还有其家庭成员由于自身发展能力不足而没有为家庭生计带来有效的提升。赵守心的妻子只会说瑶语,一直没有学会使用普通话,加上年纪太大,无法像其他妇女那样到附近的村子打零工,只能在家中饲养牲畜,帮助赵守心打理农田。而赵守心结婚晚,过了花甲之年大儿子却只有26岁,小儿子22岁。两人初中辍学后,主要流转于县城里的餐馆、KTV等处当服务生,但因工作不稳定、工资水平低以及消费较高,兄弟俩的收入往往无法满足自己的开支。2018年是他们务工收入最高的年份,两人合计有12 400元,但这一年的务农收入很低,是客房收入提升了整体收入。赵守心夫妇已经干不了重活,只能养点鸡和猪,并通过客房服务增加点收入。从家庭的各项收入的年度变化来看(图5-7),务工收入与务农收入基本呈现反向变动趋势,也就是说,只要儿子外出打工,家里的农活就会发生停滞,家庭的劳动力分配呈现捉襟见肘的情况，各种生计此消彼长，整体收入一直处于较低水平。2020年后疫情导致服务业严重受挫，两个儿子找不到工作，选择在家里种南瓜。无奈的是，2020年南瓜的价格仅有0.8元/公斤，且没有老板进村收购，赵守心的女婿帮忙拉了3吨南瓜去镇上卖，最后剩下2车拉了回来，说："价钱太低了，还不如拉回来喂猪。"

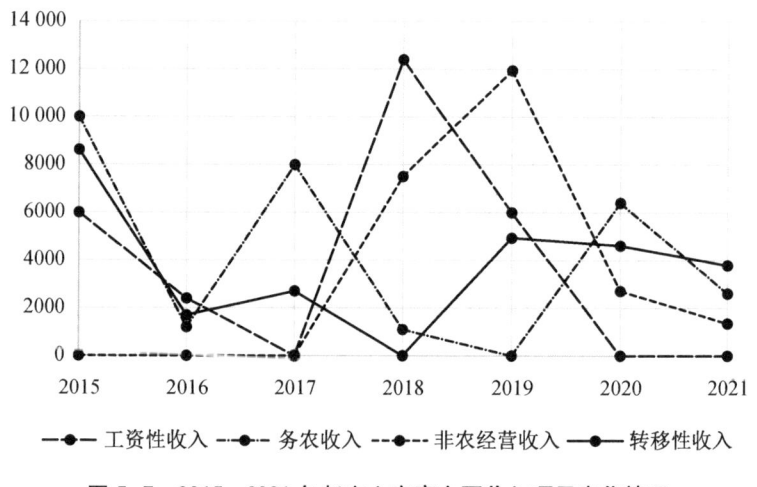

图5-7　2015—2021年赵守心家庭主要收入项目变化情况

在收入得不到提升的情况下，赵守心家庭的消费也只能维持在较低的水平。除了2017年建房和2020年疫情居家以外，其余年份一般在2万元上下波动。其家庭支出主要集中在购买粮种、鸡苗、鱼苗、肥料和农药等家庭经营费用上。由于竹子从竹林中砍伐即可，因此赵守心不需要支出篾制品上的基本经营费用。在生活消费支出上，赵守心夫妇十分节俭，基本维持着自给自足的状态。日常的食物都是自己种植或到山上摘得，猪和鸡也都是自己养殖，从未到市场上购买，连油盐酱醋都使用得极为节约。在家庭收入乐观的2018年食品支出达到 2080 元，而在外出受限的 2020 年食品支出只有 200 元，大部分家庭支出其实是用于儿子们在外打工的交通费、通信费和烟酒费。赵守心自己也常年抽烟，不过都是用廉价烟丝自卷的水烟，他最惬意的状态是一边编竹器，一边用竹筒抽着水烟。

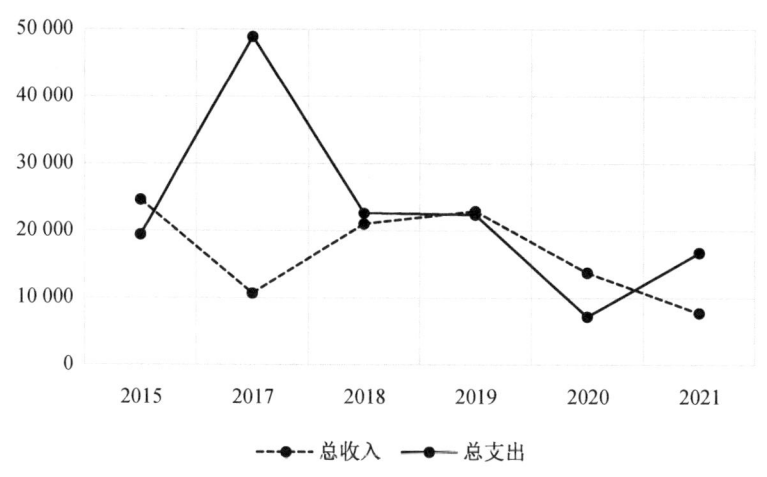

图 5-8　2015—2021 年赵守心家庭收支变化情况

就这样，赵守心一家保持着低收入低消费、近乎自给自足的小农生产生活方式。现在家里已经积攒了许多竹筐和竹凳，赵守心说，如果没有人购买，他就留给儿子结婚后用，每一样竹器都可以用上几十年。只是两个儿子虽然到了适婚年龄，却因为经济条件较差很难找到结婚对象。家庭未来的生计已经无法通过赵守心来突破，只能寄希望于两个孩子后续的奋斗与发展。传统手工艺在现代技术发展和社会变迁中遭遇种种生存和发展危机（龚建培，2006；王明月，2018），尤其是在工业化大生产的挤压下，传统手艺人如果无法找到对接现代需求的突破口，往往只能面临失落的结局。在生活中，赵守心的篾匠编织工作似乎更像一项精神性活动，就像他自己说的，"我就是喜欢编竹子"。

离开土地的生计

按照河边村的传统，父母一般会跟着最后成家的孩子一起住。在河边村最高处一层的西侧住着赵远山一家，长子赵边疆已经成家，女儿也已经外嫁，只剩下小儿子赵边关和父母住在一起。赵远山夫妇年事渐高，已经无法再从事重体力劳动，家中的地大多托付给长子赵边疆一家种植，而小儿子赵边关则以打工支撑起全家生计，整个家庭呈现出脱离土地的生计形态。

赵边关今年29岁，和村子里同龄的年轻人一样，他一直对种地没有太大的兴趣。在农村或者附近的乡镇寻找非农就业是这些年轻人的优先选择，有些人也会尝试出远门到沿海的城市打工，大多数年轻人都是在尝试过上述两种打工模式后才回到村庄务农，这与许多学者对中国农村劳动力就业意愿研究的结论一致（Zhao，1999；蔡昉、王美艳，2007）。2014年，赵边关在大哥赵边疆的介绍下前往勐仑镇的一个修车厂当学徒。修车行一开始生意惨淡，半年的时间里赵边关只在一台皮卡车上动手修理了发动机。2015年，随着老板新店的落成，赵边关的工资从800元/月涨到了1800元/月，因此图5-9中2015年的工资性收入基本都是他的贡献。由于和老板带点亲戚关系，老板不按时发放工资的日子里，赵边关没钱吃饭就找老板要几百块钱，不够再要。新的修车行生意也不见好，赵边关就和老板商量把店里正在出售的旧皮卡拿给他抵工钱。2016年初，听闻"河边实验"开始，赵边关开着那辆标价8000元的旧皮卡回到村里盖房子。

赵边关是家里修建房子的主力，大哥赵边疆已经分家出去，但也

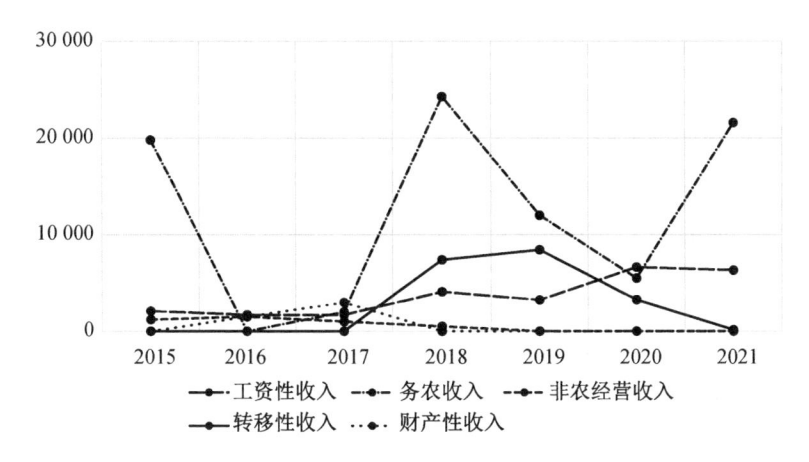

图 5-9　2015—2020 年赵远山家庭主要收入项目变化情况

会帮忙，因此盖房子没有遇到很多困难。只是在 2016—2017 年，全家人的重心放在盖房子上，赵边关这个家里唯一的劳动力没有出去打工，全家的收入骤降。2018—2019 年，随着客房的落成和游客的到来，赵远山家开始出现非农经营收入，有了新的生计来源。由于赵边关大部分时间仍然在外务工，新业态主要由赵远山夫妇管理。合作社总经理胡东尚还记得有一次安排客人到赵边关家，但客人到村后觉得赵边关家太远要求换房。胡东尚为了补偿又把新客人安排到他家，却发现客房完全没有收拾。后来，由于通往客房的木头梯子被蚂蚁破坏，赵远山老两口也一直未进行修复，很大程度上影响了客房的入住率，在疫情期间客房基本无人入住，这使得赵远山家的非农经营收入持续下跌。

对于赵远山而言，家中长子虽已成家并分立门户，但仍然会帮着种水稻提供口粮，再加上国家的兜底补贴，两位老人在家的基本生活是有保障的。女儿离婚后长期在江浙地区务工，按月均 4000 元的薪酬计算，她一年可以获得近 5 万元的收入。尽管在当地花销也很大，但是多少还能寄回家里一些。作为长期在家中的唯一劳动力,赵边关的收入情况直接决定了家庭生活品质的高低。自从建完房子后,赵边关没有再跑到外面去打长工,而是就近找些零活。他打过很多份工:在村里修挡墙时被外面的老板雇佣干活,到景洪的工地里钻孔、开装载机、做材料,去电子厂打过"每天都在犯困"的流水工,还去当过外卖员。尽管很多老板表扬他做事认真,但因为学历限制一直没有能够得到晋升。非正规就业的边缘性和脆弱性使得赵边关始终处于一种不稳定的状态。2020年3月,赵边关打工的KTV因疫情关停,失业的赵边关再次回到家中开始了赋闲的日子。一旦非正规部门受到经济周期中哪怕轻微恶化的损害,其就业群体就会容易陷入贫困化,这也是非正规部门的脆弱性所在(金一虹,2000)。赵边关回家一闲就是一整年,使得2020年家庭人均收入跌落至3700元。"离土"的赵边关完全暴露于市场风险之中,长期远离农业加之疫情后就业机会减少使得他也找不到什么活做。直到2021年,他被亲戚拉到靠近勐伴镇的一个修车厂继续干维修工,才脱离了在家无所事事的状态,工资性收入的增长也直接推动了家庭总收入在2021年的又一次增长。

贺雪峰(2013:Ⅱ)认为,中国农民家庭的收入,大约一半来自务工,一半来自务农,绝大多数农民家庭既有务工收入,又有务农收入,并将这种模式称为"以代际分工为基础的半工半耕的生计模式",即年轻子女进城务工,年老父母在家务农,这是中国农村劳动力再生产的模式。但对于赵边关一家来说,随着父母年龄增长,他们已经无法担负繁重的农业劳动,因此从2015年开始,赵远山家本就不高的务农收入逐年下降,从2019年开始归零。这个家庭的生计模式已经完全转化成为父母主要靠转移性收入维持基本生活,年轻子女通过务工提升家庭生活品质。他们已经脱离传统小农依靠土地的生活方式，而逐渐把自己的生活暴露在市场风险之中。这一生计方式在数据上体现为两个特征：其一，收入受就业等外部市场影响较大，表现出极强的不稳定性。从图5-9可以看出赵远山家近年来总收入的变化主要取决于工资性收入的变化，即赵边关的务工收入变化。疫情导致娱乐性场所关闭和游客大批量取消行程，直接导致赵远山一家的支柱性收入锐减，体现出他们依赖外部市场的脆弱性。其二，生活消费支出较高。从图5-10可以看出，除2017年因建房出现的大额支出外，赵远山家主要支出集中在生活消费支出。以2020年为例，赵边关家的总支出为18 640元，生活消费支出占家庭总支出的9成。仔细算下来发现：仅赵边关一人，一年光抽烟就支出了4200余元；家中三人都使用手机，全年通信费用达到3120元；赵远山的妻子患有肝结石，医药费用一年加起来有2000多元。赵边关也坦言，外出务工的时候自己生活费花得比较高，经常会和朋友一起晚上去吃烧烤、唱KTV或者去酒吧。

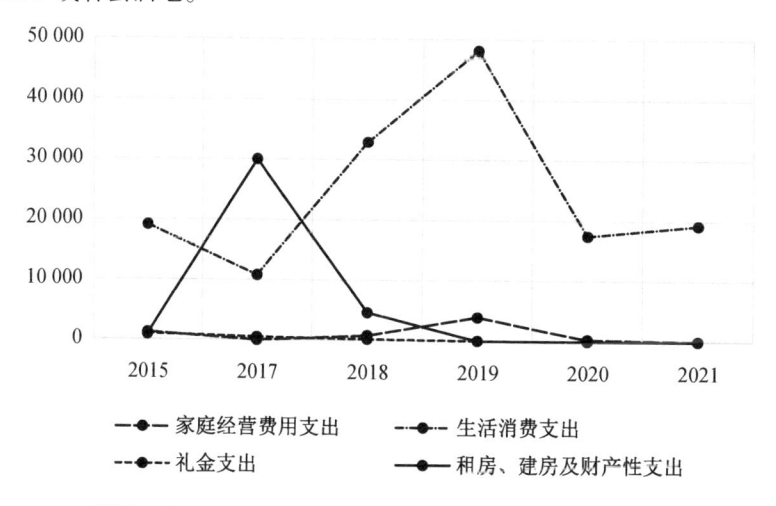

图5-10　2015—2020年赵远山家庭主要支出项目变化情况

这也是河边村很多未成家的年轻人的常态，他们因为学历等因素无法越过结构性门槛，因此在收入上一直处于低水平，只能学习以经验为主的技术，比如修车、木工等。但随着学徒制的逐渐消失，想要从"小工"晋升为"师傅"对现在的年轻人来说难上加难，因此大多数人在成婚之前往往只能像赵边关这样"什么都干，累死累活，收入不高"，等到成婚之后再回归家庭专心务农，仅把"技能"当作闲时补贴家用的方式。但是在消费领域，已经从手机、互联网等渠道接触到消费主义文化的年轻人，虽然在相对封闭的乡村里只能用喝酒抽烟以及手机娱乐作为业余生活的重要消遣，但一旦到了乡镇就很难逃避更为丰富和昂贵的娱乐消费，如酒吧、KTV 等。这一方面是由于个人消暇的需要，另一方面也是出于城市更加丰富的社交需求。但最终落在生计上的结果就是高收入伴随着高支出，以至于存款很少。在没有债务的情况下，这样的生活也只是小心翼翼、如履薄冰，只盼着没有风浪。

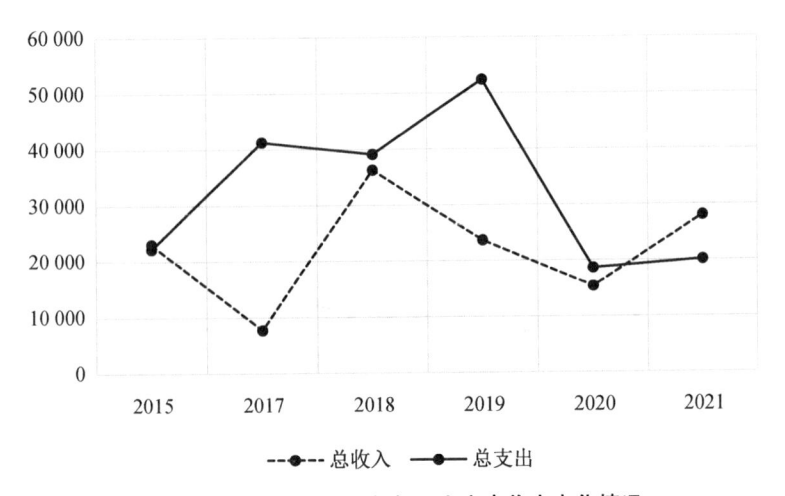

图 5-11 2015—2020 年赵远山家庭收支变化情况

教育拖累的唐进明？

走过村口的小桥，迎面而来的是两栋美观的干栏式木房，分立在主景观道的两侧，右侧是老支书雷中山的房子，左侧是唐进明的房子。这两户人家原本有着非常相似的家庭结构和发展经历，都是夫妻二人育有一儿一女，只是雷支书是大儿子、小女儿，唐进明是大女儿、小儿子。2016年，这两家的女儿还同时考上大学，成为河边村的骄傲。扶贫项目启动时，两家人都被选入贫困户名单，得到一样的扶贫资金支持，都建起了"瑶族妈妈的客房"。五六年过去了，雷支书借助"河边实验"的支持，开起了餐厅，儿女都返乡工作，农忙时也能帮家里劳作，消费水平明显提升。唐进明的家庭经济却还是原来的样子，以农为本，女儿大学一毕业就嫁人，儿子初中辍学后在县里打了几个月工，因为工资太低回家赋闲，对农业生产贡献很少。老夫妻俩基本上维持着原来的生计结构，儿女的长大没有给家庭带来多大的变化。

在2015—2016年的时候，唐进明家的务农收入在村里算得上中上水平，当时全村平均务农收入约为1万元，他们家已经达到1.6万元。那时候大女儿唐秀芊读高中，儿子唐贤健读初中，周末回家都能帮忙干点农活。成绩优秀的唐秀芊在"青年创业小组"成立时作为唯一的女成员，活跃在扶贫项目中，成为电商示范项目的主力。唐进明是地地道道、沉默寡言的农民，每天一早就骑着摩托车到地里、到山林、到鱼塘，带着粑粑或米饭，一待就是一天，天黑才回来。唐进明的妻子也总是安安静静地在家门口做着简单的针线活，在固定的时间做饭、喂猪，偶尔也下山打点零工，日子过得平静而缓慢。唐秀芊考上大学一定程度上刺激了这个平静的务农家庭对未来生计发展的期待。虽然农村家庭对子女的教育投资具有多重价值取向(刘洁、陈宝峰,2007),但希望通过教育机制,尤其是高等教育实现下一代身份地位的变化是农村家庭教育投资的主要期望(刘守义、李凤云、刘佳君等,2008;沈亚芳、沈百福,2012)。

随着唐秀芊外出上学,唐贤健也初中毕业到县里的一家酒吧工作,家庭的农业劳动力实际上减少了,务农收入也出现下降。2018年以后由于劳动力的减少和野象灾害频发,唐进明家便不再种植劳动密集型的甘蔗,家庭务农收入锐减,只有开割橡胶所得的1000元。2019年以后,橡胶和冬季蔬菜市场行情比较乐观,尤其疫情期间老挝的农产品进口受阻,给西双版纳的农民创造了增收机会。唐进明夫妇也得到了不错的收益,务农收入曲线又呈现增长的态势。与此同时,"瑶族妈妈的客房"也为这个以农为本的家庭增加了一项相对不错的收入,在经济作物收入锐减的年份,起到重要的现金收入补充作

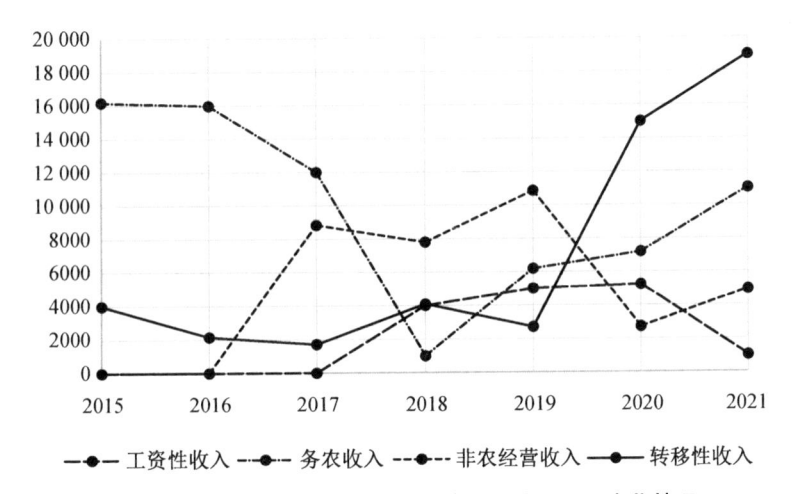

图 5-12 2015—2021 年唐进明家庭主要收入项目变化情况

用。随着唐进明夫妇年纪越来越大,他们想要在农业上获得生计突破的可能性很小,所以对于客房这一新业态十分用心,入住的很多客人都对这对朴实安静的老夫妻的服务给予了好评。

在过去几年里,唐进明的家庭生计结构其实经历了三个阶段:2005—2017 年,以农业为最重要的收入来源,逐渐转移到新业态产业上;2017—2019 年,农业劳动力减少与市场波动,生计重心在"瑶族妈妈的客房"上;2019—2021 年以后,受到疫情阻滞,客房收入明显下滑,但农产品市场价格回升,"再农化"趋势明显。但 2020—2021 年最为突出的收入项目却是转移性收入,除了种粮补贴、边民补助等常规性政府转移性支付以外,2020 年是因为唐秀芊结婚家里获得 10 000 元的彩礼,2021 年则是因为投入较大面积的芭蕉种植遭到野象破坏,得到"野责险"赔偿 15 300 元。虽然各项生计在不同年份呈现了有效的互补性,但因为体量都不大,所以基本上只能维持在满足基本生活需求的层次。

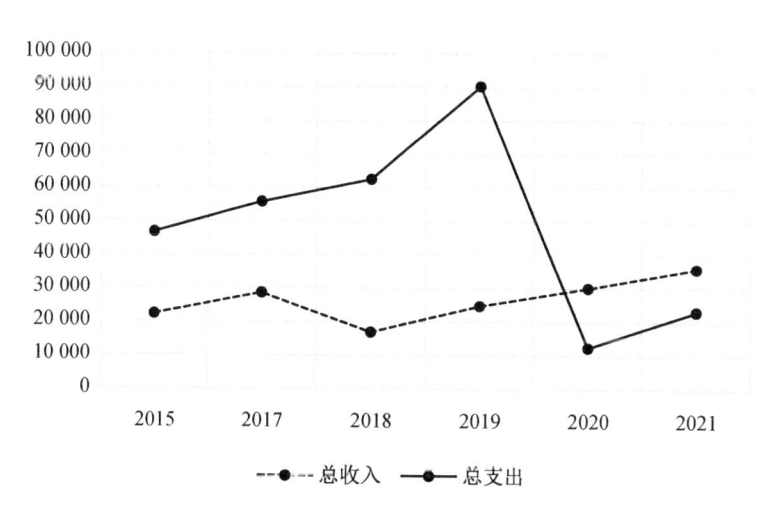

图 5-13 2015—2021 年唐进明家庭收支变化情况

除了建房支出，唐进明一家的生活消费支出一直处于较高水平，2017年以前接近总支出的一半。随着唐秀芊上大学，其学费和在校生活费被纳入生活消费支出项目，使生活消费支出占比不断提升。唐进明一家被列为村里"因学致贫"的贫困户，2016—2017年度因为社会资助和减免，孩子的教育支出没有体现在家庭支出上；2018年唐秀芊的教育花费大约为16 000元；2019年生活消费支出80 618元，占家庭总支出的89%，其中约35 000元是寄给唐秀芊的学费和生活费，23 000元左右用于购买摩托车、手机、洗衣机等家庭设备和用品。唐秀芊在校期间谈了一个四川男朋友，刚毕业就结婚，很快又生了小孩，一直没有正式就业。虽然助学贷款、扶贫补助和社会支持等可以缓解农民家庭"因学致贫"，但农村家庭在高等教育的投资方面存在着受益主体分离、投资回报周期较长等情况，增加了家庭生计的脆弱性（杨在军，2009）。

唐秀芊毕业以后，唐进明家里减少了教育支出，家庭总支出由此下降到总收入曲线之下，非刚需消费和医疗费用的比重随之凸显出来。以2020年为例，唐进明家现金总支出为12 370元，其中生活消费支出占比高达91%，共11 270元，主要包括烟酒支出4150元、食品支出2440元以及医疗支出1500元。唐进明一般买点廉价烟丝抽水烟，花费很少，烟酒费用中很大一部分是儿子唐贤健产生的。他经常赋闲在家，呼朋唤友，聚餐喝酒，对务农没有太大兴趣。对于这一点，唐进明摇摇头说："能帮干点农活已经算不错了，出去打工还要问家里要钱。"这似乎是河边村青年的常态，低学历、无技术加上偏远地区就业机会稀缺，要找到一份能够满足自己日常消费的工作都十分困难，更别说有剩余贴补家用了。子女助力有限，加上体力和精力逐年下降，唐进明首先在口粮种植方面缩减规模，只剩下1亩水稻，并不能满足日常食用需求，这两年都需要去市场上购买大米。妻子也年近60岁，身体状况大不如前，患有心血管疾病等多种慢性病，预计往后家庭医疗支出也不会减少。不过目前看来，随着收入的稳步增加、负债的逐渐下降，他们整体的生活境况还说得过去。

总体来讲，唐进明一家始终没有脱离生存性生计状态，或者说还没有完成生计的转型。尽管家里培养出大学生曾被看作生计提升的前奏，但对于唐进明夫妇而言，唐秀芊上完大学就远嫁并进入新的家庭生活，并不能支持原生家庭的生计转型，唐贤健一方面排斥务农，一方面又找不到稳定的工作，有时候甚至需要父母给予支持。唐进明夫妇只能在体量小而种类多的多重生计中，尽量规避市场和自然带来的风险。

唐进明一家的情况并非特例，在中国城乡社会转型的进程中，乡村青年往往不愿意从事农业生产，试图通过教育、务工等方式进入城市和非农部门（刘守英、王一鸽，2018；黄丽芬，2021）。但由于当前城乡教育水平及其回报率仍然存在差异（邢春冰、陈超凡、曹欣悦，2021）、城乡二元结构转换不完全（马晓河、杨祥雪，2023）以及农二代在城市基本公共服务可获得性有限（姜瑞云、刘志华，2023）等多重因素的制约，不少乡村青年即使进入城市部门，也难以获得稳定的工作机会和制度性社会保障，时不时会陷入失业或待业状态。

"不思进取"的蒲新天

蒲新天有6个兄弟姐妹，他是长兄，结婚后和妻子育有一子一女。大儿子蒲灵宏和村里大多数年轻人一样，初中毕业后就外出打工,直到近两年因疫情原因回到村里再未外出;女儿正在读高中。

蒲新天只有小学学历,也没有什么专业技能,只能在附近村镇打一些零工。客房建成以前,蒲新天家以务农收入为主,主要是甘蔗和砂仁,务农收入占总收入过半。2016—2017 年,蒲新天一家把时间花在了建房上,成了河边村第一批建起客房的农户,而且建的是双人间。之前的案例中我们也提到过,客房的补助是全村统一的,这意味着决定建双人间客房的家户需要自己承担更多的成本。但蒲新天仍然选择了双人间,新业态产业也的确回报了他,客房营业的第一年就给家庭带来了 7500 元的收入,占到了全年总收入的三分之一;2019 年客房收入大幅增长,占家庭收入比重超过一半;2020 年虽然客房收入下滑,但比例仍维持在 30% 左右(图 5-14)。

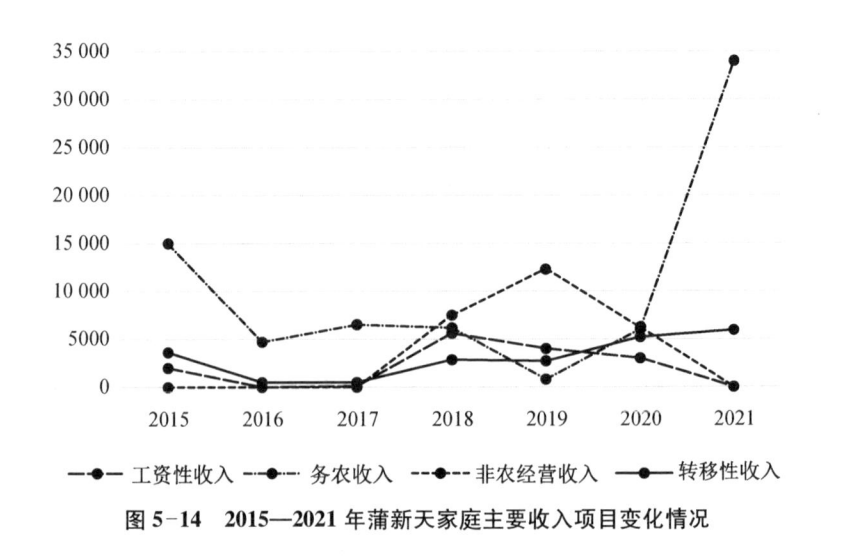

图 5-14　2015—2021 年蒲新天家庭主要收入项目变化情况

尽管客房新业态一度为蒲新天一家带来了可观的收入,但是他们并没有继续坚持。2020 年,合作社在查房时发现蒲新天的孩子搬到了客房里居住。在提醒蒲新天客房不能留作自用后,他却表达了退出的意思。2022年底,蒲新天向合作社明确表达了退出客房运营的意愿。妻子蒲英花私下里跟我们说,她也想继续做客房挣钱,但是自己家房子一直也没弄好,孩子们没地方住,只能住客房。她抱怨说蒲新天不肯好好弄自己家房子,总说建好框架以后一点一点慢慢弄,但是这么多年没有任何进展,建房的木料一点都没准备。随着孩子们渐渐长大,也不能让她们和自己一样挤在没有隔间的屋子里,只能去住客房。自2021年客房收回自用开始,蒲新天家就没有了非农经营收入。

从生活状态来看,蒲新天家算是"过一天算一天"的类型(穆来纳森、沙菲尔,2018)。用蒲新天自己的话说:"要花钱时就去打几天零工,要的钱多就多打几天工,但不会提前存钱,也存不下钱来。"但这样的生活方式只适合平顺的年份,一旦有突如其来的支出压力,就会险象环生(邓大才,2009)。2020年蒲新天家没有参加每人180元的新农合保险,他说4个人的新农合就要720元,他拿不出那个钱。经济水平往往会抑制个体投资自身健康的积极性,但同时较低社会经济地位的群体也往往面临着更高的疾病风险(方黎明,2017)。同年,蒲新天的小女儿蒲灵静突发急性阑尾炎,在校投保的学生人寿保险为其提供了2000元的保险赔付[①],但住院一周仍需自付6700元左右的医疗费用,再加上日常医药费支出,蒲新天家2020年的医疗费用支出达到7000元左右,因为家中积蓄有限,只能向亲戚朋友临时借了4000多元。除了身体健康方面的风险,生产经营方面"靠天吃饭"也意外频发:由于鼠疫严重,当年水稻产量下降,两亩水稻收获的大米仅能满足半年的家庭口粮需求,不够的部分只能去市场上

[①] 学生人寿保险属商业保险,一般为学生在开学时统一交钱投保,固定保额,不与新农合相冲突。

买；种植的 2 亩芭蕉，由于采购的芭蕉苗木品种不良，种下不足半年就遭遇了黄叶病，几乎没有收成；养的 7 头猪里有 3 头猪因为饲养不当病死，小鸡也死亡过半，雨季时鱼塘还被大雨淹没，投放的鱼苗也只剩下一半不到。2020 年蒲新天家生产经营投入共计 4800 元，但由于各类灾害接踵而至，几乎没有获得什么收益。农业生产本来就有周期长、回报慢、风险高的特点，蒲新天生产经营技术以及经营管理能力的不足，更是放大了这一风险。

蒲新天家的务农收入一直不算太高，就连河边村人一直看作"铁饭碗"的割胶，蒲新天家也是从 2019 年才开始有微薄收入的。2019 年开割第一年胶水不多，第二年又有大批橡胶患病导致延迟开割，严格来说蒲新天一家从 2021 年开始割胶收入才有起色。在这一年，蒲新天一家的务农收入飙升至 34 000 元，其中有 3 万元都来自割胶的收入。

2021 年还有一个变化，往年一直在外打工的儿子蒲灵宏回到了村里。蒲灵宏和河边村很多年轻人一样，早年在外面晃荡着打了不少工，做过 KTV 的服务员，干过修车行的小工，也去刮风寨帮叔叔采过茶，只是无一例外没有存下过钱。蒲灵宏的娱乐消费很高，哪怕在修车行时拿过 3000 元/月的工资，到手后还是会迅速花在娱乐和手机等物品的购买上。蒲灵宏说，只要晚上决定出去玩，一般会喝酒、蹦迪和烧烤，花钱免不了，一次生日聚会"大方"地花上几千块钱的情况也是有的。上班期间，虽然父母经常跟他讲要学会存钱，最好是发了工资就拿一部分回家帮他存着，但他从来没有拿回家钱过。照他的话来说，"钱都不够花，哪儿还有存的"。离职回家后，蒲灵宏在家里无所事事，父母不但拿他没办法，还要支付他抽烟喝酒的钱，直到 2022 年，蒲灵宏和发小唐宾合谋决定开始种地，他们一起合种了

4.5亩的无筋豆。无筋豆是一种劳动资本高投入的作物，需要定时进行田间栽培管理，施肥、做豆架等。两人合种既可以分摊种植业的风险，又可以在农忙时节互相帮助进行换工，满足农业生产需求。2022年恰逢冬季无筋豆价格高涨，两个人虽是小试牛刀但也尝到了甜头。近几年，"搭伙种地"成了村里年轻人的一股热潮，不但是蒲灵宏和唐宾，还有冯万云兄弟、赵主忠等人都不同程度上达成了合作关系，开始了年青一代的劳动互助，河边村的年轻一代似乎开始逐渐投入到农业生产之中。

蒲新天一家似乎是典型的得过且过，除了在扶贫项目初期建了客房积累了一些生计资本，后面的几年中则处于缺乏规划、被风险推着走的状态，甚至形成了"拆东墙补西墙"的被动性的生计策略，导致客房这一明显具有增收效应的生产性资本被居住的生活需求所占用，无法发挥其应有的生计替代作用。我们认为，虽然小农具有勤劳、韧性强等特点（列宁，1984），但这并不意味着在现实生活中所有的个体小农都具备这样的特征。尤其是在城市消费主义文化日渐在乡村盛行的当下，个体小农在精神文化层面也呈现出了越来越多的异质性（王旭瑞、陈航行、杨航，2017；陈昕、黄平，2008）。特别是农二代们，已经不再像大多数父辈一样把勤劳吃苦看作应该追求的美好品质。然而，在城乡经济发展、制度性供给还存在较大差距的背景之下，我们并不能指责小农是因为懒惰、缺乏能力才被甩在发展的列车之后。事实上，乡村、农民的相对落后是现代化进程中一个整体性的景观。与此相反，我们也许更应该追问：究竟需打破什么样的障碍，才能让农民，不管他们天资如何、勤劳与否，都至少能在一开始就踏上发展的列车？究竟需要提供什么样的条件或激励，才能让他们的能动性得以发挥？

一人维系全家生计

唐长明和妻子雷娜都是土生土长的河边村人,长子唐斌至今仍单身,女儿唐糖则是早早嫁人后生了两个孩子,离婚后带着孩子回到娘家。如果说前一节中的蒲新天家是劳动力没有被充分挖掘,唐长明家的情况则提供了一个一人改变全家生计图景的案例。

对于有子女家庭而言,教育是一项刚性支出;对于多子女家庭而言,这一刚性支出更是会持续影响生计多年。2015 年时,唐长明家全年的总收入为 15 574 元,而支出却达到了 21 420 元,属于入不敷出的状态。占支出最多的就是 7200 多元的教育相关支出,上初中的唐斌和上小学的唐糖,每人的学杂费大约 1600 元,生活费和上学交通费大约 2000 元。2016 年,唐斌考上昆明一所民办职高,3 年学制需要一次性支付 3 万元学费。这对于唐斌这个贫困家庭而言,无疑是一笔巨款,开学一个多月了,唐斌还是没能交上学费。此时,村里开始了危房改造和"瑶族妈妈的客房"的建设,唐斌家也开始修盖新房。由于家中无力负担高额学费,建房也需要人手,唐斌便退了学,回到家里跟着父亲一起务农、建房、打零工。

唐斌年轻、肯学,他的叔叔们唐长财、唐长戎、唐长光都是村里的建房好手,也经常给他指点,久而久之建房对他来说就不算难事了,他也经常外出打建筑工。从唐长明一家的收入情况来看,自 2017 年起,工资性收入开始稳步增长,并从 2018 年开始成为家庭最大的收入来源。唐长明一家三人都会外出打工:唐长明和雷娜以打零工为主,收入有限,唐斌则在建筑工地做工。2019—2020 年两年,唐斌家的工资性收入继续增加,分别为 16 400 元和 24 600 元。其中

2020年，唐斌依靠打建筑工挣了15 000元，父母依靠村内公益性保洁岗位获得9600元，务农收入6600元，"瑶族妈妈的客房"收入2700元，转移性收入3500元。相比于村里其他年轻人，唐斌靠着一点建房技术获得较高收入，但推动家庭实现非农生计转向似乎也离不开政府公益性岗位提供的就业机会。

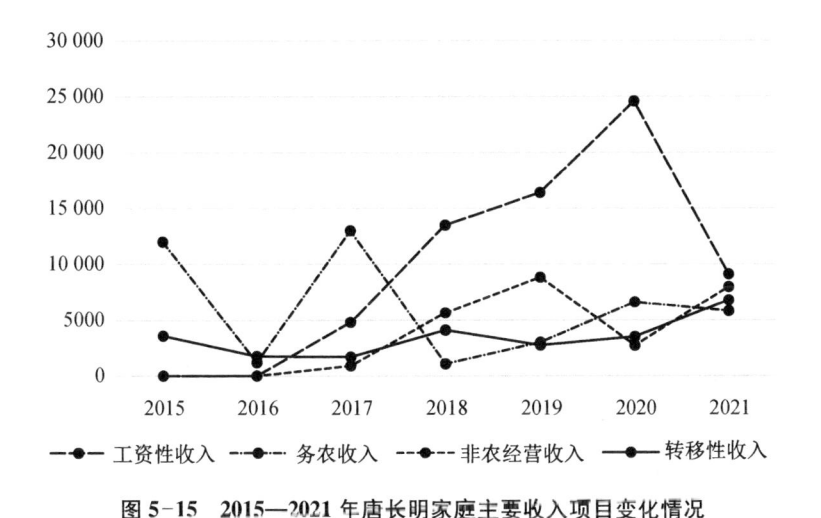

图5-15 2015—2021年唐长明家庭主要收入项目变化情况

从2020年开始，上海松江区政府配套资金支持设立村卫生保洁员岗位，协助维护村庄良好的卫生环境，主要针对群体是各村的贫困户。由于村内贫困户较多，在村干部的商议之下，决定把当年村里比较困难的家庭作为村内保洁员，每个月能够领取800元的公益岗位补贴，主要工作内容就是负责村内公共区域的卫生，包括路面、街道等。保洁员的工作量不算重，一般只要每天清早起来打扫1—2个小时即可。2020年唐长明一家成为保洁员，这一公益性岗位的设立为他们家带来了9600元的工资性收入，稳定了一家人的生计。但是由于保洁员是轮岗制，因此唐长明家只做了一年。这也是到2021年唐长明家工资性收入显著下降的原因。

2022年初，勐腊县公开招聘边境专职联防员，其中勐伴镇招聘30人，村里很多年轻人都去报名。尽管竞争激烈，但唐斌最终成功入选，在试用期过后每月能拿到稳定的3000元工资。村里人纷纷祝贺唐长明："你们家现在可是好多了，孩子也能自己赚钱，还能给家里钱，日子好过了。"

从唐长明一家近几年的生计情况来看，唐斌作为家中关键的劳动力直接影响了整个家庭的生计结构。2016年之前，唐长明家需要支出两个孩子的教育相关费用，2016—2019年，家里还需要支出一个孩子的教育相关费用，这与之前案例中的唐秀芊一家相似。但不同之处在于，退学后的唐斌成为家中的主要劳动力，依靠在"河边实验"过程当中习得的建筑工技能拓展家庭生计来源。同时，唐长明一家获益于政府公益性岗位的设置，不管是村中的保洁员，还是政府的边境专职联防员，都不同程度推动这个家庭实现就近就业，增加家庭收入的同时，推动家庭从农业向非农业生计模式的稳定转型。唐丽霞等人（2019）认为，我国在精准扶贫后的公益性岗位设置，有从强劳动力转向弱劳动力的受益群体劳动力水平变化，和从支持基础建设到补充基本公共服务的政策效用的变化。村庄保洁员这样的岗位较为适合唐长明等因技能水平、教育水平低而无法进城务工的年龄较大的农户，而边境专职联防员则在招聘要求中提到"优先招聘建档立卡2021年识别的'三类人员'和有意愿的脱贫户"，为唐斌这样有较强内生动力的贫困户家庭子女提供了机会。一人就业，全家脱贫，唐斌一家的生计变迁也为精准扶贫中的就业扶贫政策做了一个注脚。

第六章
女性主导的生计

当我们谈及农村的家庭生计时，总是把男性户主作为故事的主角，因为女性所从事的家务劳动始终无法被量化成收支数据，她们的贡献似乎只剩下"去山下打了十几天零工"或者"售卖几件瑶族服饰"。本书并没有系统性地呈现家庭生计中的性别分工与贡献，本章将主要介绍家庭生计活动中妇女处于明显主导地位的农户的生计情况。

这些农户中，有一类是女性作为主要劳动力的家庭。这些女性由于离异、丈夫去世或者父亲年老多病（没有成年兄弟或成年兄弟长期外出）而成为家庭生计的核心人物，从沉默的乡村女性群体中凸显出来。她们有许多非常相似的特点：勤劳、能干、顾家，都遭遇或大或小的人生变故，却始终坚持把日子过下去。还有一类是妇女村干部所在的家庭，这些家庭中的女性往往一方面更多地参与到村庄的公共事务，一方面也在家庭生计中发挥着更加主导的作用。

雷巧娟是村里原来的妇女组长。当大部分农村女性都还躲着陌生人的时候，她已经开起小卖部和烧烤摊为外来的建筑工提供服务，后来因为积极参与公共事务，在扶贫项目的支持下建起村里第一个农家餐厅"娟姐茶厨"，成为家庭生计的顶梁柱。雷巧娟的继任者赵佳静与其前任形成了一定的对照。她家客房的干净整洁程度在村里数一数二，客房的入住率也一直很高。某种程度上，赵佳静定义了我们对"瑶族妈妈的客房"中的"瑶族妈妈"的想象。但在另一方面，赵佳静"被"选上"妇女组长"职务，很少主动参与公共事务。她的全部工作和生活的重心都围绕着小家庭的生计展开。冯琴从与丈夫合力经营小家庭到不得不独立支撑家庭，其生计以及对待婚姻的观念在不断被各类风险形塑的过程中发生着变化。冯楚敏是冯琴的妹妹，她从离异到再婚到再度离异的三部曲，一方面表明婚姻对于农户生计的经济效用，一方面也暗示着经济功能并不是婚姻的唯一向度，后一点已经反映在乡村女性的婚姻选择中。蒲塞尼是一位残疾的单亲母亲，和女儿生活在夫家所在的河边村。虽然遭遇了丈夫、儿子先后去世的变故，但她仍然保持了对生活的热情，割胶、养猪、养鸡、种玉米、打工、经营客房，生计尽一切可能多元化，以供女儿读书。卢丽是受社会排斥的案例。卢丽丈夫常年患病，无法劳作，大儿子贪玩，两个小儿子年幼，她几乎承担了家里所有的劳作。土地减少、未评上贫困户，与家庭的沉重负累等问题交织在一起，使她心理失衡，时常在村里叫骂，成为村民口中的"疯女人"。社会排斥与卢丽对村民的自我隔断相互影响，家庭生计停滞在低水平的自给自足之中。唐妍和唐文竹都曾是合作社团队的成员，唐妍是儿童活动中心的辅导员，唐文竹是客房项目的前台接待。她们原本都是家中的主要劳动力，年轻又能干，被邀请加入合作社以后接受了培训，工作表现很优秀，但因为外嫁而离开村庄，回到了"相夫教子"的传统轨道上。两人的案例体现了乡村社会传统家庭结构对青年女性生计决策的影响。

上述几位女性本质上都被动成为家庭生计的核心，甚至是被动进入公共领域，她们比"男主外女主内"家庭范式中的女性对于乡村现代化的转型具有更强烈的感知力。在与现代性密集碰撞的过程中，她们或迎合，或顺势，或抗争，展现了乡村女性的个体力量和自我意识。她们所主导的生计策略比男性更显被动，某种程度上更加简单，但由此展开的生命实践却复杂得多。

娟姐的持家之道

河边村的乡村社区仍然是典型的男性主导的社会，公共领域的女性是稀少的，而且大部分是因为制度配额而进入村干部队伍，例如成为妇女组长。这是一种结构性的体现，但是在公共决策的过程中，她们大多数时候仍然保持沉默，顺从作为意见领袖的男性干部的决定。河边村是瑶族寨子，践行父系家族逻辑，已婚妇女依附于丈夫，直到今天仍然保留不成文的餐桌传统：家庭宴请时，妇女往往不上桌，有时候连女客人也如此。许多妇女在我们刚进村的时候都躲得远远的，不见生人，但我们却惊喜地结识了时任妇女组长雷巧娟。这位1988年出生的年轻女性，普通话说得不错，而且十分热心，我们的学生都叫她"娟姐"。

80后的娟姐本属于被义务教育普及的一代，但由于幼年时家庭经济困难，三年级没念完就辍学，大字不识几个，却是出了名的勤劳。娟姐15岁时就去镇上饭店打工，是兄弟姐妹中第一个外出打工的人，当时一个月赚300元，但她很满足，说："至少有个自己'家'，有地方住和吃。小时候穷怕了，妈妈在我9岁时去世的，后来爸爸去别的寨子跟后妈过，我到处去亲戚家蹭饭，有一顿没一顿的。"十六七岁的时候经朋友介绍，娟姐又跟着一个建筑工队外出打工，主要是帮工人做饭和洗衣服。由于没有通信工具，半年后她回到家时，她的姐姐泣不成声地说："我以为你被卖了、被杀了……"这些打工经历让她学会了熟练地使用普通话和跟外面的人打交道。学者孟宪范(2010)基于对全国多个省市返乡打工妹的考察认为，外出打工的女性回到家乡以后充当更为积极的社会角色和家庭角色，她们中的许多人会进入非农产业，成为企业家、经纪人、自我雇佣小业主、村干部，进而成为农村生活方式现代化的推手。娟姐在某种程度上也是这样。

娟姐回村后依然流转于亲戚家，她十分渴望拥有自己的家，没多久便与本村的唐进强相恋结婚。婚后二人没有从父辈手里分到土地，只能通过帮老板挑香蕉赚点现金收入。为了赚钱，娟姐干的都是男人们才干的活，她甚至比丈夫更加吃苦耐劳。2011年第一个孩子出生两三个月后，为了不影响给孩子喂奶，她便背着孩子去山上劳动，甚至带着孩子去挑香蕉。丈夫嫌累经常干两天休一天，娟姐却在整个香蕉收获季没歇过一天。务农生计虽不如外出打工收入高，但娟姐夫妇将其作为小家庭原始积累的途径，后来终于攒下1万元，请挖机去开地，这才有了自己的土地。2014年前后，因为丈夫得了慢性胃病，孩子又小，她没办法天天外出打零工，便在村里开起了小卖部，一个人维持家庭生计。她每周两次开着家里唯一的男式摩托车下山采购，驮着大包小包回村，问她累不累，她幽默地说："摩托车比我更累。"

娟姐的精干全村人都看在眼里，2013年她被推举成为村里的妇女组长。娟姐怕自己识字不多，所以每次去镇上开完会拿到的材料，她都要去找村里原来的老师雷中新请教，或者让会计唐齐贵帮忙解读，于是"慢慢地，就学会很多字了"。后来她不仅为河边村妇女的第一次妇女节出游争取到乡镇领导的支持，还经常组织村里的妇女排练舞蹈外出参加文艺比赛。扶贫团队进村的时候，娟姐已经是个非常熟练的妇女组长，为我们提供了很多帮助。早期扶贫工作室没有厨房和灶台，吃饭都成问题，娟姐经常主动帮着生火做饭，还会根据我们的口味做一些调整。随着扶贫项目的启动，村里来了不少建筑工人，而且家家户户都在盖房子，相互帮工，请客喝酒的情况也增加了，娟姐顺势就做了几个月烧烤生意，增加小卖部的营收。在客房项目植入以前，娟姐已经探索了多种生计项目。不过这些项目都是暂时性和补充性的，只能在务农生计之上缓解一点家庭的现金需求。家庭的总收入仍处于非常低的水平，丈夫的慢性胃病和孩子开始上学产生的支出，都给家庭带来很大的经济压力。

娟姐的勤劳能干和热情好客成为家庭得以发展的重要力量。2016年，娟姐虽然积蓄不多，但利用良好的社会关系得到不少村民的帮助，备料、立房架等建房工程都进行得很快，并积极争取到第一批"瑶族妈妈的客房"建设名额。由于丈夫会开大车，他们便向工程队争取到运输沙石的工作，从而弥补了因建房而降低的农业收入。不过娟姐的丈夫没有跑运输的正式驾驶执照，只能在镇上到村里之间开大车，工程队撤出后也随之失去了这项收入来源，但新业态产业的兴起为他们提供了新的创收机会。

2017年，在政府扶贫资金和扶贫团队的支持下，娟姐家的新木楼竣工，二楼是两室一厅的"瑶族妈妈的客房"，主卧配置了全村最大的双人床。宽阔的二楼阳台有一张巨大的原木桌，桌上时常有鲜花点缀，客人在这里能够远望青山，喝茶小憩。热情周到的服务和宽敞优美的客房环境令客人格外钟爱这间客房，在大型会议期间，娟姐家常被安排接待重要嘉宾。不仅如此，娟姐家的一楼还改造成为"娟姐茶厨"餐厅，是"河边实验"资助下村里建的第一家示范餐厅。自此以后，娟姐夫妇也逐渐将生计重心转移到新业态的服务上，减少了务农与务工活动，丈夫偶尔外出打工，客人进村的时候便在"娟姐茶厨"

给娟姐打下手。家庭收入结构发生了明显的"非农化"转型。

从图6-1我们可以看到,这几年来,由于丈夫的慢性胃病时常影响他的劳动投入,娟姐家的务农与务工收入一直处于低水平波动状态。依托扶贫实验的非农经营项目自2017年开始变成家庭最重要的收入项,显著提升了家庭整体收入。到2019年,娟姐的家庭非农经营收入已经达到5.5万元,远远高于其工资性收入和务农收入之和,主要的营收来自"娟姐茶厨",随后便是客房收入,即使在疫情发生后的2020—2021年,新业态也仍然是家庭的主要收入来源。以往研究认为,农村妇女劳动力在非农经营领域的报酬率明显低于男性劳动力,其非农领域的就业机会也小于后者(李实,2001)。但河边村以家务市场化的方式创造出劳动空间的新业态产业却显示出女性劳动力的优越性,由女性村民提供的服务通常比男性村民提供的服务获得更多好评。新业态产业充分利用了女性的闲暇时间,推动她们居家就业,收入大幅度提升。

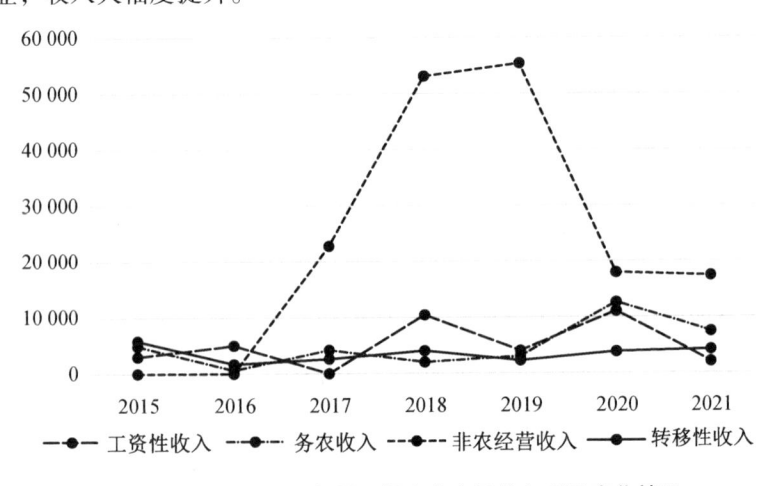

图6-1　2015—2021年雷巧娟家庭主要收入项目变化情况

随着家庭收入水平的提高，娟姐一家的消费水平也逐步提升。2019年底时，村民告诉我们："听说了吗？娟姐家买车了！""摩托车吗？"我们似乎还没反应过来。"小轿车！四个轮子的！"传递消息的村民仿佛在埋怨我们看低了他们。这的确令人惊喜，因为以前河边村民开的都是破旧的摩托车，没想到转眼几年工夫竟有人开上小轿车了。不过这台车是二手车，大约花费6万元，车款大部分于2019年支付，因此当年家庭的总支出出现一个小高峰，娟姐家买车也带动了村内购买汽车的小高潮。2020年受疫情影响，新业态的收入锐减，娟姐的家庭收入大幅滑落，支出也回落到以往水平。2020年，娟姐的丈夫在镇上得到一份电焊工的工作，加上娟姐帮农业大户种西瓜、摘豆子，工资性收入有所提高，另外还有卖猪、割胶等务农收入作为保底，娟姐一家算是化解了疫情带来的冲击。

值得注意的是，娟姐一家的生活消费已经逐步转向了通信、烟酒和衣着等非刚需方面。以2020年的通信费为例，娟姐一家三口每人每月手机话费120元，全年达4320元之多。上初一的大儿子除了每年1600元的基本学杂费以外，每周还需50元生活费，远高于同龄孩子每周的15元。唐进强也多次说："唐博花钱还是厉害的，他自己手里有钱，就到网上去买衣服。"已经熟练使用网络购物的娟姐一家，不再像其他村民那样只在镇上或去县里买东西，许多新式的生活用品正通过快递一件件进入她的家庭。不仅如此，娟姐家每年还花费1000元购买车险，要做两次保养（500元/次），更换一次机油（500元）；且由于平时外出打工或者接送孩子上学都会开车，油费大约是300元/月。综合算下来，车子一年要花费将近1万元，而家庭购买种苗、化肥、农药等农业经营性支出却不到5000元。消费的非农化、非刚需化构成了这个家庭重要的生计特征。

2021年娟姐意外怀上二胎。和其他妇女不同,她曾明确地表示"一个孩子就够了,生多了养不好"。不过,二胎怀上时家庭境况已经大有改善,娟姐也就决定生下来。怀孕期间特别是后期干不了重活,娟姐也就不再下山打零工,这导致家庭工资性收入大幅减少,当年只有2000元,务农收入则是唐进强割胶所得的7400元,客房和餐厅收入大约17 000元,虽然比疫情前大幅减少,但仍然是家庭最大的收入来源。在各方面收入下降的同时,围绕生育的支出又明显增加,达到16 000元。为了保证孩子的营养,当年家庭食物消费也超过15 000元。此外,花在汽车上的费用为11 000元,还给大儿子买了辆摩托车。加上衣着、家具、烟酒等方面的花费均有不同程度的上升,2021年家庭总支出超过7万元(如图6-2)。

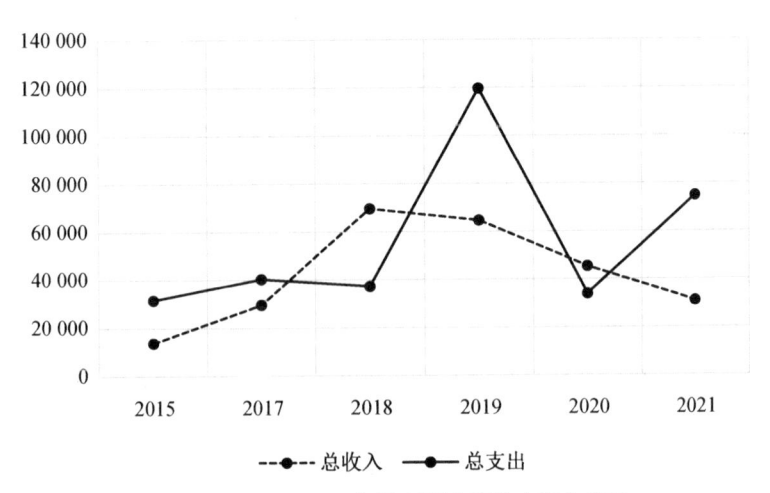

图 6-2　2015—2021 年雷巧娟家庭收支变化情况

从家庭的收支情况看,娟姐家的经济情况处于比较波动的状态,但这些波动与这位女性本身的韧劲相比,却是微不足道的。即使疫情期间收入陡然滑坡,娟姐也没有因此沮丧,反而专心投入待产和育儿中，用她的话说是，"疫情来了，打工也不好打，村里也不怎么来客人，正好有时间带娃娃"。前两年客房、餐厅的经营让家里迅速提高了生活质量，也攒下了一点积蓄，让她能以轻松的心态迎接小儿子的出生。与当年大儿子出生时的境况不同，娟姐这一次可以安稳地坐月子，不需要为生计过度操劳。2023年春节期间，疫情后的旅游市场迎来了一波反弹。但娟姐为了更好地照顾1岁半的小儿子，推迟了客房和餐厅的重新开张。

娟姐从未抱怨过生活，无论是在人生的哪一个阶段，她都毫不犹豫地扛起生活的重担，守护家庭。自从15岁第一次外出打工，娟姐就基本上实现了经济独立，打工的经历也让她比村内其他女性更积极地探索家庭生计；婚后她也一直是家庭的经济支柱，主导着家庭生计的决策。但经济上的主导事实上并未提升她个人的福利，反而某种程度上让她比其他女性村民承担了更繁重的劳作。由娟姐主导的新业态产业为家庭创造了明显增收，也实现了家庭生活水平的显著提升，但消费却更多倾向丈夫与孩子，例如买汽车、买摩托车、烟酒消费等，一定程度上产生了福利的外溢（李小云、陈邦炼、宋海燕等，2019）。这在河边村是十分普遍的现象。不过，随着女性经济地位的提升，河边村女性对于作为个体的自身的福利意识也有所增强，现在村里女性外出买衣服或游玩的频率更高了，娟姐在怀二胎时也更注重休息与营养了。

赵佳静的生计策略

在河边村说起最爱干净又勤快的，几乎所有人都会第一时间想到赵佳静。照顾一家四口的赵佳静是干家务的好手。在"瑶族妈妈的客房"正式运营后,赵佳静家很快成了众多客房中的典范。她不仅把客房打扫得干净整洁,一层的公共区域也几乎做到一尘不染,包括农用工具和粮食在内的各种东西都摆放得整整齐齐。尽管扶贫实验初期合作社按照平均主义逻辑安排客房,但住过赵佳静家的客人都很快成了回头客,再来就点名要入住她家。可以说赵佳静定义了我们对"瑶族妈妈"的想象,勤劳、朴实、默默无闻地承担所有家务劳动。而"瑶族妈妈的客房"恰是希望为妇女的家务劳动延伸出一部分经济创收空间,使妇女原本无偿的家务劳动得到同等的市场价值,以进一步赋权女性(李小云、陈邦炼、宋海燕等,2019)。通过客房项目,赵佳静一家从2017年开始有了非农经营收入,直到2020年非农收入都是全家最大的收入来源。2020年河边村客房项目受到疫情冲击,总收入较2019年下降了约六成,但赵佳静家的客房收入没有太大变化(2019年为11 850元,2020年为10 080元),在全村排第二。

虽然客房在过去几年给赵佳静家带来了可观的现金收入,但家庭一直坚持传统农业和新业态并重的生计策略,因此抵御风险的韧性很强。新业态具有利用农户碎片化劳动时间及增加劳动经济效益的优势,也一定程度上推动了河边村农户生计的"去农化"结构性调整。2018年全村不仅停止种植劳动密集型的甘蔗,许多农户甚至不再种植水稻,完全靠购买口粮满足日常需求。较为单一化的生计结构,使得一些农户在疫情期间受到了较大的冲击(李小云,2020a)。和其他放弃传统农业的村民不同,赵佳静家始终坚持种植水稻和玉米两类传统粮食作物,用于供自家与公婆食用以及养殖牲畜。2018—2019年,水稻和玉米的种植总面积较2017年没有明显变化,2020年则有扩大。

表 6-1 2017—2021 年赵佳静家农作物种植面积变化　　单位：亩

年度	水稻	玉米	无筋豆	橡胶	花椒	南瓜	芭蕉
2021	3	3	3	25	0	0	10
2020	6	8	1.5	25	5	1.5	0
2019	4	4	2	25	5	0	0
2018	6	3	0	25	0	0	0
2017	6	2	0	25	0	0	0

赵佳静家始终没有停止种植经济作物，2015 年，她家和村里其他农户一样，主要依靠甘蔗和砂仁，两项经济作物收入 15 600 元，占全年家庭总收入(21 100 元)过七成，其余则主要是转移性收入。2016 年，随着甘蔗和砂仁收入减少到 4500 元，家庭总收入也滑落至 6050 元。2017—2018 年，客房带来的新业态收入补充了务农收入减少的缺口，也推动了家庭生计结构的变化。2019 年，河边村开始引进花椒种植替代甘蔗，和一些较为犹豫的农户不同，赵佳静家积极申请种植 5 亩花椒所需的树苗。当地常见的经济作物，如无筋豆、橡胶和南瓜等①，赵佳静家都有种植。2019 年，赵佳静家收入近 2.5 万元，其中务农收入约 6000 元，客房新业态收入接近 12 000 元，打工收入约 4000 元以及转移性收入约 3000 元。2020 年赵佳静家共有约 33 000 元收入，其中 9500 元为务农收入，均来自无筋豆和橡胶这两类经济作物，新业态收入滑落至 10 080 元，此外还有近 9000 元的打工收入和近 5000 元的转移性收入。

除了在家打理客房、在田里干活以外，一有空闲时间赵佳静就会到山下的纳卡村等地打一些零工。往年她主要和村里妇女一起去打摘

---

① 由于南瓜上市时间为 2021 年，故未将该收益纳入统计中。

西瓜苗、摘无筋豆等农业零工，但疫情导致勐伴镇农业用工量锐减，她甚至尝试了通常由男性从事的对体力要求更高的砍甘蔗工作。凡此种种都是为了给家里多增加一些收入来源。没去打工的时候，赵佳静就会在家拿着扫帚扫来扫去，我们常跟她说："够干净啦！"她却表示，闲着也是闲着，总觉得家里不干净，就扫一扫。然后顿了顿就会说："明天还是去打零工挣点钱，闲着也是闲着。"

总的来说，赵佳静家能够在养育两个上学的孩子的同时还保证平稳生活，一方面这离不开夫妻俩的努力，他们积极面对每一个可能的增收机会。刚开始推行客房新业态产业时，很多农户持观望和迟疑态度，对学习客房管理知识和技能往往需要扶贫团队"推着走"。赵佳静是村里少有的能说一口流利普通话的女性，对经营客房新业态产业非常积极。熟悉客房管理之后，赵佳静充分发挥收拾家务的出色能力，将家里的公共空间与客房都整理得干净整洁，并充分利用每一次培训机会提升客房服务，让自家的客房经营更具竞争力。她家的客房入住率与回头率都很高，这也是赵佳静家在疫情期间也能保持较为稳定的客房收入的重要原因。在新业态建设的过程中，赵佳静的丈夫赵边疆也积极学习建房技能，并主动与村内其他人组织起来，从事建房等具备更高技术含量的工种，抓住每一次参与修建房屋的机会，从而获得更多的收入。

另一方面，夫妻俩在积极参与新业态产业的同时，也维持着传统的农业生产。赵佳静家继续保持着原来水稻、玉米等粮食作物的规模，这部分农业生产有效地抵御了他们面对市场波动时可能遇到的冲击，在家庭粮食安全方面发挥了不可替代的作用。此外，他们也积极尝试种植各种经济作物，获得了一定的收益。

2021年初，河边村小组进行了村干部换届选举，前任妇女组长雷巧娟正式卸任。在推举妇女组长继任人选的时候，村小组长说："妇女组长自己就得把房间打扫得很干净，卫生环境做得好，得有表率作用。"很多村民顺势推荐赵佳静担任妇女组长。被推上妇女组长位置的赵佳静尽管多了每月 600 元的工资，但是也增加了很多事务性的工作。她需要每月按时到村委会和镇上开会，时时对接医疗卫生和儿童福利相关的工作，统计村内妇女儿童的相关情况。面对镇上需要的各种数据，学历不够的赵佳静时常找驻村的我们帮忙处理。在担任妇女组长半年后，赵佳静就给村里递交了辞职信。她表示自己家劳动力太少，还有两个上学的孩子和同村的公婆需要照顾，无法抽身负责公共事务。但赵佳静的申请未被批准，考虑到自己家庭的实际情况，她还是把更多的工作重心放在了自家的生计上。遇到外面的领导进村时，往往也是村小组长和副组长两人陪同接待，很少看到她的身影。杨善华等人（2005）曾指出，传统的家庭制度、观念和行为规范会支持原有的性别分工从而阻碍农村妇女的社会参与。妇女因经济和家务双重负担而导致的时间匮乏，以及她自己因受教育水平低而导致知识文化匮乏都使得她们不堪重负（杜洁，2005）。赵佳静对待公共事务的不积极，有主观的原因，也是因为在传统劳动分工下，她需要承担更多的家务工作，而无暇顾及其他。

"半边天"冯琴

冯琴总说自己命苦。小时候虽然父亲冯云照是村小组长（队长），但是作为家里的长女，她需要承担很多劳动来减轻家里的负担。冯琴的弟弟妹妹都上过学，只有她没上过学，大字不识一个。成年后，冯琴和同村的蒲成书结婚成家，按照瑶族的习惯，子女成家后需从大家庭中分家出去。但冯琴的几个弟弟妹妹实在太小，分了家的她还是需要时不时帮衬原来的大家庭。弟弟妹妹逐渐长大后，冯琴的生活主线也终于开始从大家庭转向自己的小家庭。

2015年以前，冯琴和丈夫蒲成书主要以务农为生。虽然两人都是本村人，但分到的土地有限，且绝大部分为山地，只有小部分是水田。受限于交通运输条件，为数不多的土地只能先满足口粮和基本生存的需要，以种植甘蔗、稻谷、玉米等"安全"作物为主。甘蔗是和勐腊县糖厂签订的协议，收购价几乎不受市场波动影响，能为家庭提供稳定的现金收入，稻谷和玉米则主要用作家中猪和鸡的饲料。从规避农业生产的风险性出发，土地少的小农户倾向于拒绝单一种植经济作物，而是将经济作物与主要粮食作物混种（Netting, 1993b）。冯琴家就是如此，他们很少种植市场化程度更高、收益更高（意味着风险也更高）的经济作物，因此家庭的务农收入非常有限，只能基本满足家庭日常需求，整体生计处于内向型低水平的循环中。

随着两个孩子渐渐长大，家庭对于现金的需求也与日俱增，身强力壮的蒲成书开始寻找新的收入来源。彼时，勐伴镇开始有越来越多的外地老板前来租地种植香蕉，香蕉是劳动密集型的作物，因此围绕香蕉的各个生产环节出现了大量的用工机会。收获环节的挑香蕉是一项重体力劳动，由于当地山地多、陡坡多，农业机械很难进入，因此大部分时候都需要人工将香蕉从山中运出来。挑香蕉的工钱按照挑的重量进行计算，刚开始挑香蕉的人，走不稳、挑不动，收入也较低，每天只有不到200元，熟练工才可以每天收入三四百元。蒲成书是村里少有能够坚持挑香蕉的人。由于挑香蕉对体力消耗很大，蒲成书往往挑完一天香蕉后需要休息两三天作为调整，且更多买肉和烟酒以弥补身体消耗。因此，尽管挑香蕉相比于其他零工来说每天的现金更多，但是真正愿意长期干的人也不多。2015 年，冯琴家的收入在村里算是中上，总收入超过 30 000 元，其中挑香蕉等打工收入就达到 21 000 元，农业经营收入全部来自甘蔗，为 4000 元，还有种植业补贴等转移性收入 4000 多元。但是，家庭仍然处于入不敷出的状态，2015 年家庭支出达 37 800 元，其中农业经营性支出 6500 多元，其余多为生活消费支出。后者包括购买食物 4000 元，烟酒 6000 元，买衣服 3000 元，教育和医疗相关费用 6000 多元，购置摩托车 6700 元，以及通信、交通费用等共 3000 多元。

随着"河边实验"的推进，村里各家各户都开始建房。一些行动较慢的农户无法从集体林中获得满意的木料，只能去其他村庄花更多的价钱寻求木料。2016 年蒲成书为了节省建房开支，冒险去保护区砍伐林木，结果被判刑 10 个月，并且需要缴纳 3 万元罚金。蒲成书入狱后，冯琴不得不成为家庭的"顶梁柱"。为了给蒲成书交罚金，冯琴想了各种办法。蒲成书被关了半年后，冯琴才勉强从亲戚朋友各处凑齐 3 万块钱。冯琴的儿子也一直在外打工，但是由于学历技能的限制，基本攒不下钱寄给家里，甚至有时候还要找家里贴补。

冯琴家本来就入不敷出，蒲成书入狱后没有了挑香蕉的收入，家里经济愈发困难。2017 年，冯琴得知一个可以挣钱的机会，毅然决然去州首府，尽管她此前几乎很少去过县城，没有文化的她很害怕外面的世界，但为了挣钱，她只好只身前往。结果，原本说好是在景洪给挑香蕉的人做饭，但仅仅在景洪工作了 6 天之后，她就被带到了缅甸，住在山里给当地挑香蕉的人做饭。老板承诺满一个月就可以带她回国，结果一个月期满，工资又拖欠了两周。最后，冯琴几乎干了一个半月，才拿到手 2000 元。

在蒲成书坐牢期间，冯琴顶住压力，借款建好了"瑶族妈妈的客房"。村里大部分农户都互相帮工、换工，以节省建房人工成本，但由于作为主要建房劳动力的蒲成书不在，冯琴家的房子很难有其他农户过来帮忙修建，只有在立房等需要大量劳动力的阶段，村里人才会一起过来帮忙。冯琴在外面请了一个建房师傅，有钱时推进进度，没钱时就只好停工，2017—2018年断断续续一直在建房，2017年她的建房开支高达3万元。冯琴说，自己既要照顾女儿读书，又要操心建房的事情，压力真的很大。但好在，客房建成后带来了不少收入。2018年和2019年客房收入都超过了1万元。

新业态产业对于女性零散劳动力的利用十分有效，女性村民仅靠打理客房就可以获得现金流，极大地缓解了家庭对于现金流的需求，也帮助许多女性从繁重但不产生现金收益的自家基础农业劳动中解脱出来，开始有时间、有精力外出到周边村镇打零工。2018年，蒲成书服刑结束，为了还债，香蕉成熟的季节他几乎天天都去挑香蕉。当年，家里仅工资性收入就超过4万元，加上客房收入13 000多元和务农收入3000多元，总收入超过了5万元。但与此同时，他家的生活消费支出也高出平常年份，这是因为无论是挑香蕉还是建房，都无法继续原有的农业生产，粮食等只能通过在市场购买来获得，且挑香蕉的重体力劳动需要花更多的钱补充鱼肉等较贵的食物，蒲成书的烟酒费用也更高了。也就是说，尽管冯琴一家的收入有所提升，但开支也同时增加，并未形成有效的资金积累。值得注意的是，增加的开支更多聚焦在男性抽烟喝酒、聚餐等休闲消费方面，而非家庭整体层面的福利改善。

2019年起，蒲成书也不再挑香蕉了，因此家庭又少了一大块收入。随着女儿考上勐腊县第一高级中学，家庭对现金的需求再次增加。冯琴对当时入学缴费的窘迫情境记忆犹新：她和蒲成书凑不够

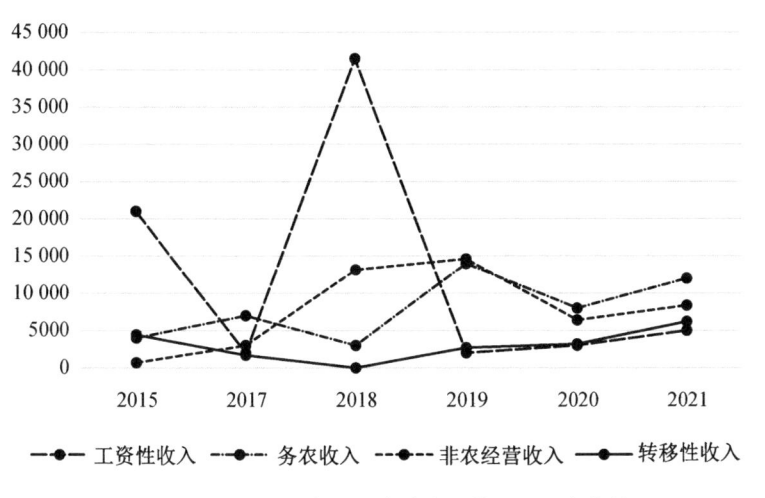

图 6-3 2015—2021 年冯琴家庭主要收入项目变化情况

钱，只好东拼西凑问朋友借了 3000 元。冯琴格外重视客房收入，并积极利用新业态带来的机会拓展其他收入来源。平日空闲时分，她会坐在门口耐心缝制民族服饰，她做的瑶族帽子、衣服和腰带等，比其他妇女的都要精致许多，这样她可以卖出更好的价格以贴补家用。每次有大规模的客人来村时，她都积极拿出自己做的民族饰品售卖。为了提高生产效率，她甚至购置了一台缝纫机，为了节约成本，她也学会从网上购买制作民族服饰的原材料，接受村内和外村的订单。她甚至说未来想开一家服装店。

2020 年冯琴一家总收入为 20 590 元，比 2019 年减少了 12 730 元。2019 年务农收入与客房新业态收入几乎平分秋色，但 2020 年受疫情影响两者均有所下降，农业收入从 14 000 元减少到 8000 元，客房收入下降得更厉害，从 14 620 元减少到了 6390 元。疫情期间别的农户往往增加务农收入以弥补客房收入的下降，但冯琴家的农业收入却较 2019 年减少了 6000 元蜂蜜收入。这主要是由于家庭生活困难，夫妻两人从日常争吵发展到感情不和，蒲成书出去打工很少把钱给家里，冯琴则又要照顾孩子，又要打理客房，很难分身投入农业。

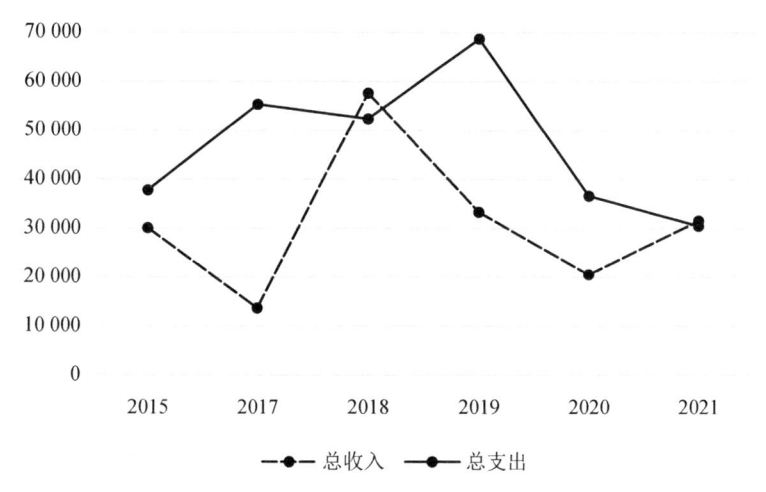

图 6-4　2015—2021 年冯琴家庭收支变化情况

冯琴家支出一直都很高，除了 2018 年、2021 年勉强实现收支平衡外，其他年度基本都入不敷出，这也符合冯琴说的总是需要借债度日的情况。在家庭总支出中，占比最高的是生活消费支出。冯琴家 2019 年全年支出 68 710 元，其中主要是购买摩托车、热水器等大件耐用消费品的支出。到了 2020 年，她家不再添置大件设备，但生活消费支出仍占大头，其中用于女儿上高中的教育相关支出占了一半以上。勐腊一中的基础学费一年交 6000 元虽不算高，但书本费、住宿费、伙食费合计还要 15 000 元左右，且要在开学前一次性上交，教育相关费用加在一起达到了 22 000 元。为了凑够钱交学费，冯琴在女儿开学前集中打工，或采摘无筋豆，或整理西瓜秧苗。早出晚归的打工令她无暇顾及家中的粮食生产，也不可能去种植冬季蔬菜，甚至有时还影响到了她家客房的运营——客人的三餐需要她买米买菜，更没有多余时间干农活。冯琴可以说一直为教育和食品等刚性支出所困。

2020年临近春耕，她和自家妹妹冯楚敏打算合种几亩水稻、几亩玉米，但她苦于劳动力有限，她说："我老公不会帮我的。"2022年我们再度回到村庄时，冯琴已从她亲手支撑起的家中搬走。冯琴和蒲成书约定好房子各自占一半，客房收入也平分。合作社管理团队召开客房会议时，他们二人也全部到场，对于冯琴来说，这个客房是她曾经努力生活的注脚，即使她离开了村庄，也很难不牵挂。

一般认为，小农是风险规避者，风险最小化是小农进行生计决策的主要目标之一。在此目标之下，他们通常会放弃高收益高风险的经济机会，因此更容易长期陷于贫困陷阱中（Yesuf & Bluffstone, 2009）。冯琴一家的前半段生活似乎就是这句话的真实写照，他们本本分分从事基础作物的生产，虽然经营效率较为低下，但保险系数很高，能够维持自身生计的低水平运行。需要投入大量资金的建房和子女高中阶段的教育，则是打破低水平下的生计平衡的关键事件。为了获得更高的收益，他们也遭遇了更大的风险：丈夫违法入狱，冯琴借钱交罚金，为了还债，她独自外出打工被骗；建房时缺少劳动力，欠下了新的债务；女儿上高中又带来了"高额"支出。当然，客房新业态的收入很快抵消了建房时的债务，长远看来还能持续产生收入，儿女也不可能一直上学需要高投资，但这暂时的困难对于本就不够宽裕的小农户来说无异于巨大的困难，当家庭趋于瓦解时个体女性小农所面临的压力则更大。

冯琴家的生计变迁清晰地展现了女性的生计策略实际是围绕家庭（男性和孩子）被动展开的。在男性作为户主和主要劳动力缺位的情况下,家庭生计会出现被动转型:一方面是生计由女性来主导,另一方面则是被动进入高收益高风险的生计结构中。在这个过程中,女性不仅需要承担原有的家务活动,从事经济生产活动以保证日常开销,还需要进一步开拓生计来源以弥补额外的支出(如罚金、欠款等),且经济生产活动需要女性独立开展,这就使得无论是女性还是家庭都面临更多的风险:农活与客房打理的冲突、独自外出打工被骗的风险等。现阶段的多样化生计,与其说是冯琴权衡风险与收益后的结果,倒不如说是她在面临刚性的现金支出面前不得不做出的应对。

蒲塞尼的生活

在性别结构失衡、女性社会流动性不断提升的时代背景下,贫困山村的许多适龄男性由于经济水平低下,往往难以在当地找到婚配对象。河边村这样的边境贫困村的单身汉尤其如此,如果到了三十出头仍然没有讨到媳妇,就只能"娶嫁过人的少妇"或者"娶老憨[①]了"。蒲塞尼就是村民口中的一位"老憨"——虽然是聋哑人,但她一点也不笨拙。

蒲塞尼是瑶族,小时候发高烧导致失聪失语,但为人勤劳聪敏,只是聋哑人的身份让她难以找到好的婆家。2007年蒲塞尼在亲戚的介绍下嫁给了河边村已经33岁的赵文浩,那时候她才22岁。婚后两人生活状况不断改善,村里说他们家以前养的猪和鸡很多,还种了许多橡胶,生的一儿一女都十分乖巧聪明。2015年扶贫项目启动的时

[①] "老憨"一般指笨拙或能力较弱的人,村民有时候特指在智力上或者身体上存在缺陷的人。

候，他们像其他家户一样翘首以待村庄发展的东风，不料天降横祸，丈夫赵文浩被检查出身患癌症，很快于 2016 年去世。祸不单行，2017 年初，大儿子因突发脑膜炎也去世了。蒲塞尼悲痛欲绝，但为了小女儿赵婉莹，她只能从悲痛中走出来，承担起家庭的生计。

随着丈夫的去世，家庭的农业劳作失去主要劳动力，原本依赖甘蔗、砂仁、橡胶的多元农作生计模式很难再维系。从图 6-5 看到，2017 年蒲塞尼的务农收入仍然比较乐观，主要依靠采收丈夫之前管理的砂仁和卖掉一头原本供自家食用的生猪，但后面的年份砂仁产量锐减，她的农业收入只能依靠夏天割胶、冬天卖猪来补充。大部分时候，母女需要依靠政府和社会资助来维持生活。

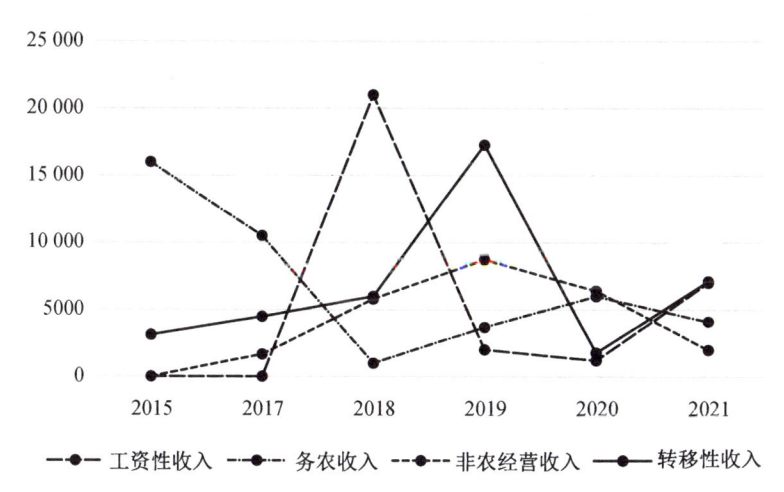

图 6-5　2015—2021 年蒲塞尼家庭主要收入项目变化情况

不过随着扶贫项目的推进，蒲塞尼也在扶贫团队和全体村民的帮助下，于 2017 年把房子建成，还得以优先装修"瑶族妈妈的客房"，以便早日获得经营性收入。在房屋建设过程中，许多村民能够自主完成的改木料、围木板、砌砖挂瓦等工作，蒲塞尼只能请建筑工人完成，所以刨除政府扶贫补助款以外，她仍然支付了5万元的施工费用（图6-6），其中大部分是早年省吃俭用的积蓄。在"瑶族妈妈的客房"建成以后，她十分珍惜这份资产，非常认真地参加每一次的客房服务培训。她的客房虽然空间不大，但被维护得整洁舒适，尤其是洗手间的卫浴总能擦得锃亮，不留一点水渍——比村里大部分农户做得更好。面对客人的时候，因为无法用语言沟通，她就会比画着让对方了解自己的意思，脸上总是挂着热情而安静的笑容。

蒲塞尼对客房如此用心，是因为除了转移性收入，客房是最能提升家庭收入的生计项目。农村残疾人在就业方面受限较大，只能以在家务农、个体经营与灵活就业为主（涂平荣，2020）。一个听障女性就连去农场帮老板摘豆子、种西瓜都会受到歧视，因此蒲塞尼必须与村里人同行才能外出打工。作为一个单亲妈妈，客房能让她在家就业的同时不影响照顾女儿，也是缺乏劳动力情况下的保底生计。

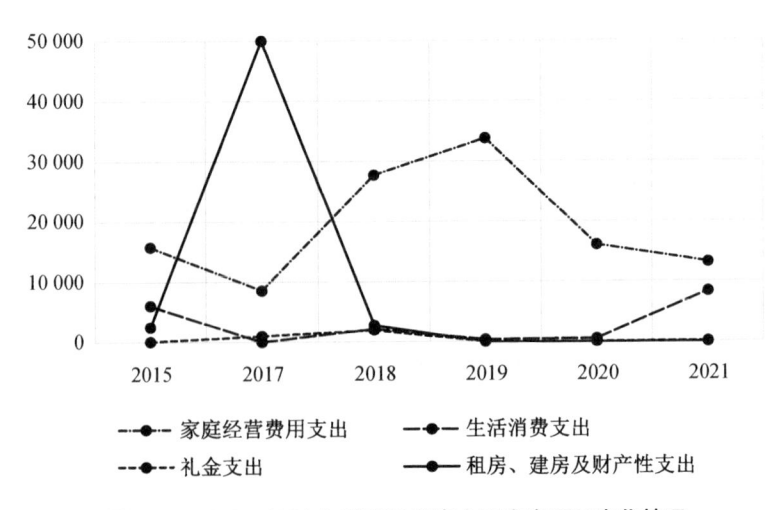

图6-6　2015—2021年蒲塞尼家庭主要支出项目变化情况

当然，为了改变单亲家庭的弱势，蒲塞尼始终希望重建完整家庭。自家盖房子的时候，她结识了单身的建筑工人沈师傅，房子盖好后，沈师傅就留在河边村与这对母女一起生活。2019 年，他们迎来了一位新的家庭成员——小女儿沈佳佳。随着家庭成员的增加，生活消费支出也明显增加，尤其增加了生育支出。

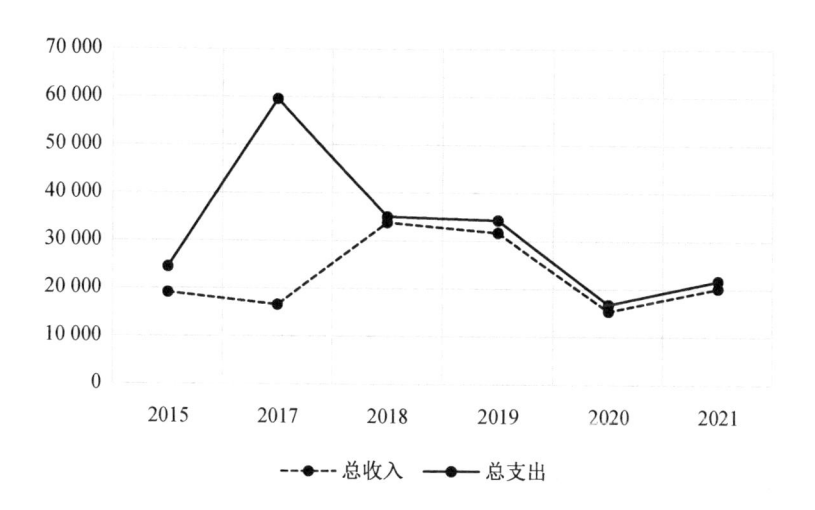

图 6-7　2015—2021 年蒲塞尼家庭收支变化情况

与此同时，家庭的总体收入也有所上升，虽然还是处于轻微入不敷出的状态，但 2018—2019 年已经达到 3 万元[①]以上，我们以为这个新家庭的生活会逐步进入稳定状态。无奈不久之后，由于沈师傅嗜酒又不帮忙干农活，蒲塞尼不愿意再对他忍耐，于是经过多次无声的争吵，最终沈师傅带着小女儿沈佳佳离开河边村，蒲塞尼母女又回归两人生活的状态。2020 年受疫情影响，家庭收支均滑落到 2 万元以下。

[①] 由于未正式组成家庭和财产共享，我们只将沈师傅给蒲塞尼的钱计入转移性收入，而未纳入沈师傅的全部收入。

客房入住的客人少，蒲塞尼继续从事着养鸡、养猪、割胶、打零工等多种生计项目，尽管体量都很小，却保证了母女二人的基本生活需要。

实际上，在这些看似平静的生活状态中，蒲塞尼面临着比其他女性更多的生计压力甚至隐形冲突。作为一位外来的残疾女性，她没有获得自己女儿的监护权。赵婉莹的监护人是他的三伯赵队长，政府给了母女6万元的抚恤金以及低保补助，都打入了赵婉莹父亲生前的银行卡中，由赵队长保管。因为担心蒲塞尼会拿了钱改嫁，赵队长一直不肯将钱取出，说是要等赵婉莹长大了直接给赵婉莹。不仅如此，他们认为蒲塞尼一个人管理不了其丈夫生前栽种的全部橡胶林，于是将其中一半分配给原本到其他寨子上门，听说村里搞发展又回来的小叔一家。对于这些做法，蒲塞尼一直愤愤不平，但又无能为力。她的身份使她背负着双重沉默：其一，在日常生活中，她无法用有声语言来表达自己的诉求，与外界的沟通存在着障碍；其二，在父权制乡村社会中，她是女性，又是外来人口，丈夫去世几乎等同于失去了表达自己诉求的渠道，大多数时候只能服从乡村中姻亲家族男性长者的安排。

尽管面临许多困难，蒲塞尼仍然对生活充满热情。虽然不乏抱怨，但更多的是积极与他人建立联系。一般来讲，聋人只有在从农村向城市迁移后，才能获得学习手语的机会，实现与其他人的正常交流，但生活在农村的蒲塞尼却能一直靠她自己发明的一套手语和自学的读唇能力与村民交流。同时，她用打零工赚到的1500元钱买了部智能手机，还学会使用微信给村内其他妇女打视频电话，通过比画手势，让别人带她出村打零工，解决她无法独自外出的难题。她还经常打视频电话与我们一位能读懂她手语的学生交流，分享村里发生的各种事情。2022年她甚至在微信上认识了一个新男友，在农忙时，男友就会来家里住上一段时间帮她干活。社交媒体的使用不仅帮助残疾人增加社会接触，发展社会关系，拓宽社会网络，表达诉求和发声（Bassey, Meribe & Bassey et al., 2021），而且帮助他们跨越各种外部障碍开展远距离社交，增加他们融入劳动力市场的机会（贺灵敏，2022）。从这个角度上看，现代技术为蒲塞尼提供了拓展个体能力、社会网络与生计资本的时代红利。

不仅如此，聪明的蒲塞尼也十分善于发现机会，用劳动换取生活资源。因为家中缺乏劳动力，口粮存在问题，所以她在2020年帮胡天亮和蒲新海家一起种地，获得了6袋大米作为回报。2021年到村里调研的学生发现她制作瑶族衣服的手艺精巧，从她那先后订购了2000元的瑶族衣服。只要有挣钱的机会，她总会积极把握。2022年以后，雨林瑶家合作社决定统一管理全村客房，需要按天雇佣"专业的"清洁人员，蒲塞尼也表示想要成为其中一名，因为打扫一天可以得到100元左右的收入。

任何与蒲塞尼接触过的人，都能在她的身上看到强大的韧性和生命力。作为一名农村残疾女性，蒲塞尼的脆弱性不仅来自制度性限制，也与其社会身份、人际关系、教育水平、经济条件等社会资源密切相关（李小云、张瑶，2020）。但尽管多重弱势身份加诸其身，她都能以乐观积极的态度应对生活：首先，她在力所能及的范围内承接了去世丈夫的农业劳作，确保部分食物自给和保底收入；其次，积极对接新业态经济，获得一份增收明显的收入来源；再次，非常主动地维持依托丈夫建立的亲缘社会网络，尽管与夫家兄弟时有冲突，但从没有中断往来，因为女儿上学以及家庭突发状况等都需要他们帮忙；最后，她还借助网络的力量，把社交媒介变成规避生理性缺陷的工具，主动获取外界资讯与资源。

冯楚敏的"抱怨"

1978年,美国学者戴安娜·皮尔斯(Pearce,1978)在《贫困的女性化》一文中揭示了美国贫困的两个主要特点:一是女性贫困,二是单亲母亲家庭贫困发生率高。无独有偶,中国学者在传统农村社会中也发现未婚或丧偶的家户比已婚家户实现脱贫的概率低40%(潘兵、程广华、王春春,2021),这意味着婚姻状况对家庭缓解贫困的重要性(迪顿,2014:65)。单亲母亲家庭和留守妇女家庭承受着来自生产和生活的双重压力,相比于其他已婚家庭,由于受到生活环境、自身人力资本的限制,家庭内部人际关系以及社会资本的欠缺使她们更容易陷入贫困(何军、沈怡宁、唐文浩,2020)。河边村冯楚敏的故事似乎印证了成婚家庭对于生计的正向作用,但她最终选择离婚则更促使我们思考婚姻带来的生计变动与女性主体性建构之间的复杂关系。

冯楚敏是冯家的幼女,上面有哥哥姐姐,下面还有一个弟弟。2015年我们进村时,冯楚敏可以说是生活窘迫。听同村的人说,她被丈夫家暴,所以带着女儿回到了娘家,一年后和丈夫正式离婚。2017年正值"河边实验"期间,全村各家都在建房。独自一人的冯楚敏只能依靠自己的兄弟姐妹,并额外花钱聘了师傅才建好自己的房子。那一年仅建房支出即达到3万元,家庭状况出现了明显的入不敷出。

但相对于前两年的状况,2017年冯楚敏的家庭总收入仍然较2015—2016年提升很多。在这一年,冯楚敏赴景洪的饭店打工,并在那里遇到了经常去吃饭的张海。两人很快成婚。张海是湖北人,长

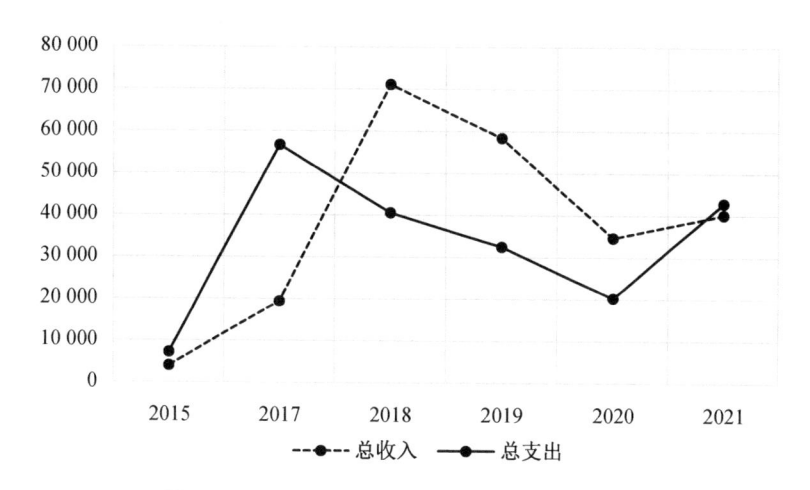

图 6-8 2015—2021 年冯楚敏家庭收支变化情况

期在建筑工地担任管理工作。能够提供稳定收入的劳动力数量的增加显然能够为单亲家庭带来更多收入。张海会给冯楚敏带回自己打工所积攒的工资，因此冯楚敏家的工资性收入在 2017 年出现了大幅增长。

从数据上看，成婚后冯楚敏的家庭生活明显改善。我们刚到河边村时，单身的冯楚敏带着孩子生活，没有太多时间外出打工；随着孩子的成长，生活支出尤其是教育相关支出越来越多。虽然河边村有着明显自给自足的小农特点，但是由于村民的教育、医疗等很多方面都已被卷入现代社会的消费轨道，现金需求的日益增加，对一个带着孩子的单亲母亲而言是巨大的挑战。再婚以后，丈夫的工资性收入给新家庭增加了收入来源，并成为家庭最为重要的经济支撑。此外，家庭新成员的到来也为冯楚敏带来了较高的转移性收入。2018—2019 年，冯楚敏因怀孕和生育林林总总共获得将近 8 万元来自张海父母的慰问。同时，新业态的加入也让冯楚敏可以在家带孩子的同时获得一份新的客房收入。虽然新家庭带来了新的成员，增加了家庭支出压力，但是也通过劳动力增加及收入来源拓展改善了家庭生计状况。这一点很像班纳吉与迪弗洛（2013：111）在《贫穷的本质》一书中提到的有效家庭模式，即家庭被看作家庭成员之间谈判的产物，夫妻双方会确保家庭作为一个整体能够过得更好，这使得每位家庭成员对其他成员都负有责任。家庭成员共享收益、共担风险，还会通过涉足多种职业、在村中不同地方置地、经营保守的生意、利用婚姻等组合方式来分散或抵御风险。

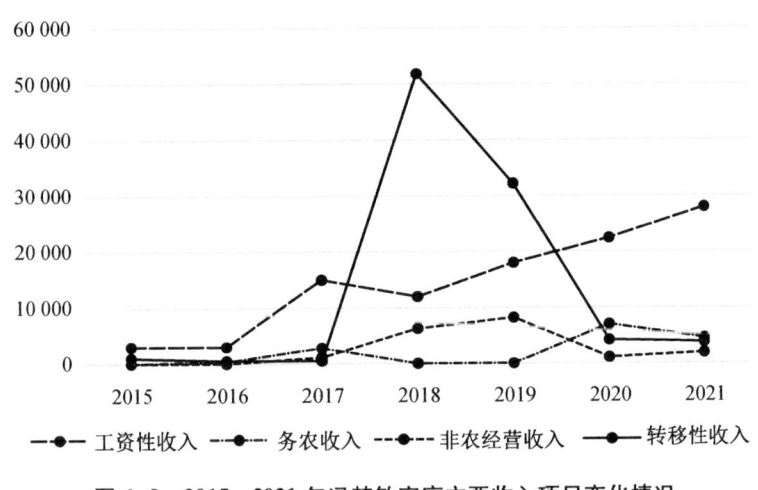

图 6-9　2015—2021 年冯楚敏家庭主要收入项目变化情况

从数据上看，成婚家庭的好处似乎显而易见，但冯楚敏对这段新的婚姻牢骚满腹。一方面是丈夫的长期缺席，导致家庭的生活重担完全落在她一个人身上。张海长期在外务工，除了冯楚敏生育那一年在家的时间长达四个月以外，其余的时间里张海几乎只是在过年的时候回家一段时间。2019 年后，冯楚敏一边带孩子，一边还要打理自家30 亩的橡胶地。她和我们说，别家都是晚上两个人一起去割胶，但是她从来不敢。"我也知道要是好好割的话一年也能得万把块钱，但是我晚上不敢去，太害怕了。所以我一般都是等天亮了再去割胶，胶水就要比晚上去割少很多。"割胶之外的时间，冯楚敏把大部分的精力放在了小儿子身上，这限制了她外出打工挣钱的时间。"我妈不像别人家妈，她有高血压，也不能给我带孩子，所以拴着我也没法出去打工。"有时候提起自己的同学，冯楚敏的语气里也满是羡慕："我有一个闺蜜离婚了，自己在勐腊开店，光是租金一年就要5万块钱，我想应该挣很多吧。她要我过去打工，第一个月就能有3000块，但是我妈不让我去，我就去一个星期就把我叫回来了。"另一方面，夫妻长期分隔两地也让彼此生了嫌隙，冯楚敏对于张海寄回来的钱数非常不满。冯楚敏常说，张海一年到头都在外面干工程，总是吹自己一个工程下来能拿好几万，但是到头来拿给自己的却只有几千块，她想不通为什么那么少。过年时张海回家，冯楚敏和我们抱怨张海花钱大手大脚："每次一去到镇上就好几百好几百地花，拿回来那点钱全让他给花完了，完全不想着家里怎么过生活。"

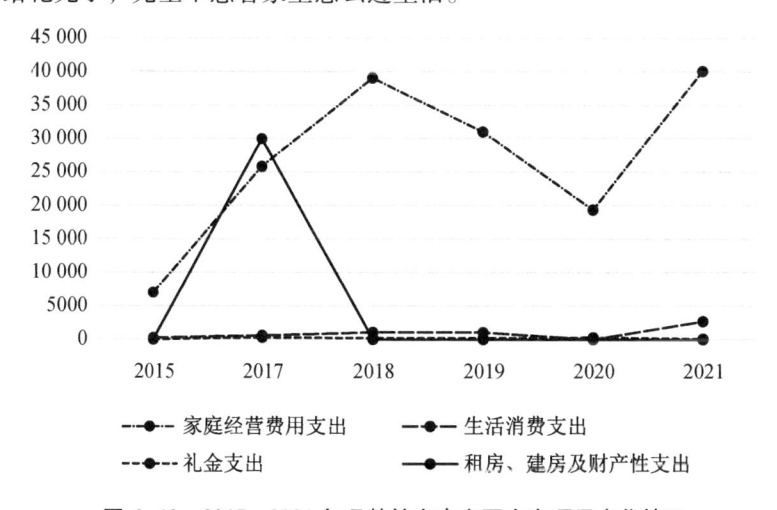

图 6-10 2015—2021 年冯楚敏家庭主要支出项目变化情况

冯楚敏的抱怨不无道理,家庭对于她而言不仅仅是丈夫时常通过微信打来的工资,也是情感的陪伴和责任与担当。2023年初,冯楚敏告诉我们她又离婚了。"我自己去县里找了律师,帮我打了离婚官司。我想过了,反正一直都是我自己养儿子,要男人没用,留着在家里还心情不好,还不如离婚。"如果从经济角度来分析,这一选择似乎是非理性的。按照贝克尔理性选择理论的家庭分析,婚姻是在婚姻市场上基于比较成本和收益而选择效益最大化的结婚对象,离婚与否也取决于离婚成本和再婚收益的权衡(贝克尔,1995)。冯楚敏作为单亲母亲要兼顾两个孩子的生活,目前小儿子刚上幼儿园,大女儿在勐仑上中专。从教育支出到生活支出基本都是刚性的,如果离婚就会立刻丧失来自丈夫的工资性收入,这个家庭似乎会又一次陷入贫困。但从制度主义的视角来看,个体行为的自主性是由社会文化和制度建构而成的(周长城、韩秀记,2010),这意味着现代家庭的行动选择往往是在情感诉求、家庭伦理、市场渗透和国家规范的互动下所达到均衡状态的结果。从冯楚敏的身上看,与张海结婚之后的她一直被迫成为"留守妇女",日常生活中的情感诉求无法得到满足。而随着市场的进入,冯楚敏能够凭借自身能力获得收入而不一定完全依赖丈夫,比如"瑶族妈妈的客房"就可以让她在家获得几千乃至上万的收入。尽管我们无法将冯楚敏的选择完全归于女性主体性的觉醒,但国家和市场为女性的赋权的确让冯楚敏更有底气选择自己想要的生活。

"孤独"的卢丽

来过河边村的人都会注意到,在村里桥头第一排的房屋中,有一座房子显得格外简陋。房屋周边杂草丛生，一楼到处堆着衣服和杂物，二楼的窗户也像没安好似的。从他家门口路过，家里的一切都一览无余。这就是赵文山和卢丽夫妇的家。看到有客人到来，女主人卢丽就会站在路上用瑶语大声叫喊。我们问村民她在喊什么，村民告诉我们那是在骂人，骂得很难听。卢丽和村里人几乎没有任何来往，似乎每家每户都是她的敌人，我们经常看到她指着邻居或其他村民大骂。了解她的故事一直是我们的一个难点，她虽然对我们并没有敌意，但也不怎么与我们交流。有限的几次交流中，她告诉我们，她家里的地被人占了，她要把地给要回来。其他农户则说，她在胡说。时间久了，我们多多少少掌握了一些信息。"河边实验"实施以来，卢丽家几乎从未真正参与其中，而是长期维持着艰难的生计。

卢丽嫁到河边村已有20多年，生育过4个儿子，其中一个因病去世。现在一个儿子在外打工，一个儿子上初中，还有一个儿子正在上小学。卢丽家隔壁住着老支书雷中山一家，雷中山其实是她的亲戚，她也正是经雷支书介绍嫁给了赵文山的。赵文山是一个很少说话的老实人，问他家里的情况，他大多时候都是"不知道""没有""过不下去了"。他甚至不清楚孩子上学需要缴纳多少学杂费，只负责每个周末骑摩托车把他们接回家。村里人都说赵文山太老实、太笨。村里人说，在我们来到河边村之前，卢丽只是情绪有些不稳定，并不会表现得这么"疯狂"，而她最近几年一直处于"发疯"的状态，村里人也说不清楚她到底是真的精神失常了还是毫无顾忌地宣泄自己心中的不满。有人说，卢丽是一个好强的女人，看着大家日子都过得越来越好，而她自己的生活毫无起色，所以她才越来越无法控制自己的情绪。由于卢丽只会说瑶话，情绪又时常处于不稳定的状态，我们很难和她正常沟通，更多是通过观察以及与村民的交流来了解她的想法。镇里的干部说,村里很排斥他们,具体的原因非常复杂。然而,让人无法理解的是,卢丽几乎拒绝了所有别人想给予的帮助,也包括我们团队的帮助。

2015年全村重新确定贫困户名单时,村民们说卢丽家有一年2万块的地租收入,按照收入水平来说刚好跨过贫困线,不该属于贫困户。此后,无论是易地搬迁的政府建房资助,还是涉及医疗报销等的福利,卢丽家都只能拿到非贫困户的待遇。我们团队曾经接触过卢丽的成员说,卢丽拿出了自己与他人租地的合同,承租土地的人只在第一年支付过她6000元的地租,第二年支付过8000元的地租,之后就多次推脱种植香蕉亏本所以无力支付原本约定的土地租金。卢丽几乎不会汉语,很难与人沟通。赵文山又太沉默,很少像其他河边村的男性一样与人喝酒交际,而是常常独坐在家中。尽管赵文山在村中有亲兄弟,但他们的生活也不太如意,都属于村中比较边缘的群体。卢丽家与其他村民几乎没有任何交往,2015—2021年卢丽家的礼金支出为零。

2016年村民陆续开始建房子,在基层政府的压力以及我们的劝说下,村干部决定帮卢丽家把"瑶族妈妈的客房"建起来,村民们也都同意捐出一部分钱或者木料帮他们解决建房材料短缺问题,但卢丽都断然拒绝了。镇里、县里的干部多次上门做工作,也没有奏效。一开始在做村庄规划时,卢丽害怕她家的土地被侵占,不允许村里在她家周围做任何建设工作,村里在她家周边修的路、栽的花、搞的绿化也都被她破坏掉,甚至隔壁雷支书家靠近她家的生活设施也遭到破坏。这样的事件一再发生,加剧了她与村民的对立,她家成了村里名副其实的"钉子户",村民很少靠近她家,更没有人走进她家里。

2018年以前卢丽家基本维持着自给自足的生活方式,收入来源包含农业、务工、政府补贴和土地租金。2018年之后他们家基本不再以农业作为经济来源，种植的水稻、蔬菜全部为自家日常生活消耗，收入主要依靠政府的边民补贴和土地租金，开支极少，生计越来越封闭内向。2020年，卢丽家基本收支平衡，全家收入共计11 072元：其中赵文山跟着胡瑶财学习木工技术制造纺织机①，卖给邻村挣得了5000元；此外，还有6072元来自政府的转移性收入。

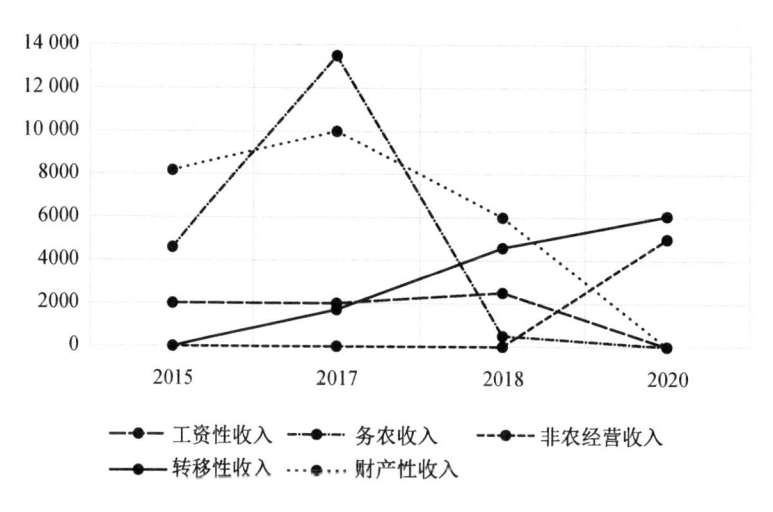

图6-11　2015—2020年卢丽家庭主要收入项目变化情况

从图6-12中可以看到，去掉2018年建房的支出，卢丽家一直保持在低消费、低福利状态之中。卢丽家在2018年将上一年政府发放的建房补贴2万元用于房屋建设工作之中，产生了两个年度的短暂的收支不平衡情况。除此之外，从整体上来说，他们家勉强保证了收支平衡，但显然也没有什么结余。大儿子在勐伴打工，经常给家里买米

---

① 胡瑶财家是村里少有的能和赵文山交往的农户，赵文山出现生计困难时，甚至能够从胡瑶财家借钱以应对。

面油等，因此家里食物消费支出较低。另外，卢丽也会自己想办法，有时她需要一些生活用品时，就会去镇政府寻求民政部门的帮助。卢丽家生活支出中占比最高的是两个小儿子的教育相关支出，共计3300元。2020年，卢丽家是村里收入和支出最低的家庭之一，也是河边村少有的在扶贫实验开始以后收入水平不升反降的家庭。

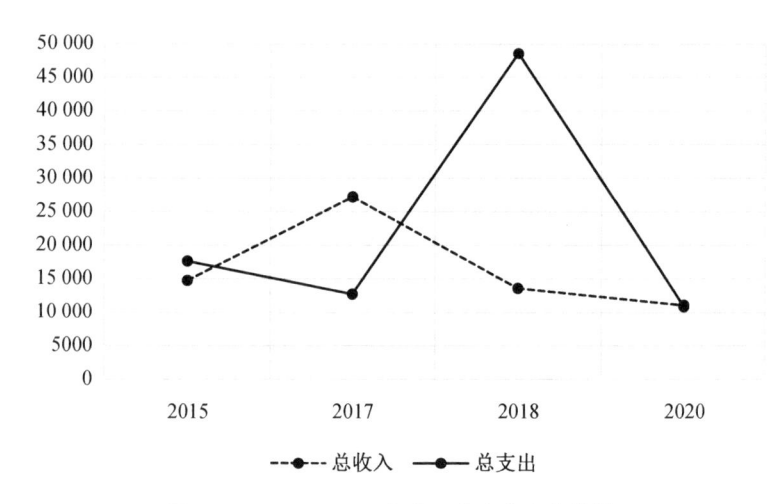

图 6-12　2015—2020 年卢丽家庭收支变化情况

受到家庭环境的影响，卢丽的小儿子从不和村里其他孩子来往，他每天默默地跟在母亲身后，不吵不闹，完全没有同龄儿童调皮活泼的气质。刘易斯认为，由于核心家庭及其成员之间的相互依赖和信任关系，年青一代从父母那里继承了价值观、态度和习俗，导致了贫困文化的代际传递（Stenberg，2000）。卢丽的大儿子还不到结婚年龄，就当上了父亲。当时他的女朋友临产却没有钱支付医院费用，卢丽的大儿子通过微信找到我们，我们帮这对年轻人垫付了费用。他说他会打工还这笔钱，但之后很长一段时间，我们都没有再听到他的消息。这个孩子出生以后，卢丽除了喂鸡喂猪外，几乎无法分身外出，绝大多数时间都在照顾这个小孙子。

卢丽家面临的现实困境表面上看是贫困陷阱,深层次看则是社会排斥。贫困与社会排斥之间有着千丝万缕的关系,被隔离于某些社会关系之外可能会导致其他的剥夺,从而进一步限制人们提升生计水平的机会(森、王燕燕,2005)。例如,2015年我们刚进村时,全村女性的普通话水平都很低,但随着与我们日渐增多的互动,女性的语言水平迅速提升,大多数人能够毫无障碍地与外界交流,参与到村庄建设和客房经营中。而卢丽却因为某种程度上将家庭自我封闭于乡村社会之外,至今仍无法与外界正常沟通交流,也导致她的诉求常常只能以过激的形式予以宣泄。事实上,卢丽也曾经试图和我们进行正向的沟通,建房时我们曾经请村里一位会砌砖的村民帮助她家修建卫生间,她也罕见地邀请我们参加她家的杀猪宴,在我们离村时也会提一袋鸡蛋送我们。这种举动在村民看来不可思议,但其实是她重构自己的社会网络的一种尝试。只是,她对外界的戒备心理和有限的沟通能力限制了她与外界进一步交流以及获取资源的机会:帮助她修卫生间可以,但如果要拆掉她家周围的挡墙帮助她修建新的、符合规划的景观,她就会认为是侵占了她的土地而态度激烈地予以坚决抵制。

从某种意义上讲,卢丽和这一章的残疾人蒲塞尼有些类似:都是外来人口嫁入河边村,育有多个子女,老公在生计活动中缺位(逝世或者无法承担实质事务),家庭在乡村共同体中处于边缘位置,导致土地利益受损……但是二者却有着不同的转变:蒲塞尼懂得乡村社会网络的重要性,选择维持好与丈夫家族及村民的关系,并主动抓住一切外界带来的机会拓展生计资源;卢丽难以消化乡村社会中的种种冲突,并与乡村社会形成对抗,受到乡村共同体的排斥,落选贫困户、无法建成客房参与新业态等,导致心理愈发失衡,将小家庭与乡村共同体完全隔绝开来，并拒绝从共同体到外界与其进行的一切互动。她将乡村共同体在政府与社会组织的干预下提供的善意行为再度恶意化，由此也导致了生计困难的加剧。

从卢丽和蒲塞尼两个案例中可以看出，社会关系对于农户家庭生计的重要意义。拒绝共同体及外界社会关系提供的支持机会意味着将生计退回小农状态，只能靠有限的劳动投入与政府的兜底支持勉强维持生存水平，很难抵御风险。卢丽一家在面临风险时，倾向于选择向乡村以外的我们和基层政府来寻求支持，而非像其他农户一样首先寻求乡村共同体的庇佑。我们的挑战是，如何打破卢丽一家与乡村共同体的隔绝状态，在不对其心理产生二次伤害的前提下让其接受外界的支持，从而帮助其生计逐步走向积累的正向轨道，实现福利的提升和改善。

唐义竹、唐妍的生计选择

"河边实验"旨在通过新业态主导的复合型产业大幅度提升农户收入，在农户的能力建设方面投入颇多。这一节我们将原来作为合作社成员的两名女性放在一起比较，她们都在"河边实验"初期成为项目核心成员接受了能力建设，但都在工作一年后选择辞职回归家庭。作为家中的女儿，她们虽然是项目的核心成员，但仅有基本的工资性收入，对家庭的生计影响不大（图6-13、图6-14）。对她们的讨论更多集中在她们作为主体的生计道路选择上。我们很想知道：当我们希望通过"瑶族妈妈的客房"以及进一步的能力建设为女性赋权时，她们为什么仍然选择放弃事业并回归家庭？进一步来说，公共领域和作为私人领域的家庭是否不兼容，家庭与市场真的是对立的吗？

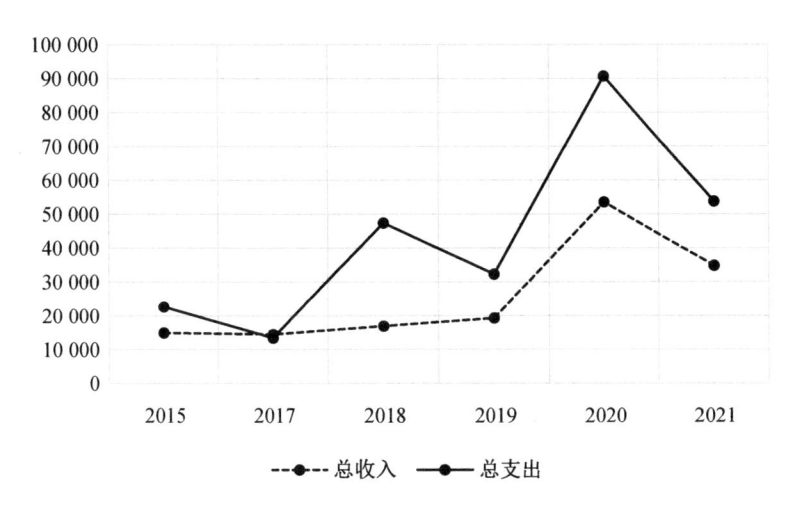

图 6-13　2015—2021 年唐文竹家庭收支变化情况

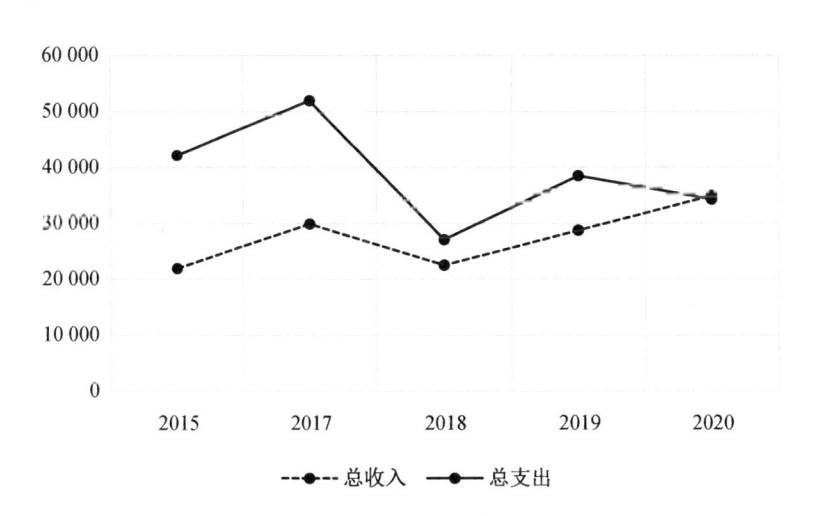

图 6-14　2015—2021 年唐妍家庭收支变化情况

2018 年，随着村中客房逐渐修建完毕，我们帮助村内组建了雨林瑶家合作社，由村里的年轻人担任职业经理人，负责客房的运营、管理等工作。第二章中介绍的大部分人都是合作社的成员，实际上合作社刚开始的时候还有一位女性成员，就是唐文竹。唐文竹家一共姐妹三人，姐姐已经外嫁，妹妹还在读书。"河边实验"开始不久后，唐文竹就带着孩子离婚回家，在带孩子的同时帮父母做点力所能及的农活。由于她们一家在"河边实验"开始之前就已经准备修建自己的房子，因此比其他农户更早备好了木料。他们家作为示范户，建起了河边村第一栋带有客房的干栏式木屋。也是因为这个契机，我们与唐文竹相熟，并希望她加入合作社团队，主要负责前台接待、游客导览等工作。为了帮助村里的女性拓宽眼界，了解"河边实验"想要达到的效果，以及具备现代化客房服务管理人员需要的素质，我们多次组织村中女性集体外出学习。有一次唐文竹随团去西安参观，回来之后告诉我们她们去转了好多地方，见了不少世面。除此之外，我们还让唐文竹参与媒体宣传，推荐她出演中国网拍摄的河边视频中的村民。尽管她很害羞，但是作为合作社唯一的女性，扶贫团队非常希望把她推出去作为"瑶族妈妈的客房"中"瑶族妈妈"的形象代表。在平时，团队成员也会手把手教她如何提升客房服务能力，比如如何使用蒸汽熨斗为客人提供熨烫服务等。唐文竹作为合作社成员也一直领取着合作社补助，从图6-15中可以看出，唐文竹作为合作社成员所领取的工资性收入在2019年是家庭中最大的一笔收入。

但在2019年末，唐文竹还是选择退出合作社。一方面，合作社团队的其他成员早就对她的工作态度表示了不满，觉得每次有事情叫她的时候她都推托有别的事；另一方面，唐文竹自己也向我们表示，比起来做这些事情，她更想要出去打工。最终，她退出了合作社，并很快和外村一个种植芭蕉的农户结婚，开始了自己新的生活。

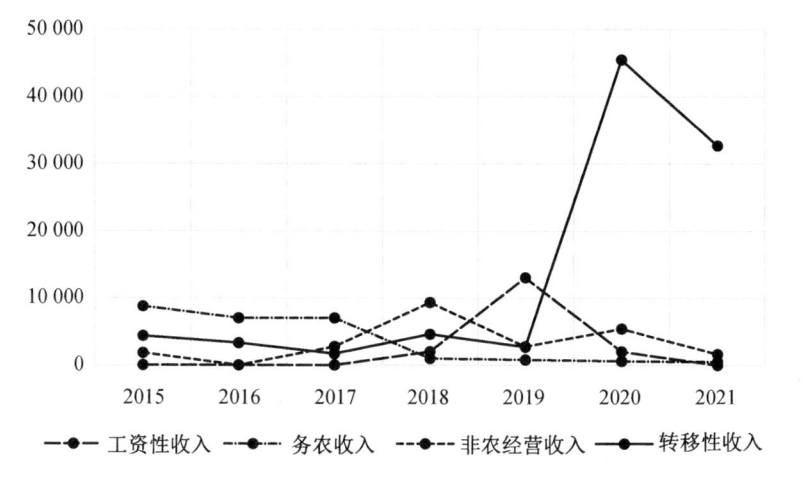

图 6-15 2015—2021 年唐文竹家庭主要收入项目变化情况

唐妍的故事和唐文竹非常相似。唐妍兄弟姐妹四个人，姐姐早年出嫁到了易武刮风寨，现在以制茶、卖茶为生；哥哥初中毕业以后常年外出务工，后成为卡咪寨的上门女婿；家里只剩下未出嫁的她和当时还在读初中的弟弟。由于"河边实验"也关注贫困的代际传递问题，我们卅设儿童活动中心，让河边村学龄前的小朋友们提前学习一些基本的社会规则，培养良好的学习和生活习惯，并在课间为他们补充营养。在中国妇女基金会与云南省教育厅的支持下，团队选择了唐妍作为幼儿教师，并资助她到景洪市的幼儿园进行培训。在为期一个月的培训中，唐妍在幼儿园的小班旁听老师们的课程，学习有丰富经验的幼儿园老师如何与孩子们交流、互动和教学。回来后唐妍担负起了儿童活动中心幼教的工作，带着村里的小孩子们背唐诗，教给他们卫生知识以及基本的礼仪。在我们都认为唐妍可以一直将这份工作做下去的时候，唐妍却开始频繁请假：不是要去下地干活，就是要陪妈妈看病，短则两三天，长则半个月。一段时间之后，唐妍提出了辞职。辞职后的唐妍和唐文竹一样,也在很短的时间里就迅速结婚,结婚的对象是一个已经离异、带着两个孩子的中年男性。在之后的日子里,我们有时候也会看到唐妍和唐文竹回家探亲,并且不管是唐妍现在丈夫的孩子,还是唐文竹的儿子都在几年后开始在河边村的儿童活动中心学习。当她们回来见到我们时,还是会像见到老朋友一样和我们打招呼,并亲切地叫我们来家里吃饭。但我们知道,她们自己的人生已经和"河边实验"的内容没有太大的关系了。唐文竹和自己的丈夫一边种香蕉,一边做买卖香蕉的中间商,日子过得有声有色,还能不时贴补一下父母;唐妍则是和丈夫开起了"夫妻店",在曼燕经营一家建材店,同时帮着丈夫照顾他的两个孩子。

女性在家庭结构的制约下很难体现其主体性,但可以通过参与社会生产劳动,以经济独立的方式获得主体性(赵小华,2004)。在"河边实验"中我们为河边村女性提供"瑶族妈妈的客房"经营者、合作社成员以及儿童活动中心教师的工作机会,希望通过增加其对家庭的经济贡献来提升经济社会地位,也希望通过她们更多参与家庭经济事务、集体公共事务来赋权女性。唐文竹和唐妍的案例则告诉我们,对于河边村的女性而言,仍然是家庭主导其生计选择,而不是后者影响前者。家庭仍然是小农户社会生产和生活的基本单元,女性的生计选择围绕着家庭的变化来完成。在大家庭中她们往往听从父辈的安排,在核心家庭中通常会将丈夫的安排放在第一位。唐文竹对于合作社的事务不积极,很多情况下是因为自己无法把儿子放心交给父母看管,她需要对儿子的衣食住行负责。合作社的各种事情对她而言,占用了自己帮助父母农忙和照顾孩子的时间。唐妍的母亲患病,她继而生出辞职的想法。她跟我们说:"我妈现在缺钱,我得出去打工,不然没钱给我妈妈治病。我家出了这样的事情,我只能跟你们说对不起，我对不起你们对我的信任。"现代化进程中，女性在家庭中长期形成的核心作用与其职业发展形成了很大的张力。不管在现实层面还是社会文化层面，乡村社会中家庭对女性的拉力无疑更大。因此，在不改变社会文化结构的条件下，想要用一个技术性的路径帮助女性提升经济社会地位，甚至发育出性别主体意识，仍然困难重重。

第七章
单身汉的生活

在乡村研究和乡村发展实践中,我们往往更多聚焦于成婚家庭,针对生计的研究也往往更多涉及农户家庭成员的收入和消费,并聚焦在劳动分工、福利分配、家庭负担等一系列问题上。但是,乡村社会中也不乏单身者。在城镇化的大背景下,与城市未婚女性更多的情况相反,乡村往往是未婚男性更多,这一群体的人数甚至呈现出增长的趋势(果臻、李树茁、Feldman,2016;陈友华、乌尔里希,2002)。单身汉农户通常只有一个成员,他们的生产和生活与成婚的、有多个家庭成员的农户相比完全不同。

限于瑶族的传统,未成家的儿子往往仍和父母同住一处,因此我们每年的农户收支调查没有将他们的生计数据与父辈分开。但实际上,这些大龄的未婚男青年的生活和生计在很大程度上已与父母分开,具体表现在:两代人分开做饭,互相不了解各自的支出,收入也各自保管。本章还将涉及离了婚的男性或者单亲父亲,在河边村这也是一个突出的群体。相比于从未成家的男性,他们的主要不同在于已经从父辈的大家庭分家出来,自己或者带着孩子独立成为一户。根据2021年河边村人口花名册,25岁以上从未成婚的男性有17位,离婚后单身带孩子的男性有6位,这部分群体所在的家户一共为19户,占全村 57 户的三分之一。① 从这个角度来看，呈现单身汉群体及他们所代表的生计，是我们讨论河边村生产和生活必不可少的一部分。

过去村民说，因为河边村穷，很少有女性愿意嫁进来，即使有女性嫁进来，生活不了多久也会想要逃离。在我们的设想中，"河边实验"如果能够改善农户的福利状态，提升农户的生计水平，或许可以帮助村里的单身汉早点成家，但现实却让我们意识到，河边村乃至更为广泛的农村的单身汉群体的出现与扩大，是众多因素作用的结果，它与乡村的传统、城乡的融合以及现代市场的发展深度关联（彭大松，2014），单身汉们想要建立家庭的愿望也很难单纯依靠短期内生计的提升来实现。

尽管河边村也处于现代化的快速变迁进程中，但河边村的单身男性与公共讨论中的追求现代生活方式、注重个体独立与自由的城市单身青年存在本质差别。一方面，河边村的单身男性并非主动脱离家庭，而是在"婚姻挤压"女性不断上移的过程中被动剩下的群体（马健雄，2004）；另一方面，借助于村庄本身存在的共同体，他们的生计并未完全脱离于整体社会，而是脱离家户的范畴来寻求与乡村社会再整合的途径。

冯楚柱的案例讲述的是村里一个大龄单身汉的生计转变历程。作为河边村最早的高中毕业生，他被家人寄予厚望，但由于种种结构性的制约，未能进入正式单位就业。之后他对于生计种种大胆的探索并没有改变经济和生活状况，反倒由于不断受挫影响了生理与心理状

---

① 按照户口所在地为河边村的进行计算，河边村共有 57 户，其中有 2 户长期不在村，生计已经完全脱离了河边村的范畴，故不在本书的讨论范围内。另外，以 25 岁以上作为单身汉的分界点是因为当地瑶族普遍在 20 岁出头结婚，25 岁以上的男性结婚的可能性大大降低。有一些家户甚至有 2 位从未结婚的单身汉，因此从未结婚的男性和离婚后恢复单身的男性所在的户口数，一共为 19 户。

态，成为村民眼中"精神有问题的人"，也成了个干不了活的农民。最终，在扶贫实验的推动下，他靠着新业态的发展，摆脱了过去完全依靠国家转移支付的依赖性生计，为自己的生计拓展了新的来源。赵中兴的案例呈现的是一个单身汉依靠政策性兜底与乡村公益性岗位抵御疫情冲击的故事，显示了国家通过脱贫攻坚大规模介入传统乡村的作用，以及乡村福利再分配的逻辑。唐长戎的案例体现了单亲爸爸在亲属网络支撑下的生计与生活。雷小满与父辈家庭从分到合的故事表明，两代人可以通过生计整合，更高效地利用大家庭的劳动力和资源情况，提高整体应对风险的能力。当然，这一整合建立在新业态所带来的机会的基础之上。蒲成文在生计选择中看似非理性，实则体现了其特定条件限制下的理性。雷中新的案例讲述的是一位乡村老好人，其简单生计一直围绕着与乡村共同体关系的构建展开，这一关系为其提供了抵御风险的重要保障。唐长财是一位大龄单身汉，他借助扶贫实验发展新业态的过程掌握了建房技能，依靠这一技能跳脱出小农赖以生存的农业生产，某种程度上成了村里的"黄金单身汉"。冯万奇的案例描述的是共同分担家庭生计的两兄弟在城乡之间穿梭的故事，他们半农半工以及交替进行的分工策略支撑起了家庭生计。

尽管这些单身汉的生计故事各有不同，但总体来看仍不乏共同之处。第一，他们的生计渠道相对单一化。不同于家庭样态完整的农户，有限的劳动力令单身汉的生计策略更为单一，而乡村原本可以提供的生计渠道往往是对于劳动力需求较大的农业生产，因此单身汉很难在农业生产中获得较高收益。客房这一新业态的引入帮助单身汉摆脱了过去完全依靠体力的农业生产，利用碎片时间管理客房，其余时间可以继续从事农业劳动。但另一方面，新业态的短时高效收入也影响了年轻单身汉们的生计选择，他们更倾向于转向"非农化"的生计模式,即基本放弃农业生产,而是以新业态和短期外出务工为主要谋生手段。第二,他们的生计水平表现出高度弹性。这一方面体现在收入的波动上,另一方面也体现在生计样态的变动上。他们很容易转变原本就较为单一的生计模式,所谓"船小好掉头"。无论是建房过程中农业生产遭到挤压,还是新业态遭遇市场风险,他们在发挥主观能动性的前提下,常常能够迅速调整其生产内容,以维持基本生计。第三,他们的生计模式常常重消费轻积累。对其中的很多人来说,由于缺少家庭生计的压力,不论他们通过农业、外出务工或者新业态挣到多少钱,都更倾向于选择"生活型经济"而非"节余型经济"(袁明宝,2014),大部分收入都流向了日常消费而非储蓄。第四,整体来看,单身汉的生计网络呈现出两种极端面向:一类单身汉几乎放弃在村内的生产生活,转而在外部更大的社会和市场中寻求位置,例如长期在外务工人员,其生计基本脱离乡村;另一类年纪相对较大的单身汉则更加封闭,固守个体的生产生活方式,甚至徘徊在乡村社会边缘。人本身需要通过社会交往来证实自身的社会认同(王铭铭,2000),但后一类单身汉容易感到自身的身份定位与其他农户的差异,因为乡村社会交往通常以家户为单位进行,一些单身汉无法在其中找到合适的定位,逐渐形成内倾性的社会交往模式(李倩、李小云,2012),成为边缘群体。他们的生计更多体现为一种软绵绵的、没有力度的生活方式,在微观层面呈现出"糊口经济"(黄宗智,2000)的状态。因为没有成家立业的目标,他们的生计也就显著区别于村中的常规家庭。第五,国家的扶贫、惠农政策以及乡村传统社会关系为单身汉的生计提供了重要的兜底性保障,尤其是对于劳动能力逐渐降低的中老年单身群体而言,兜底性的社会保障对其生计的支撑作用更为明显。

干不了活的冯楚柱

冯楚柱曾经是他父亲冯云照的骄傲。作为冯家的长子，冯云照花了很多的心血培养他，在村里普遍缺吃少喝的年代，父亲就想尽办法送他去县一中读书，使他成为村里第一个高中生。与此形成对照的是，在上一章中提到的冯琴，作为家中的长女，冯楚柱的妹妹，却没有上过学，只是在家照顾弟弟妹妹，帮父母干农活。高中毕业后的冯楚柱，对未来抱有很多期待，但他没能获得一份正式工作，只能从事代课老师、辅警等临时工作。此后，他当过橡胶技术宣传员、茶叶种植员，但无论如何都没有挣到过他所期望的"大钱"。正如我们在他父亲冯云照的故事里提到的那样，冯楚柱经历种种生计探索后，去过地下赌场，借钱包地种植，欠下了不小的债务，后来债还了，他也患上了心理疾病[1]，无法再从事重体力生产劳动。2015年我们进村时，他已经从父亲苦心培养的"村里第一个高中生"变成了村民口中的"精神病人"。

年过四十的冯楚柱一直没结婚，和父母住在一起。[2] 其他兄弟姐妹都住在他家周围，2016年开始建房时，兄妹们都相互帮忙盖房子。后来一个兄弟觉得请人帮工会更省时省力，另一个妹妹则暂时停工，导致兄妹间的互助建房行为就此停滞。冯楚柱干不了什么体力活，好

---

[1] 根据冯楚柱的诊断书，他患上的是"双向情绪障碍症"，犯病时会产生狂躁、焦虑的行为。

[2] 冯楚柱没有分家，所以在以家户为单位进行年度收支调查时，没有单独涉及他的生计。因此，他的生计并不能通过数据呈现，事实上，他虽然和父母住在一起，但两代人吃饭各自分开，客房也由他独自经营。从这点上看，他的生计仍然较为独立，因此我们将他单独作为一个案例进行呈现。

在建房所需要的木料此前已经由兄弟姐妹们帮忙从山林里运了出来，而主要的建房工作还是由父亲冯云照承担，他只需要帮忙打下手。在以农业为主要产业的传统乡村，冯楚柱这样无法从事重体力劳动的人基本等同于丧失了劳动能力。他既盖不了房子，也没法去山林里割橡胶，即使是去附近打零工，老板也不愿意雇佣他这样"精神有问题"的人。和父亲母亲生活在一起，他只能干一些诸如喂鸡、做饭之类的轻活。

村里人说冯楚柱得了"精神病"，是一个"干不了活的人"。但平时我们与他相处，似乎没有发现太大的问题。他能理解我们发展客房的想法，也能表达自己的见解：比如他不想将客房打造成白色的墙面，更想保留木质的颜色来体现瑶寨的特色。他说自己受不了累，一旦休息不好就会犯病，因此很少为了挣钱而劳动。"瑶族妈妈的客房"建成以后，冯楚柱有了新的生计渠道，摆脱了过去完全依靠国家转移补贴获得现金收入的生计模式。一方面，利用政府的易地扶贫搬迁项目他盖起了房子，很大程度上改善了居住状态；另一方面，嵌入式的客房帮助他从国家投入的固定资产中获得市场收益，补足了他在面向市场时所必需的现金支出，如购置生活用品、交纳话费、给摩托车加油等费用。尽管对于冯楚柱这样不抽烟不喝酒的单身汉来说，生活开销并不算大，但是随着传统乡村逐步对接外部市场，村民们的生活开支也水涨船高，现代性的消费成为村民们无法缩减的刚性支出，如果没有新业态的收入补齐，冯楚柱这样的人很容易再次陷入贫困陷阱。

发展新业态不仅改变了冯楚柱的生产生计结构，也让其社会网络发生了变化。冯楚柱"患病"后，很少参与村里的社会交往活动。村里男性的社会交往主要围绕一起劳动、喝酒等展开，冯楚柱因病很难加入其中，渐渐也就脱离了原有的社会关系。"瑶族妈妈的客房"让做不了重体力劳动的冯楚柱可以胜任客房的打理和接待这种轻体力劳动。借助这一新的生计渠道，他不仅可以与外面的客人沟通交流，还时不时参加全村大会讨论各种产业发展事项。此外，冯楚柱还加入了"雨林鸡蛋"项目，他时不时去雨林里拣鸡蛋①，将这些鸡蛋保存好，以待青年创业小组得到订单后上门收购。以前，冯楚柱会偶尔去山下，等待市场里出现的陌生买家，但由于项目收购的鸡蛋价格更高，冯楚柱选择将鸡蛋都攒起来，卖给青年创业小组，建立长期稳定的收购关系。与青年创业小组的互动，使得原来几乎脱离乡村网络的他再度介入乡村发展。从社会关系的角度来看，冯楚柱的生计通过新业态与内部的乡村社会和外部的市场都产生了更多的连接。社会网络是社会资本的重要组成部分（Bourdieu，1986），冯楚柱扩大的社会网络使他可供利用的社会资本增多，成为生计提升的主要动力。

回顾冯楚柱的生计历程，他的生计大致分为两个阶段。第一阶段是本节一开始提到的，他试图进入正式就业渠道，在非农领域就业，但结构性的因素制约了他的种种尝试。虽然是村里第一个高中生，在乡村算高学历，但在城市就业市场中，这样的学历却没有什么优势，还达不到包分配、正式就业的门槛；此外，他所属的乡村社会也无法为其提供在城市就业、安家所需要的物质资源和社会关系。所以他只能短暂在城务工，最终还是落脚乡村，期望与现实的落差导致其心理和生理都受了影响，成了"病人"。这一阶段他的境遇与第一代农民工有共通之处，在结构性的社会氛围中社会资本的欠缺导致他们处于城市的边缘地位，无法有效融入城市（刘传江、周玲，2004）。第二

---

① "雨林鸡蛋"项目要求农户不盲目扩大养殖规模，而是依旧按照原有的模式在雨林里放养，因此，需要农户花时间、精力去雨林里面找鸡蛋。

阶段是他参与村庄新业态以来的生计重塑。这一新的业态一方面不同于传统农业生产的重体力劳动，对部分劳动能力受限的农户个体具有包容性，一方面又通过组建合作社统一运营管理的模式，帮助缺乏社会资本的弱小个体参与市场竞争，使得像冯楚柱这样"干不了活的人"也能较为顺利地与市场衔接并获利。

冯楚柱过去以个体形式在外进行各类生计尝试，放大了他在现代社会可能遭遇的各类风险，社会环境对他缺乏有效的保障和补偿机制，使他难以顺利进入生计转型提升的阶段。"河边实验"开始以来，政府的各类扶贫帮扶政策、外部社会和乡村共同体合作打造的新业态等，都为冯楚柱这样势单力薄的个体小农带来了稳定的保障和系统性接入现代市场的机会。

村里的保洁员

在河边村最西面的一角，45岁的赵中兴与他82岁高龄的老母亲相依为命。与本章中其他的单身汉相比，赵中兴的年龄较大。虽然并不因为自己没有娶老婆而烦恼，但谈到这一话题，他总有些无奈。他说自己从小到大都生活在河边村，小时候家里穷，当娃娃的时候就要跟着父母到地里帮忙务农，日复一日也没有想过要找老婆，这件事情就落下了。外来的客人很少注意到这位老大哥，他沉默寡言，不常在人前出现，在村中独来独往，只有偶尔大家一起喝酒的时候能看到他。即使在酒桌上，他往往也只是一个倾听者，很少开口表达自己的看法。

赵中兴的生计可以分为两个阶段，前一阶段依靠转移性收入支撑，后一阶段则依靠村庄提供的公益性岗位保持稳定。从收入上看，赵中兴一家几乎没有务农收入，仅种植一些口粮满足生活需要。前几年砂仁产量较高的时候会去捡一些砂仁来卖，随着砂仁的价格下跌、产量削减，赵中兴家这唯一的农业收入也没有了。转移性收入中包括1000元/人的边民补助以及1000多元的种粮补贴；如果当年有野象破坏作物，还会获得"野责险"的赔偿。但这对赵中兴一家仍然不够，母亲高昂的医疗费用成了这个家庭的重担。2019年，赵中兴开始担任村里的保洁员，每月工资能拿到800元，一年工资性收入就能到9600元，基本可以保证他和母亲两人一年的生活开销。就像我们在第五章中唐长明那里介绍过的一样，保洁员岗位一般让村里的困难户来承担，因此暗含了扶弱济贫的功能。2021年，虽然因为轮岗制度，赵中兴没有再担任保洁员，但是村里又把"管水员"这一职务交给了他，和他搭档的还有另一个单身汉雷中新。所谓管水员，是要负责村庄内净水器的修缮、管理、维护，保证村民的用水质量和用水安全。河边村并没有家家户户装水表，但是每家每年要交100元的水费，村里把这笔钱用来支付管水员的工资，赵中兴2021年拿到了3000元的管水员补贴。冬天时，河边村水源不足，要保证全村人的用水，往往需要赵中兴这样的管水员在前一天晚上把水关掉，让蓄水池在晚上可以有效蓄水来保证第二天的用水量。夏天时，下雨过后淤泥有时会堵住净水口，也需要赵中兴去按时清理。如果遇到有小的故障，他还需要去镇上购买相应的零件负责维修。村庄对于公共设施维护修缮工作的这一安排，一方面体现了村庄公共事务治理的机制，一方面也顺应了乡村社会再分配的逻辑。与此同时，这份工作也给赵中兴这样的村庄边缘群体提供了融入乡村社会的渠道。通过为村庄提供公共服务，个体村民获得一份较为稳定的生计来源，也收获了社区归属感和融入感（左停、王琳瑛、旷宗仁，2018）。

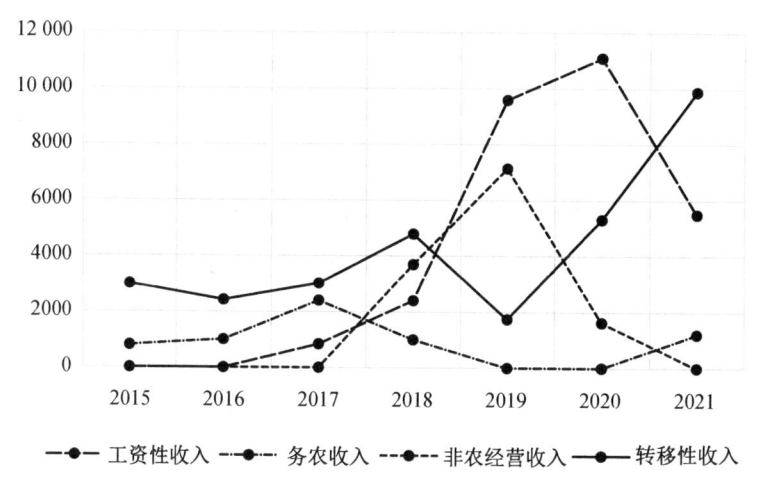

图 7-1　2015—2021 年赵中兴家庭主要收入项目变化情况

在家庭消费方面，对于单身汉而言最难的不是吃穿用度之类，而是医疗健康问题。可以说健康问题一直是困扰大多数贫困地区农户生计的重要问题之一，我们主要依靠新农合的制度性供给解决这一问题，但实际上健康与生计的关系十分复杂（汪辉平、王增涛、马鹏程，2016）。赵中兴的母亲患有高血压，往年每年都要支付 6000 元以上的医疗费用。赵中兴每年都按时缴纳医疗保险，但多半也是糊里糊涂跟着村里人交的。因为政府有硬性指标规定，因此每年到交医保的时候，乡镇政府都会派工作人员下来挨家挨户做工作，鼓励大家交医保。赵中兴这些年医保和养老保险没有断下，但本人却对医保报销的内容、条件不甚了解，老母亲只在无法报销的小诊所就诊，每次打点滴都要花费 700—1000 元不等的费用，2020 年医疗费用仍然高达 6000 余元。日复一日，母亲的病情没有什么好转，高额的医疗费却拖累了他们家的生活。赵中兴有时候也会请"师傅"来家里作法以祈求母亲的平安健康。直到 2020 年底,他的姐姐告诉他,"大医院"可以通过医疗保险报销看病的费用,他才开始带母亲去正规医院看病。因此在 2021 年,赵中兴家的医疗费降低到了 2650 元,极大地缓解了他们一家的生活压力。

对赵中兴这样的家庭而言,他们能够一直保持低水平但稳定的生计,最为重要的是他和母亲住上了安全住房。由于家里只有他一个劳动力,如果按照现在的收入,十年二十年他家都不可能住上安全住房。脱贫攻坚期间,政府为他提供了 10 万元住房补贴,2018 年他和母亲才得以住进了新房。这是一栋 100 多平方米的优质干栏式木房,作为他家庭固定资产的同时,也通过客房带来了新的收入。2018 年赵中兴家客房收入 3000 多元,2019 年更是达到 7000 多元,很大程度上改善了家庭生活,2019 年他用余钱更换了一辆新摩托车。2020 年疫情到来以后,赵中兴家的客房收入大幅减少,但是靠着保洁员以及转移性收入的兜底,赵中兴家的日子也没有发生太大的变化。尽管不像村里其他农户那样收入达到好几万元,但是赵中兴也基本过上了"两不愁三保障"的生活,他对生活非常乐观。

斯科特(2013:33—36)认为,农民的生存伦理有时候依靠勒紧裤带过日子,有时候也依靠生计来源的拓展;同时,在家庭之外,还有一整套的网络和机制在农民生活陷入危机时能够发挥作用。传统国家可能会通过灾荒救助,现代国家则可能会通过雇佣、福利和救济等措施,帮助农民生存下去。从河边村的情况看,小农户已经基本不存在生存性的问题,只是在应对现代社会的刚性支出以及各类风险时会呈现出脆弱性。在整体经济社会格局已转向以工补农、城市反哺乡村的大背景下,国家对于乡村与小农的支持会以各种形式持续下去,直到完成农业农村农民现代化的目标。脱贫攻坚、乡村振兴、兴边富民、边境小康等战略政策的不断出台，以及围绕粮食、农业、环境、生态、民生的各类补贴、补助、保险的更新与叠加，构成了21世纪以来国家对农民生计的立体式保障。

现代社会把每个个体都纳入风险社会中（贝克、邓正来、沈国麟，2010），如在工厂就业时遭遇经济危机，就有可能因为工厂倒闭而失业；但同时现代社会也是一个有保障的社会，例如有失业保险、医疗保险等社会保障制度。而传统的乡村共同体则不同，由于缺少高水平的现代社会的保障制度，生计安全往往需要通过农户的经济活动和资产来确保，这是现代化过程中中国乡村社会面临的普遍性问题。脱贫攻坚通过提升农户的收入使他们获得更多的生计保障；但这还不够，乡村社会中的个体如果没有系统性的制度保障，他们的生计在遭受风险时仍会一落千丈。2020年疫情这样的外部风险给河边村的脆弱小农家庭带来了很大的影响，这一年赵中兴的客房收入下降了，但是他的保洁员工作以及各种补贴帮他渡过了难关。

单亲爸爸唐长戎

2015年我们刚进村时，每到傍晚总能听见伴随着音响有人在唱伤心的情歌，村里人开玩笑说这是"河边KTV"又开始营业了。这个每天关在家里放情歌的人叫唐长戎，是唐长光的哥哥，就住在光哥家对面，他的老婆前些年跟他离婚了，带走了小女儿，只剩下大女儿跟着他。村民告诉我们，唐长戎前些年生病，很难做重体力劳动，他的老婆像个男人一样去挑香蕉养家，帮他治病，但是病治好了人却跑了。大家还说，唐长戎的老婆是个好女人，只是日子太难了，便跑了，她不是跟着男人跑的，而是跑去景洪打工了。在我们还没见到唐长戎时，就听到了很多关于他家的故事，一天夜里，当伤感的歌声再次响起时，我们顺着歌声找过去，在一处低矮的房子里，我们第一次见到了故事的男主角唐长戎。

唐长戎站在屋子的一角，身旁是一个可以移动的黑色音响，他手持有线话筒，跟着音响飘出来的音乐忘我地歌唱。直到一首歌结束，在短暂的空隙间，他才注意到我们。他向我们介绍成堆的碟片，说家里没有电视机，没有办法显示歌词，但是每一首的歌词他都已经记在了心里，因为这些歌完全唱出了他的心情。他递过话筒，邀请我们也试试他的音响，但我们挑了很久，也找不出一首会唱的歌——这些在外面世界不知名的口水情歌，却唱进了千里之外瑶寨的单身汉心里。

离婚之后的唐长戎除了唱伤心情歌外，对任何事情都提不起兴趣。他不参加村里的建设动员会，也不太关心怎么发展产业。直到2016年大家都开始建房子，他才被村民们拽出来，投入到帮工换工的建房中。唐长戎是贫困户，他的弟弟唐长光是河边发展工作队的核心成员，唐长光不仅需要建自家的房子，更要帮助贫困户哥哥先把房子建起来。所以，尽管唐长戎只有一个人，但得益于唐长光、唐长财等亲兄弟的帮忙，他的新房子很快建了起来，而且不算小，足足有240平方米。

2015年建房之前，唐长戎家的主要收入来源是务农，他种甘蔗和无筋豆，立秋时节去山里采摘砂仁，再卖一头猪补贴家用，务农收入能达到12 000多元，去周边打零工收入6000元，也够他生活了。2016年他开始投入到建房中，当年现金收入降到了4000元，其中务农收入为3500元，包括1500元的卖砂仁和2000元的卖猪收入，另外500元的现金收入为国家补贴。砂仁不需要农户平时进行管理，家里劳动力富裕的农户会在农闲时去砂仁地里偶尔锄草，而劳动力缺乏的农户则一年到头只有立秋时节才会去地里"拣"砂仁，唐长戎属于后一类。2016 年他建房子太忙，很难顾得上家里的农活，拣砂仁就让当时上小学的大女儿跟着帮忙。卖猪是唐长戎获得现金流的重要渠道，当他需要用钱时，他就将自己的猪卖掉一头以贴补家用，但由于劳动力少，他只能养五六头猪，除了留一头年猪过年自家吃外，能卖的猪也非常有限。

2017 年，河边村挂钩帮扶单位勐腊县政法委给村里的贫困户每家补贴了 6 头小猪崽，唐长戎没有时间和精力照顾这些小猪崽，便直接把这些小猪崽交给同村的姐姐养。唐长戎的姐姐 20 多年前嫁给了赵队长，在生活上一直非常关照自家的几个兄弟。过年时，唐长戎和唐长光决定合买一头猪，他们找到了姐夫赵队长，但姐姐坚持不要钱，送给了他们一头猪。姐弟们的父亲在一旁说："家里没有女人，就不会养猪了，养也养不活。养猪要每天上上下下去喂猪，男人懒得管，猪哪天死了都不会知道。"这位老人对于几个儿子没有媳妇这件事①，没事就开玩笑。有一天，唐长戎在家里坐着，笨拙地缝衣服。一开始我们并没有注意到，老人故意提醒："你看，没老婆的男人就得自己缝衣服哦。"

确实，这就是大部分单身汉的生活：无论是农业生产，还是细碎的家务，所有事情都得自己做。在以劳动密集型生产为主的乡村，人力资本是所有生计资本的核心（徐定德、张继飞、刘邵权等，2015）。单身汉这一特殊的家庭结构使得最为重要的生计资本（人力资本中的家庭整体劳动能力）同时也成了最为稀缺的要素，因此单身汉的生产和生活容易出现顾此失彼的局面。好在唐长戎还有兄弟姐妹，这在很

---

① 老人有五个儿子、一个女儿，除了一个儿子已过世外，剩下四个儿子有三个是单身汉，即唐长财、唐长戎和唐长光。

大程度上帮他缓解了单亲家庭生产和生活中的困难。2017年当"瑶族妈妈的客房"试运营时,有女性的农户家一般由女性负责客房打理,而唐长戎则在很多时候都依靠同村的姐姐帮忙整理床铺、收拾洗漱用品。2017年唐长戎获得客房新业态收入2898元,占到当年收入的近22%。为了获得更多的现金收入来完善自己的居住空间①,他选择去周边进行短期务工,这一年他的短期零工收入达到了7500元。2018年唐长戎利用在建房中学到的技能,跟随另外几位村民一起去江城建房,获得了30 000元的建房收入。

尽管收入得到了提升,但自己和女儿的生活状况并未相应提升。离异后,唐长戎连自己都照顾不好,更不用说女儿了。他在村里时,基本就去别人家蹭饭:有酒局时,去别人家喝酒吃饭;没酒局时,他就去对面的兄弟唐长光家或者是姐夫赵队长家蹭饭。唐长光家来回就是三兄弟——戎哥、光哥、财哥,咬一口小米辣,就可以扒拉下去一大口饭。赵队长家自2018年在项目的支持下开了餐厅以后,经常要给客人准备饭菜,每逢有客人进村,唐长戎索性就不做饭,等着客人们吃完,就上赵队长家里吃剩饭。唐长戎的大女儿唐漫,自从唐长戎离婚后就很难在家吃上热饭。唐漫在山下的小学住读,每到周末才能回家。唐长戎很少去接自己的女儿,往往是唐长光帮她去接送小孩,甚至每周20元的零花钱②也是唐长光出的。尽管唐长戎很少在家做饭,但他的生活开支却居高不下,2018年生活开销达到了30 330元,几乎与他外出长期务工获得的收入持平:在外打工时,他需要负责自

---

① 由于鼓励农户优先发展客房以获得收入的策略,当客房建好时,农户自己住的空间一般都还停留在很简陋的水平,有的农户甚至连床都没有,只能睡在地板上。唐长戎为了找媳妇,需要尽快提升自己居住的水平,比如放置沙发、购买电视机等家电。

② 虽然叫"零花钱",但每周20元的额度其实更多用于支付每天的早餐费、文具费等,一些家庭条件好的能给到小孩每周30—40元的零花钱。

己的开销；在村里时，他喜欢去各种饭局，虽然买菜钱不用掏，但抽烟喝酒样样都需要花钱；作为单身汉，他还花钱给自己置备各种"行头"，以"体面"地结识女性，寻找可能的婚恋对象。

2019年，随着新业态带来了更多的客人，唐长戎将更多的时间花在了客房上。这一年，他从新业态获得了11 250元的收入，占到总收入的六成以上。与此同时，他的务农收入下降为零，外出务工的收入也大幅下降，全年务工收入仅为4000元。唐长戎是河边村一类典型的单身汉：囿于劳动力限制，他们在农业生产、外出务工和从事新业态中，往往只能顾得上一头，生计形式非常单一，不像其他完整形态的家庭，收入渠道更加多元化。但我们并不能就此判断，此类单一的生计相比于多元化的生计就更脆弱，某种程度上，简单生计转型起来也更为灵活。2020年当新业态受到疫情影响时，唐长戎迅速转向外出务工，通过新业态建设过程中学习到的建房技能，他获得了12 000元的收入，再加上政策性补贴，他也能基本稳定自己的生计。

看到项目对一些农户的客房进行了提档升级的示范后，唐长戎非常希望自己家的房子也能被改造为"高端公寓"。他和女儿住在一栋大大的房子里，确实有足够的空间来满足改造需求。但是，他家的房子常年疏于管理，还面临地基下沉、结构不稳等问题。2022年，我们到他家里进行实地勘察时，他再三表态，自家的房子一定没问题，希望能被优先改造。村里人则说，唐长戎想找老婆，需要自己家的房子看起来更上档次。

事实上，唐长戎对于新业态并不是很上心，经常靠姐姐帮他整理客房，自己也做不到及时响应客人的需求。而且他总是说，这是女人干的活，作为男人，他应该干其他更挣钱的活。事实上，他确实找到了"更挣钱"的事情干。2021年他外出建房就获得了4万多元的收入。生产季他回到村庄，与姐夫赵队长一起种植无筋豆，赶上市场行情好，2021年算下来赚了不少钱，不仅还上了从银行贷款用于农业生产投资的3万元，还有了结余资金可以作为家庭积累。受此鼓舞，他于2022年又投入大量资金种植了3000多棵芭蕉。尽管2021年收入颇丰，但他说压力仍旧不小。不过，他终于干上了自己口中"男人的工作"，并且获得了可观的收益，至于客房、生活等其他方面，则继续由他的姐姐、兄弟帮他分担。

雷小满的机遇

河边专家公寓旁边有两栋房子，住着雷中国与雷小满父子两家。2016年我们驻村时，经常看见雷小满一个人在两栋待建的房子间来回穿梭。那时他还没离婚，妻子的脸上总是挂着愁容，抱怨说钱花得太快了，房子也不知道什么时候才能建好。没等到房子建好，她就和雷小满离了婚，离开了这个让她一直担心受穷的河边村。

雷中国有一儿一女，女儿雷雪花是中专生，毕业后在勐伴镇邮政所当合同工，也因为这个原因，雷中国在贫困户资格复查时被认为不符合标准，被取消了贫困户资格。事实上，在评选贫困户之后没多久，雷雪花的合同就到期了，后面也一直没有找到合适的工作。雷中国每每谈到此事，都心有不平。儿子雷小满最先结婚，按照瑶族的规矩，他从大家庭中分离出去，组建自己的小家庭，育有一子。"河边实验"期间，雷小满一个人负责修建自己和父亲的两栋房子，妹妹雷雪花和父母住在一起，前两年外嫁到苏州后，便很少回到河边村。

2015—2021年的七年里，雷小满的生活和生产经历了很大的变化。最早，他因结婚与父亲分家，生计围绕自己的小家庭而展开；

2017年离婚后，得益于村里建了幼儿园，他的儿子白天大部分时间可以在幼儿园度过，他也有了时间开始修建和经营"瑶族妈妈的客房"，兼顾农业生产；2021年，他的房子被选中改造为两套高端公益共享公寓[1]，公益人士承担了改造费用，包括雷小满等村民参与改造的工费。此后，他管理着两套公益共享公寓，每年可获得一笔公寓管理费，以及比其他普通客房更高的客房收入[2]，因此生计水平得到了很大的提升。与第二章的胡东尚和蒲元丰不同[3]，由于房子全部改造为共享公寓，雷小满和孩子搬回了父母的房子住。曾经因为结婚而分家的雷小满，又因为发展客房而回归到大家庭中。

尽管雷小满的妻子似乎是因为无法再继续忍受贫困的生活而和他分开的，但村里人说雷小满"过生活没有任何问题，随便弄一点什么就能生活"。2015年，雷小满通过种植甘蔗、无筋豆、砂仁等经济作物，获得约17 000元的收入，这是除边民补贴等转移性收入以外的全部收入。但随后的几年内，雷小满不再种植上述经济作物，这有很多原因："瑶族妈妈的客房"这一新业态由于不需要太多的劳动力，推动了河边村的"去农化"趋势，也因此打断了甘蔗生产连户帮工的劳动力分享链条，河边村很少有人再种植甘蔗，雷小满也不例外；不再种植砂仁则是因为降水变化导致绝收；停止种植无筋豆、辣椒等

---

[1] 一套公益共享公寓为雷小满房子的半栋楼，雷小满由于家庭人口少，可以搬到隔壁雷中国的房子去，所以雷小满的房子被改造为两套公益共享公寓。

[2] 雷小满的房屋改造为两套共享公寓，每套公寓有三层，一层为客厅、餐厅、厨房，二层为客厅及两个卧室，三层是一个大卧室，每层都有卫生间，一次可入住3—6人，因此整体价格较其他农户普通单个客房高。

[3] 胡东尚和蒲元丰的改造提升方案是，房屋的大部分改造为高端共享公寓，剩余部分为房主及家人自住，胡东尚及其妹妹、蒲元丰及其女儿都仍然住在其原来的房屋中，因此其共享公寓仍然是嵌入式的。雷小满由于父母家就在自家旁边，且有剩余房间，他就选择了把自己房子一分为二、改造为两套共享公寓的方案，他带小孩自己回到旁边跟父母一起居住。

作物，则主要是因为雷小满离婚以后家庭劳动力不足，仅一人难以应对日常的田间管理。所以，近几年雷小满几乎已经完全脱离了农业生产，只保留了几亩水稻田作为自己和父母的口粮地。

农业生产停止后，雷小满家的收入来源随之改变。2016年开始雷小满已经不再种植任何经济作物，由于建房的影响，当年的家庭总收入不到6000元，与2015年相比降幅巨大。在重构生计体系的过程中，客房收入逐渐成为雷小满家最重要的收入来源。由于房屋建设进度慢，雷小满家的客房直到2018年才开始营业，比大多数客房的开业时间晚了一年。第一年客房收益为6500元，2019年则接近11 000元，成为雷小满家除转移性收入外唯一的收入来源。

受新冠疫情影响，2020年上半年河边村的旅游业陷入停滞，各家客房收益都有明显下降。下半年随着疫情的缓解，雷小满家客房获得了7000多元的收入。但2021年在疫情的持续影响下，客房收入下降到了3150元。在客房经营前景不明的情况下，雷小满为了维持家庭生计做了一些增收的尝试。由于在建设客房的过程中学会了建房技术，2020年同村的胡东尚改造升级自家客房，雷小满做了一段时间的小工，获得了3600元的报酬，弥补了疫情冲击下客房收入的下降。雷小满还有一个特别的技能，就是他能在雨林里找到一种被当地人称作"红菇"的稀有菌。2020年采集红菇让他获得了3600元的收入，2021年这一收入也有3000元。和大多数村民不同的是，他不抽烟也不喝酒，近一半的生活消费支出用于购买食物，属于低消费型农户。即便在新业态遭到市场冷遇的情况下，他也能够做到收支平衡，所以村里人才说他一个人生活好对付。2020年生活消费支出之所以增加，是因为他在与同学喝酒时酒精中毒被送进医院，不得不举债2万余元支付医药费，报销以后医疗支出仍近1万元。此外，考驾照也花费了雷小满 8000 元。

与此同时，住在隔壁的父母也过着相对稳定的生活。雷中国家的收入水平一直以来都处于全村较低水平，2020 年总收入仅为 9055 元。由于水稻和玉米基本是家里的口粮和养殖的饲料，而养殖的生猪一般也在年关或农忙季节宰杀食用，因此雷中国家的务农收入只有割胶这一项。但雷中国年纪大，初学割胶，手法生疏，割胶速度远不如村里的年轻人，算下来全年只获得 3000 元的割胶收入。"瑶族妈妈的客房"建成以后新业态产业迅速发展，雷中国家是第一批建成客房的农户，到 2019 年时客房收入已近 7000 元，成为雷中国家收入的最重要来源。但 2020 年后客房收入断崖式下跌，到 2021 年雷小满家开始进行公益共享公寓改造时，雷中国的客房便成了雷小满的容身之处，因此雷小满也会将共享公寓的管理费交一部分给父母。雷中国自己种植水稻、玉米，养猪养鸡，只要没有额外支出，老两口的基本生活非常稳定。雷中国平日里劳作完，就在自家的房门口休息，对着自制的烟筒深深吸上一大口，然后打开手机里的微信，对着瑶民唱起古老的瑶歌。雷中国老两口呈现出了典型的乡村社会里老人家庭的生计特点：粮食自给，有一部分转移性收入，还有一部分来自农业和非农业的现金收入，生计简单平稳。

雷小满重新搬回父亲的房子后，两代人的生计重新开始整合在一起。由于雷小满通过公益共享公寓能够享受到更多的新业态收入，他负担了两代人共同生活中更多的现金开销。与此同时，他也解决了自己和儿子的基本口粮问题。对于客房的提升改造，雷小满感到非常满意。他说原来自己一个人，顾得上农业生产，就顾不上煮饭、喂猪喂鸡，现在没这个问题了。新业态将他的生计变得更为单一，但对于离婚后家庭缺少劳动力的他来说，是一个不错的选择。尤其是当他回归到父母的家中时，父母的农业劳动与他的新业态收入形成了较大的互补，两代人的劳动力得到了有效的整合。

从代际分工的视角出发，在推动家里生计利益最大化的过程中，父辈与子辈的生计策略有了明显不同的取向。事实上，雷中国和老伴已经形成了"老人农业"的生计模式，这并非单一的农业生产问题，而是牵涉农业和养老两个异质性问题在内的生计策略（李俏、陈健、蔡永民，2016）。代际分工将两个原本分开的家庭重新整合在一起，"老人农业"不仅稳定了老人的养老，还有助于子辈顺利进入"非农化""去农化"的进程中，在相对收益更高的产业中获得提升生计的重要动力，从而继续回馈老人的养老生计。从这个意义上看，新业态推动雷小满与父母家庭进行生产和生活的整合，不仅塑造了单亲爸爸的生计新形态，也提升了两代人生计的稳定性和抗风险能力。

蒲成文的单身生活

2020 年我们到村里的时候，蒲成文的邻居发愁地看着隔壁对着墙壁刷手机的蒲成文，对我们说："你们能不能劝劝他？他今年把纳卡那块地也卖了，以后怎么办呢？"蒲成文 40 岁左右，未婚，是村里大部分人心中"最穷的那批人之一"。他独自一人住在河边村北侧偏东的转角处，经常对着墙壁刷"快手"，或者在家门口的小鱼塘边静静坐着钓鱼。平日里他既不收拾也不怎么与人往来，几乎是村庄中的隐形人。村民们说，蒲成文之前不是这样的，后来他们家接连经历了三场火灾，有两次是蒲成文和他妈妈去烧地结果烧到了别人家的橡胶地，只能按照损毁情况赔给对方相应的橡胶树，还有一次是别人烧地烧到了他们家的橡胶地，但放火人又没有找到。三场火灾之后，蒲成文家的橡胶树赔的赔死的死，剩下的也不多了。村民们也日渐看着他从一个有干劲儿的年轻小伙子，变成了现在这样离群索居的人。

2015年，蒲成文家的务农收入超过1万元，都是卖砂仁获得的。但是随着砂仁收成不景气，2016年务农收入下降到2000元（甘蔗收入），总收入也降到了5000元。2017年，蒲成文和很多村民都加入"河边实验"中开始建房子，但因为自己是单身汉，母亲也无法做很多重体力劳动，以至于建房时间不断拉长，他还要额外支出不少请工的费用，2017—2018年全家最大的支出都是建房费用。

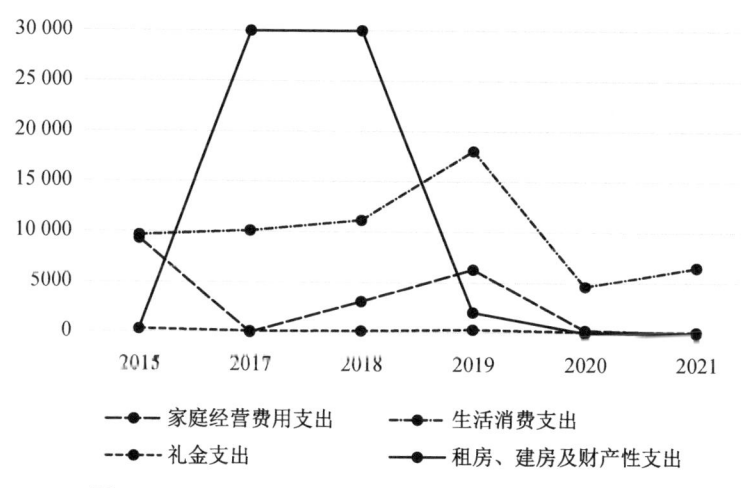

图7-2 2015—2021年蒲成文家庭主要支出项目变化情况

2018年，蒲成文家的客房开始接待客人，到2019年为止，新业态产业一共为蒲成文家带来了1.4万左右的收入。虽然这笔钱对他们家本身来讲是很不错的收入，但与村里其他农户比较，仍然算是较少的——很多客房管理好的家庭一年就能挣到他们家两年的钱。蒲成文好像对新业态产业提不起什么兴趣，对客房的打理也不算很上心。有一次合作社安排客人住到蒲成文家的客房，但是客人入住前合作社团队发现客房没有牙膏，毛巾也没有换。蒲成文摊手说自己当时没有购买统一配备的日用品，合作社跟他说可以先去镇上买来应急，或者问问亲友有没有多余的可以先用着。他却不愿意，和合作社闹得不欢而散。后来，他客房里的卫生间坏了一直没有修，合作社也就没法再安排客人住他家了。事实上，对于很多瑶族男性来说，打理客房并不是一项能够轻松胜任的工作。客人来的时候，既要打扫卫生、整理床品，还要给客人做早餐，这些都对技能有一定的要求，更不用说还要与客人沟通，提供村庄的有关信息了。从村里的情况看，大部分客房都由家里的女性来打理，一些单身男户主甚至会请村里的女性亲戚帮忙打理客房。而蒲成文的情况是，一方面，自身缺乏打理客房的技能，母亲作为家里唯一的女性也因为体弱不能提供太多帮助；另一方面，由于村内亲属网络的限制，他也不像唐长戎那样可以获得打理客房的日常支持。因此，虽然新业态收入是显而易见的，但蒲成文还是倾向于挣"更省事"的钱。

开头所说的卖地对蒲成文来说就"更省事"。蒲成文2020年转手的土地，是他几年前从山下纳卡村傣族村民手里买来的。蒲成文回忆，当时大概花了1.6万元购买土地，现在以2万元的价格转手卖给了原先的卖家。他的逻辑是："反正我也不种那块地，是他们来找我的。一开始有别的寨子的人想买来着，结果纳卡傣族也想买，那我就2万元卖回给他们，省事，也挣到了。"这次买地再卖地的行动，在我们看来似乎不太理性，也许这块地以后能卖上更好的价钱或派上更大的用场。但在蒲成文那里，这却是笔划算的买卖。这一是因为2万元对他来说确实不是一笔小数目，他日常生活简单，基本开销很低，这笔钱可以支持他一年的生活，而且是一下子得到的，显得更加有意义；二是因为买卖遵从资本的逻辑，无须投入劳动，相比工资性收入、经营性活动来说无疑更加容易。

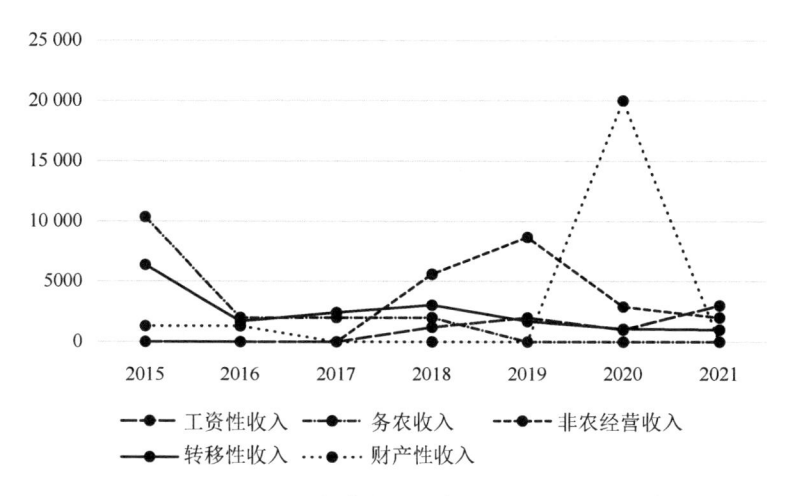

图 7-3 2015—2021 年蒲成文家庭主要收入项目变化情况

但蒲成文没能把钱存下来。2020 年 6 月蒲成文的母亲因病去世，按照当地习俗整个葬礼持续了 3 天时间。蒲成文请来村里的师傅到家里做祭祀仪式，并给他们每人 360 元的辛苦费，同时也请前来吊唁的同村乡亲吃席。母亲的丧葬仪式在某种程度上也是维系亲属关系的一种方式。由于当时并不算农忙时节，因此同村以及其他地方的亲戚都前来吊唁。吊唁宾客的礼金并不足以填平连续 3 天的席面和其他丧葬费用。尽管蒲成文上面还有几个哥哥，但是大家都没有什么钱，刚刚卖地获得一大笔现金的蒲成文反而成了最有钱的那个，于是他支付了葬礼所需的另外 7000 元费用。对他而言，卖地这笔钱最后成了维系亲缘关系的支出。

等到了 2021 年，蒲成文的收入跌到了 6000 元，他也进入了"过一天算一天"的日子。没有钱了就去镇上当几天小工，挣一点工资。还能过就继续在家里窝着。村里邻居家或者亲戚家有人杀猪的时候，他也会去帮忙收拾，以此获得一顿好饭。其他的时候，山上的野菜足够打发一顿。他不是没想过找点其他的活干，2020年时他也曾主动找到胡瑶财学习做织布机的技术。胡瑶财教蒲成文制作织布机，并给他介绍了一个易武的订单。但一年的时间里，蒲成文共制作两台织布机，除了"师父"介绍的订单之外，另一台卖给了村里的合作社。尽管卖给合作社的这台多少有点基于村庄共同体的平均主义原则，按照合作社CEO胡东尚的话来说就是"买他的和买胡瑶财家的一样嘛"，但对于蒲成文而言，这是他通过学习新技术而获得的回报。因此，蒲成文认为自己未来最重要的收入来源就是做木工，他家中也一直摆着一台还未完工的织布机。即便胡瑶财提醒他，如果没有好的销路，即使掌握了技术也不可持续，但蒲成文仍然坚持用建房子剩下的木料继续制作这台织布机，不管它会不会成为家里闲置的摆设。但到了2021年我们再问他时，他已经放弃了做织布机。看着胡瑶财靠着木工跻身村内收入排行前几的人，没有销路的蒲成文只能放弃。

蒲成文的生计算是河边村一种典型的单身汉生计：收入、支出双低，偶有起伏变化，但基本维持在生存型生计水平。客房看起来是最能给他带来积极变化的生计项，但他认为太"费事"以及不适合男性，因此遇到困难就选择了放弃；织布机他也并不擅长，但主观上认为这项生计适合男性，自己也更有兴趣和信心，于是尝试了一番，终因缺乏市场不得不作罢。蒲成文的生计选择在我们看来似乎不太理性。

现代经济学的核心假设是"人的行为是理性的"（潘璐，2012）。因此在研究小农时，舒尔茨提出了"理性小农"这个概念。他认为传统农业社会的小农一定不是懒惰的和非理性的，他们在传统农业生产过程中也遵循生产要素高效配置的理性选择（舒尔茨，1987）。林毅夫承袭舒尔茨"理性小农"的概念后进一步提出,现代经济学家在研究小农时,往往会在"可供选择的方案""小农的选择"和"个人效用的最大满足"三个层面去判断小农的行为是否理性(林毅夫,2016)。一般来说,传统小农根据长期的生产经验,已经最大限度地将其所能支配的生产要素进行了最佳配置;一旦有外界经济刺激,小农就会为追求利润而进行创新,这也就是舒尔茨所说的"将黄土变为黄金"(邓大才,2006)。但在接受外来刺激时,小农也会通过权衡各项信息来做出自己的选择。这一选择或许在很多人看来是不理性的,但实际上却是在外部条件限制下最为理性的表现。或者说,在他们的主观认识能力范围内,这已经是最好的选择了。对于小农而言,他们的选择很大程度上受制于其生存境遇和制度性安排(郭于华,2002)。蒲成文之所以不去用心打造"瑶族妈妈的客房",并不是没有看到客房的收益,而主要是基于其男性劳动力和单身家庭结构的特点。传统文化中"男主外女主内"的性别分工在河边村是一个客观的存在,这使得"瑶族妈妈的客房"这一"女性化"的劳动在不得不与男性劳动力对接时时常发生文化障碍,包括蒲成文在内的许多男性村民都很难对客房劳动产生亲密感,因此能找女性帮忙就找女性,能干别的就不干客房。蒲成文选择把精力花在传统视角下更加男性化的木工以及更加去劳动化的财产性投资上,也是他在特定社会文化条件下的理性选择。当然,我们曾经提到,河边村也出现了越来越多男性从事客房服务工作的情况,这更多是出于外界市场经济刺激下的经济理性的驱动。当我们比较这两种不同的理性时,我们不得不承认,农户生计看似一个经济问题,实则是经济与社会文化诸多因素复杂互动的结果。因此试图单纯从某个维度,例如经济维度,来推动农户生计现代化转型的努力时常会显得势单力薄。由于小农户家庭结构较小，家户的资源条件、社会关系、能动性、生存境遇、文化传统等不同方面因素有些许不同，就可能导致生计选择乃至结果上很大的差异，因而呈现出小农户的异质性。

"老好人"雷中新

在乡村社会里，有一些人自己的生存状态并不优渥，却总是非常主动帮助他人，而且以他人的需求为先，从来都不与人争执，只有"吃亏"的份。这些人通常被称为"老好人"，人们喜欢和他们来往，却也常说他们"傻"。河边村的雷中新就是这么一位让人觉得可敬又可怜的"老好人"。

雷中新生于1973年，今年刚好50岁。在过去的50年里，他似乎没有生过一次气，打过一次架，就在村里安安静静地一个人生活到现在。1989年，他跟着两个哥哥从高桥老寨迁移到河边村，文静好学的品质支撑他完成了初中学业，这在那个年代的河边村非常少见。初中毕业后，他回到河边村当乡村教师，那时候还没有撤点并校，孩子们在村里可以上到三年级，四年级以后就要去镇上的中心学校住校。大约有十年，雷中新是村里最体面的人，他在每年开学时都会得到学生家长的粮食馈赠，作为孩子上学的学费，教书之余还可以耕种自己的田地，生活境况比起大多数农户要宽裕得多。随着教育体制改革，国家推行撤点并校，河边村的办学点被取消了，雷中新由于学历不高以及没有正式编制便下了岗，回到普通农民的劳作生活中。

雷中新并不是劳动的好手，从前读书比较好，家里的农活都是哥哥们承担，成年后开始教书也没有把种粮当作主业，大部分时间是与哥嫂一起耕作，分一些口粮。所以失去教师职务的同时也失去了政府补贴和农户的馈赠,生计水平显著下滑。2015 年,我们对这位"下岗教师"的第一印象是:个子矮小,说话温和,一看就非常憨厚善良。他那时已经 42 岁,但没有成家。身体状态的下降和心理上的受挫,已经让他对结婚这件事不再期待,同时也慢慢消解着他个体生计发展的动力。2015 年,他通过橡胶和砂仁获得 5000 元的农业收入,还把自己的一块地租出去得到 4000 元,加上政府的转移支付,总的现金收入达到 11 700 多。但后来他的收入就基本没超过 1 万元了。

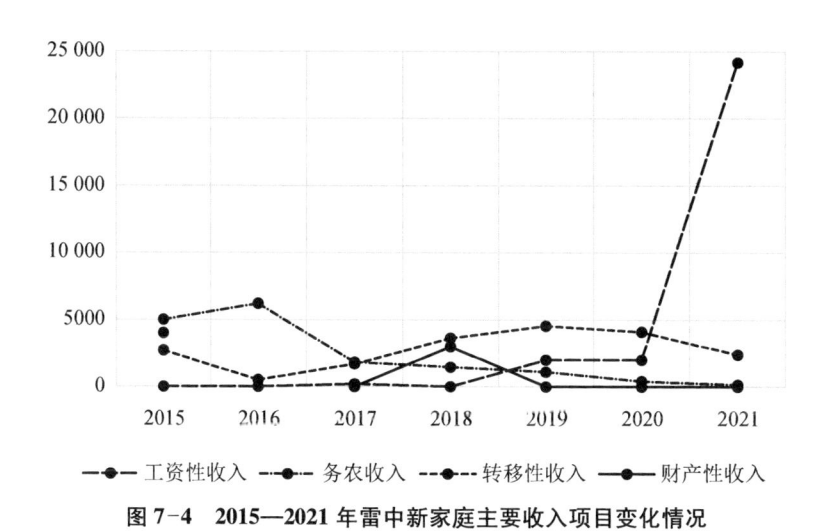

图 7-4　2015—2021 年雷中新家庭主要收入项目变化情况

由于生活困难,雷中新成了村里的贫困户。扶贫实验中,大家帮着他立起了房架,但之后他的客房就再没有什么进展了。一方面,他觉得要先把"工"还给其他村民,因此经常帮着别人建房子;一方面,他也没有闲钱购买木板和建房工具。与此同时,村里建设公共景观道要求每家每户出义务工,劳动力充足的人家只需要轮流出工就不会影响家庭劳作,他因为家里只有一个人,且每次都去出工,也一定程度影响了自己建房的进度。2016—2018 年,村里五十几家房子陆续盖好，其中47户人家装修好了客房，获得了可观的非农经营收入，雷中新的房子却只有房架和屋顶的瓦片，底下空空荡荡。直到2019年他才在两位合作社骨干唐长光、胡东尚的帮助下，简单围好了墙板。扶贫实验中预算给他的客房装修补贴一直到快要结项都没发出去，只能先帮他购置装修材料，以免项目经费被收回。但如今那些材料大部分还躺在二楼的地板上。

雷中新对于自己的生计状况也不无担忧，但只要有人找他帮忙，他仍会优先解决别人的困难。例如，家境同样困难的赵守心招了一个上门女婿，一直没能帮助女儿女婿建起房子。2019年女婿雷东平通过打工攒到一点钱，准备盖房子。他们想用石棉瓦板围一间临时棚屋，又不想耗材太大，便想借用雷中新一楼架空层的一半空间，雷中新很爽快就答应了。其实雷中新并不是夫妻俩的邻居，两家中间还隔着三户人家。这对年轻的小夫妻为了节省建房和生产成本，时不时借用雷中新的推刨、抽水机、油锯等各种工具，用坏了也不主动修理。雷中新对此虽然有些意外，但却说："他们也不容易，分家出来一样也不得，还要养个娃娃。"

为了帮助雷中新改善生计，在启动微型农业示范项目时，扶贫团队为他提供了鸡苗、饲料等支持，他非常用心，在河边盖了一间临时木屋，每天晚上去看守鸡舍。可是到了项目结束时，他却只获得不到2000元的销售收入（2018年1156元，2019年700元），因为他常常以很低的价格卖给村民，有时候鸡吃了钱也没付。同样获得养鸡示范支持的唐齐真，2018年获得2100元收入，2019年获得5000元收入。有研究指出，利他和谦逊的人格特质对成就动机和工作绩效会产生负向影响（祁大伟，2015）。雷中新他人优先的特质最直接的结果似乎是让自己有限的劳动力资源无法聚焦在个体发展之上，获得的收入也只能维持较为基本的生存性需求。

雷中新的基本刚需包括：每月100元左右的食品支出、50元左右的通信支出以及40元左右的交通费用。和村里许多男性不同，雷中新既不抽烟也不喝酒，这为他节约了一大笔支出。刚需之外就是农业经营支出，主要用于购买鸡饲料。无论是否有示范户项目的支持，养鸡始终是他的一项保底生计，以确保肉类食物的自给自足。由于劳动力不足，田地也比较少，所以他既没有种水稻，也没有种玉米，不仅需要购粮，还需要购买家禽饲料。2020年鸡瘟比较严重，村里的小鸡大范围病死，雷中新采购家禽药物也花费了近300元，农业生产经营支出近2000元。

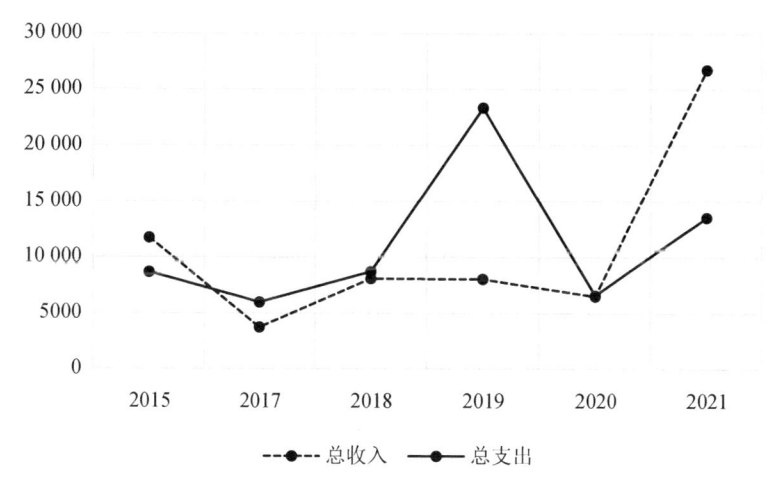

图7-5　2015—2021年雷中新家庭收支变化情况

在一次茶余饭后交流时，我们偶然发现前些年村里为4名考上大学的孩子募捐时，雷中新竟然是全村为数不多捐出200元的人（大部分村民捐出50元、100元）。我们曾问过雷中新为什么总是这样热心，村里大事小事基本都能看到他的身影。他告诉我们："现在我多帮帮别人，等到哪天我需要帮助的时候，大家也会愿意过来帮我。"但是这样的帮助，并不全是对等的互助或帮工与还人情，很显然雷中新为孩子捐款并不刻意希望这些孩子某一天能为他"捐款"。但无法否认，雷中新愿意在力所能及的时候尽力帮助别人，一方面是某种内在的性格品质使然，一方面也是为自己将来遭遇风险时获得帮助做好储备。雷中新认为这么做是"值"的，所以始终遵循着"吃亏是福"的行事原则，很少考虑自我经济利益，在我们看来这是一种典型的利他主义。合作进化研究表明，利他者能够在将来的某个时刻从受惠者那里获得回馈式的收益（Axelrod & Hamilton, 1981; Axelrod, 1984; Delton, Krasnow & Cosmides et al., 2011; Roberts, 2008; Van Veelen, García & Rand et al., 2012, 转引自唐辉、周坤、赵翠霞等，2014）；当个体在社会互动中先做出吃亏或让步后，互动方会予以其感恩、尊重、人际接纳等积极反馈（Bartlett & DeSteno, 2006; DeSteno, Bartlett & Baumann et al., 2010, 转引自唐辉、周坤、赵翠霞等，2014）。

雷中新的付出的确以某些形式得到了回报。例如村里知道他生活不容易，就把保洁员和管水员的名额留给他，让他每年能获得几千元的补贴；看到他还在修建房子，有闲暇的村民也会搭把手；周围邻居杀鸡杀猪时，都会请他去吃一顿，尽管他担心不能回请，常常委婉拒绝。2020年他因为开摩托车不慎摔伤大腿，侄子送他去医院时帮他支付了医药费，他在家休息了大半年没有收入，生活费都是村民借给他的。为了能够早日还清债务，2021年他搁置了其他生计项目，选择到附近农场打零工，获得了21 700元的工资收入。这使得2021年的收入成为我们观察以来雷中新的最高收入值。此外，雷中新是村里两个低保户之一，每个月可以领取250元的低保金，加上每年1000元的边民补贴和100元的种粮补贴，其2020年转移性收入总共有4100元。

村里像雷中新这样的单身汉，一般来说都是生计结构单一，处于收支的低水平均衡中。一方面他们缺乏多元生计所必需的充足的劳动力资源，另一方面则由于没有家庭生活的压力，他们也经常缺少开拓增收的动力。在遭遇天灾以及"人祸"时这类较为单一的生计就会显得尤其脆弱。村庄的互助体系为雷中新这样的单身汉提高了抵御风险的能力，也使得他们能够一次又一次地度过生活危机。斯科特（2013：33—36）在讲述"生存伦理的经济学与社会学"时，提到了村民之间的互助圈。他认为从可靠性的角度讲，家人的互助往往更可靠，其次是村里的邻居和朋友，再次是外部的网络和制度，如国家等。这一观点与费孝通的差序格局颇为类似，雷中新很大程度上依赖这一互助圈来维持自己的生计。与此同时，斯科特还指出：一旦农民处于这样的互助圈，就会让渡给对方自己的劳动和自由。作为单身汉的雷中新意识到自己对于互助圈的依赖将日渐增大，所以无论村里谁家有事都会提供帮助，为有朝一日的需求做好"储蓄"。与此同时，国家转移性补助也在为雷中新脆弱的生计兜底，保障他的生存刚需得以满足。在国家政策和乡村社会网络的共同支持下，"老好人"雷中新还会继续他的生存方式——作为一个善良的符号被人们称赞着或取笑着。

财哥的一技之长

过桥，左拐上坡，转角，方方正正的小亭子和秋千被百香果藤点缀，屋前悬挂着"青年餐吧"的招牌，很好辨认——这是河边村唐长财、唐长光两兄弟的家。唐长财在家排行老三，唐长光[1]排行老

---

[1] 唐长光的故事见第二章第六节，由于两人未分家，因此历年数据均是加和计算，此处不做列举。

六，是家里最小的兄弟，两人由于都没有成婚因此还和父亲生活在一起。我们平时称唐长财为"财哥"。

2021年时，唐长财告诉我们他现在和自己的姐夫一起种芭蕉，这令我们始料未及。我们反问他有多少年没种过地了，他想了想说怎么也得有五年了。在"河边实验"开始之前，全村的家户大多种植甘蔗，辅以砂仁采摘。但是从2016年建房开始，兄弟二人就再也没种过地。唐长财和弟弟唐长光都有一点木工基础，2016年"河边实验"开始后，两人的房子曾一度是村里建得最好的房子之一。这个"好"不仅在于房子的大小，还在于密封性、格局、布置的细节上。家里门前的空地上还建了一座小亭子，后来成为村里年轻人热衷聚集的场所之一。

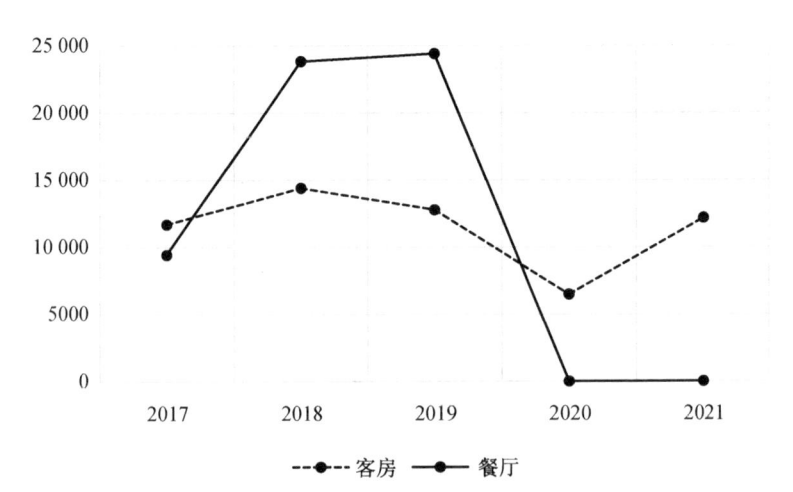

图 7-6 2017—2021年唐长财家客房收入与餐厅收入情况对比

除了客房之外，唐长财家的"青年餐吧"还是村内的五家餐厅之一，从2018年开始正式营业。又是客房又是餐厅，兄弟两人决定效仿雷巧娟夫妇俩分开经营的模式：唐长光做饭技术好，就负责餐厅经营；唐长财则专门负责客房。如果遇到住客在家中吃饭，唐长财就会付给唐长光买菜钱，请他帮忙做饭。由于唐长财家的客房属于同批客房里最好的客房之一，因此从 2017 年开始，除 2020 年受疫情影响外，其余年份的客房收入一直稳定在 1 万元以上，构成了唐长财稳定的生计来源。虽然两兄弟说好了分头经营，但 2019 年后唐长光负责的厨房不再营业，反而是客房的客人有问题时会常常找唐长光帮忙。我们问过光哥这是否有点不公平，他却摆手说："我三哥还是会给我钱的，再说我没钱管他要就行。"因此，虽然两人约定分开经营，但毕竟同在一个屋檐下，仍然是相互帮衬着一起生活，在生计上也并没分得很开。

相比光哥，财哥对客房并不太上心，他的生计重心放在新兴务工收入上。财哥用手机在网上购物，买的建房工具比日常用品还多。早在"河边实验"以前，唐长财就是村里的木工好手，到 2016 年建房时又跟外面请来的大师傅学了不少。等到建房结束，唐长财已经是可以在外面打建筑工的人了。相比于弟弟唐长光时常为合作社的事情奔波忙碌，唐长财更加专注于自己的生活。村里都知道他建房的手艺好，遇到像是建茶室或者修补房子的事情都会找他。

除了从村民那接活外，唐长财还参与了很多项目上的建房工作。借助项目的东风，财哥靠着自己木工的好手艺连续几年接的活越来越多。2017 年，为帮助河边村村民提升营养和食品安全，我们在腾讯"99 公益日"发起了"瑶族妈妈的一间厨房"筹款项目，最终筹集了 30 多万元的资金。2020 年，万科基金会又向河边村捐赠了 20 间厨房的项目款。施工的任务落在了河边村这群新学会建房的好手身上，财哥从两个项目中获得了 2 万元的工费。2021 年，河边村开始选择部分条件适合的客房改造成公益共享公寓。有一对夫妇想要在河边村出资改造一栋客房，想要一栋安静又便利的居所，最后选中了唐长财的房子。兄弟二人花了大半年的时间进行改造，也获得了近万元的工费。共享公寓建成后，财哥至少还能获得每年7000元的公寓管理费。财哥说这笔钱他会和弟弟唐长光一起分，两个人一起经营客房，即使一个人有事也能保证另一个人可以满足客房服务的需求。

从支出方面来看，财哥不像光哥那样花钱大方，娱乐活动也比较少。河边村年轻人那些跑到酒吧蹦迪或者晚上一起吃烧烤的活动，财哥从来不参与。2020年后，财哥和村里人一样也会买点彩票，但是他不算痴迷。运气好的时候也能挣几回，一年到头算下来基本收支平衡。由于建房子这一工作的特殊性，外出工作时财哥往往能够得到房主人家或出资方提供伙食，很少需要回家做饭；家中老父亲的食物消费也并不高。没有客人入住的时间，人缘好的兄弟俩往往会到村里的朋友家"蹭饭"。父子三人一年到头的食物消费都很低。

唐长财的生计稳定另一方面也得益于家中两个单身汉之间的互助。弟弟唐长光作为合作社的核心成员长期在村，并将生计专注于新业态，这使得财哥有更多的精力去发展其他非农生计。例如，遇到村里要求出义务工时，唐长光一般会作为家中代表投入劳动；遇到关于客房的事情，大家也经常找唐长光，这使得财哥可以节省下时间和精力。即使遇到打工和客房服务相冲突的时候，他也可以安心把客房服务和父亲的照料都交给弟弟。因此，财哥的生计稳定不仅仅仰仗于他的一技之长，也是因为在家庭结构中的互助，这是解决劳动力短缺的一条有效途径(董海荣、李金才、左停，2008)。

冬天白天的时候，财哥穿着他那件紫色毛衣靠在自家客房二楼的阳台上，我们开玩笑说他矜贵得像个归国华侨。兄弟二人已没有任何债务，财哥的日常生活开支也非常简单。一技傍身的他每年都会有大额的务工和客房收入进账，说他是河边村的"黄金单身汉"想必也不为过。

城乡之间的两兄弟

走出农村到城市谋生活，是许多农民对自己下一代的殷切期望。国家统计局数据显示，我国2020年农民工数量受疫情影响略微下降后，于2021年再次出现增长，总量达到29 251万人。2021年一位日本导演竹内亮拍摄的纪录片《走近大凉山》火遍全网，他借用自己的镜头，向全世界展示了脱贫后的大凉山。纪录片中有一个片段谈到外出务工问题，一位彝族妈妈曾在苏州的一家水泥厂工作，当导演问到"城里的生活和这边的生活，喜欢哪一个"时，这位妈妈毫不犹豫地回答："当然是城里好，一切的一切都是城里的特别好。"然而，当问她身边的孩子同样的问题时，孩子的回答却是："待在这里比较好，城里的环境比较陌生。"河边村的年轻人经常外出短期务工——有的去江浙一带，有的去广东，更多的是不出省只在州府景洪周边打工——但很少有长期在外地的，大多数人更像是纪录片中的"孩子"，他们表示无法适应城市的生活环境。

我们这一节所要介绍的是一对穿梭于城乡之间的兄弟——冯万奇和冯万云——他们还没有与父母分家，但早已是家庭生计的支撑者，尤其是哥哥冯万奇。1992年出生的冯万奇是村里少数出省务工的年轻人，只要家里没有什么大事，他都会选择外出打工。2015年，他们家的工资性收入为8100元，加上22 200元的务农收入和8807元的转移性收入，家庭总收入达到了39 107元。2016年在扶贫项目的支持下，村民们都开始建房子。冯万奇的老父亲是个精神病人，母亲也没有能力参与建房,弟弟冯万云则在外打工。为了把家里的新房子盖起来,让母亲能够经营客房增加家庭收入,冯万奇选择回到村里。当年他没有外出打工,家庭总收入下降到了 17 700 元。2017 年随着新房修建完成,冯万奇重新开始务工,他家的家庭总收入也再度超过 3 万元。2018 年,冯万奇与赵边关一同前往深圳打工。初到深圳,他就被眼前的大城市震惊了,现实里的世界比手机上看到的还要大。灯火通明的建筑、五光十色的夜生活是这两个农村青年进入大城市的第一印象。他们出省的原因是,"没出去过,想出去看看,在家里也挣不得多少钱,出去试试看嘛",到深圳后他们找了份电子厂的活儿。

"看看嘛,有什么就做什么,不行就回来"是河边村青年的口头禅,这种随遇而安的状态似乎是这个村寨年轻人的共同点。村里许多人外出打工一小段时间回到村里后,就不再出去了。冯万奇不同,他对外面的世界更加向往。用他的话说,在城里打工虽然每天都重复着一样的工作,没什么技术含量可言,但总归比较踏实,每个月拿着固定工资,有闲钱就往家里寄。"在农村可就不一样咯!我们农民得靠天吃饭,"他吐着烟圈,老成地告诉我们。冯万奇还是想去城市打工,即使知道在那里扎不了根,他也不愿在村里跟父辈一样,日出而作,日落而息,没有盼头。

冯万奇的家庭成员也或多或少进入了半农半工的状态。母亲蒲小香 54 岁,平常会与村里妇女相约一同去镇上打零工。2020 年她没有继续到镇上务工,她告诉我们整个镇的出入关口都因为疫情被封锁了,每天的通行证数量有限,回家非常不方便,村里好多妇女只能住在厂家临时搭起的棚子里,棚子不通风,夏天时常热得彻夜难眠。因此,蒲小香放弃了在镇上打工的机会,每天在自家地里干活,冯万奇则做一些更需要体力的农活。冯万奇的弟弟冯万云初一辍学之后便在家中帮忙务农，偶尔去镇上打工。2020年3月份的时候国家号召复产复工，冯万云和寨子里几个年轻人在家里没事做，便出发去南京打工。冯万奇的姐姐冯美燕虽然户口还在冯家，但已经结婚好些年头了，夫家就在娘家斜对面，因此经常能在冯万奇家中看到姐姐的身影。他们也时常一起劳作，分享收成。

2019年初父亲生病，冯万奇从深圳辞职回家。没想到短短几个月后父亲就去世了，料理完父亲的丧事后，冯万奇并没有外出务工，在家里赋闲了一段时间。那一年他们家的务农收入和务工收入均只有500元，主要是母亲割胶和打零工获得的。而冯万奇成天躲在家里不愿出门，几乎不参与家庭劳动，也不参与村里年轻人的聚会，后来还跟扶贫团队的师生们借钱，说是自己跟着一个外地的朋友创业，一开口就借2万元。我们意识到他可能陷入网络传销陷阱，几次想帮他理清受骗的过程和找到解决方案，他却不愿意跟我们多交流细节。后来我们跟村里的年轻人了解情况，才知道他在2018年底就已经开始借钱了，说是跟着别人搞"直销"项目，需要有一点本钱先购买产品，结果自己打工攒下的钱被骗走了，还欠了亲友不少钱。他始终不愿意向我们透露所欠金额，只是不耐烦地说："创业嘛，都有风险的。"

打工、务农收入陷入双低谷的时候，却是客房经济上升期，为冯万奇家创收12 390元，占他们家2019年总收入的77%，很大程度上缓解了当年家庭的经济危机。不知是因为经济上被骗还是父亲去世，冯万奇几乎陷入自闭状态，不愿与人来往。直到2020年一位工地老板介绍他到景洪市区建筑工地开铲车，家庭情况才有所好转。这一年他获得工资性收入22 000元，弟弟冯万云在南京打工，转账9000元

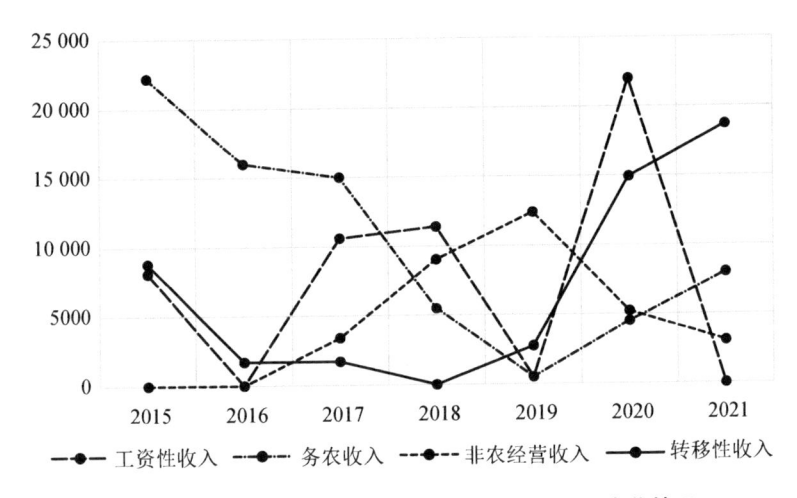

图 7-7　2015—2021 年冯万奇家庭主要收入项目变化情况

给哥哥补贴家用。① 与河边村其他年轻人相比，冯万云是为数不多外出打工能攒到钱贴补家用的年轻人，2021 年他给冯万奇又转回来 15 000 元。

在弟弟出省务工的时候，冯万奇就会留在村里，当地有短工就出去干一段时间，基本还是以务农为主。2020 年看到芭蕉市场前景良好，他在打工之余还开发了一片芭蕉地，但近年来野象频繁造访河边村，农户的芭蕉地都会不同程度地遭到破坏，冯万奇的也不例外。野象吃完了冯万奇的芭蕉，保险公司根据面积赔偿他 3000 元，但与成熟芭蕉能卖到的价格相差很大。2021 年冯万奇又重拾橡胶、砂仁等早期投资的农业项目。

兄弟俩一般不会同时外出打工，因为他们始终还是将农业作为保底的生计。在河边村，如果长时间将土地撂荒，可能会面临被其他村

---

① 弟弟几乎不在家生活，这笔钱被计入转移性收入。

民占用的风险,而且"占着占着就变成他的了"。随着父亲去世,冯万奇的母亲也终于卸下照顾这位精神病患的压力,改嫁到其他村寨,冯万奇兄弟承担起守护自己土地的责任。他们交替外出,穿梭于城乡之间,既获得较为可观的工资性收入,又确保在农村依赖土地的生计。总体看来,除了2018年建房支出和2019年购买拖拉机、新房家具等资产性投入导致家庭总支出明显增加①以外,其他年份基本能够保证有所结余。

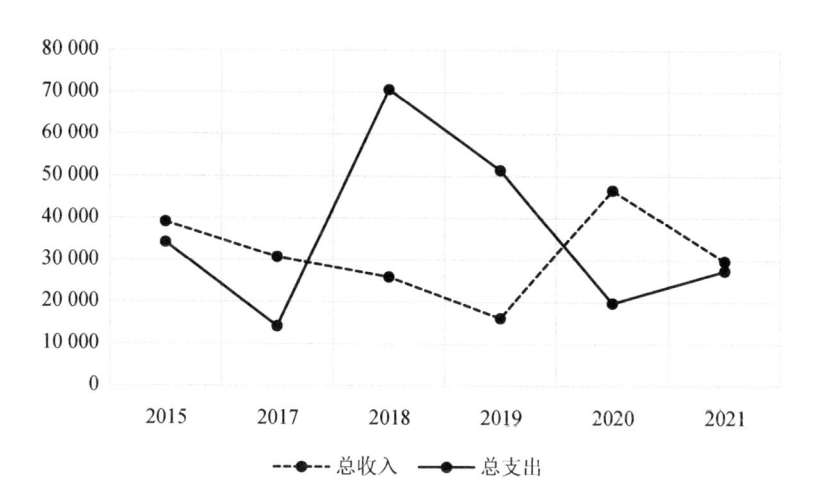

图 7-8 2015—2021 年冯万奇家庭收支变化情况

冯万奇和冯万云兄弟俩选择了半农半工的生产和生活方式,有着明显的优点:走出去短暂务工,离家不远能时常回来;留下来回归农业,维持土地的生产力和保障性生计。进城打工与留乡务农都是手段,共同服务于家庭再生产的目标(白美妃,2021),两者的结合丰富了收入的维度,增强了抵抗风险的能力。不过我们听说冯万云已经

---

① 冯万奇被网络诈骗的数额仍是个谜,无法计入支出中。

有女朋友，如果他组建起自己的小家庭，兄弟俩可能就会面临分家问题，这种交替打工和务农的配合模式也很难再维系下去。但随着年纪不断增长，冯万奇也渐渐变成了村民口中的"们胞哥"（老单身汉）。或许只有外出打工，他才能够暂时逃离这种无奈的境况，但是我们对他将做何选择不得而知。

农村劳动力流向城市最初的动力源于城乡收入差距，但随着教育普及与信息化的发展，新生代农民工流动的动机不再限于生存问题，而是呈现出诸如就业改善、个人成长、城市化以及子女教育等多样化需求（王春光，2003；纪竞垚、刘守英，2019），但城乡二元的制度性制约仍然使农民工呈现出"只流不迁"的现象（张春泥，2011）。对于河边村的青年而言，外出务工似乎变成一种新时代的"成年礼"，但始终只是一个暂时性的生计选项，到了适婚年龄他们都会回来，继承父辈的土地，或结婚生子，或一直等待组建家庭。因为城市的高消费水平和他们的低技术就业之间存在张力，缺少社会关系以及政策性的助力，打工青年无法在城市过上稳定的生活，乡村和土地始终是他们最稳妥的退路。

附　录
对数据的说明

本书关注的是小农生计的变迁,主要采取动态的视角来考察乡村的生计景观。"生计"是社会学、经济学等领域常用的一个概念,自20世纪80年代由钱伯斯提出以来,经过康韦(G. Conway)等人进一步发展后,成为一个广泛被接受的用来观察和研究乡村社会变迁的视角与框架。在斯库恩斯(I. Scoones)的推动下,生计由最初的"包括能力、资产(储备、资源、要求权、可获得性)以及一种生活方式所需要的活动"内涵,与可持续性联系起来。埃利斯则聚焦穷人,从生计多样化的角度对"生计"进行定义,指出生计应该是个动态的过程,是人们根据当时不同的条件为了达到一定的生计目标而采取的行动和选择,并强调生计策略取决于资产状况及结构。我们对河边村发展变迁过程中的农户生计也大致采取了这一思路,试图通过追踪村民个人或家庭生计及生计策略的变化,来呈现小农多样性的现实。

本书涉及大量的收入和消费数据,包括村庄整体性的数据以及农民个体和家庭的数据,这些数据是本书所要呈现内容的重要支撑。因此,我们认为有必要对此做一个说明,向大家介绍我们收集数据、整理数据和分析数据的过程。

从2015年进入河边村开始,我们团队每年都要做一个关于全村基本情况的问卷调查。每年我们开展问卷调查的时间基本都在春节前后，主要出于两个原因：第一是根据河边村主要种植农作物的农业周期决定，在最初几年的调查中，我们原计划以年度为划分标准，但由于河边村种植冬季蔬菜的农户越来越多，而冬季蔬菜采收的时间一般为春节前后，这就出现了收入和支出跨年度不统一的问题。因此，从2020年开始，我们的问卷调查时间选定在了当年度冬季蔬菜采收以后，以此确保年度收支的一致性。但是不可避免的是，在早年的问卷调查中，可能由于调查口径不同，导致当年度务农收入统计的不同，尤其是冬季蔬菜当年度收支不一致的现象。但从连续年度对比来看，由于该项收入总体占比不高，并未对整体变化趋势造成太大影响。第二是由于春节前后正值寒假期间，而开展年度调查的主要是团队中的研究生，利用寒假开展调查在时间分配上更加便利，且也成了团队学生的一项基本锻炼。在问卷调查开展过程中，尽管每年参与问卷调查的人员并不一致，但每年问卷调查开始前，我们都会对当年度问卷修改情况进行讨论，并且对首次进行问卷调查的研究生进行问卷调查的基础培训。大部分问卷调查我们都以入户面对面的形式完成，极少数由于村民外出等特殊情况，采取电话调查的形式完成。此外，我们的受访对象一般选择家里主要劳动力，以户主或其妻子为主，受访对象一般对家庭情况十分了解。在对收支情况进行统计时，我们常常将收支分解成细项再进行最终核算，以此尽量保证数据的精准度。但由于农户很少记账，仍然存在遗漏以及数据不完全精准的情况，因此不论是收入数据还是支出数据，都只能反映当年度的总体情况以及变化趋势，并非极其精准的统计数据，在数据处理上也无法完全按照统计学的思路进行处理，只能力求精准，全书的数据呈现也仅仅作为案例的补充参考，呈现出整体变化趋势而非精准的数据。

在问卷内容设计方面，每一年度除了家庭人口基本情况、家庭资产基本情况、收入和支出等核心问题以外，团队也根据当年度河边村大事记以及研究问题的变化进行问卷内容的补充与调整。从总体情况来看，2015年的年度调查问卷主要包括八大部分。

第一部分是家庭成员基本情况，包括家庭户主、家庭总人口、访谈对象、性别、年龄、受教育年限、农户经济水平等基本信息以及家庭劳动力非农就业情况和家庭子女受教育情况。在分成员信息统计时，主要包括与户主的关系、年龄、性别、健康情况、劳动能力、受教育程度以及目前身份这7项基本信息。在2015年调查之初，河边村仍有一部分年轻劳动力外出务工，因此我们特设了家庭劳动力非农就业专题，以了解河边村农户外出务工的总体情况，具体包括转移方式（政府或单位组织、亲友推荐或自发外出）、外出地区、在外从事的行业、务工时长、工资水平、寄回或带回的现金及实物、开始外出务工的年度以及除外出务工外是否还在家干农活（主要考察是否兼业）等问题。在家庭子女受教育情况的调查中，除了性别、年龄等基本信息以外，我们的统计项还包括就读年级、上学地点、上学所需时间、每年的教育费用、家庭是否举债以供学生上学以及失学儿童情况（失学时年龄、失学的主要原因以及现在的情况）等问题，这是由于2015年河边村仍处于深度性贫困状态，因贫失学、因学举债等现象仍十分常见，因此在摸底调查中，我们尤其关注子女教育费用以及失学儿童的问题。

第二部分是调查的核心部分，主要考察调查户的家庭生计情况，在问卷设计上结合了生计资产的分类，同时也结合河边村的具体情况进行了相应的调整。其中，调查户的基本情况包括对种植养殖大户、个体工商户、乡村干部户、低保户、五保户、建档立卡贫困户等的判别,以及家庭的结构、是否参加专业性合作社、是否参加新农合、是否领取低保、是否参加商业保险以及当年度家庭大事记。此外,我们还统计了调查户的年末住房情况、畜禽存栏情况、拥有耐用消费品情况、家庭生活设施情况、土地资源情况等。当然最核心部分仍然是农户的收入和支出。收入主要参考国家统计局发布的统计年鉴对农民收入的分类,分为工资性收入、务农收入、非农经营收入、转移性收入、财产性收入和其他收入6个大类,因为农户很少记账且对很多收入的金额很难准确回忆,因此我们的统计仍以纯收入为主,而非净收入,即获得的总收入中并没有扣除成本投入。其中工资性收入包括在家工资性收入、长期外出务工收入和短期零工收入;务农收入包括种植业收入和养殖业收入,种植业收入主要来自河边村实际种植的农作物,包括橡胶、甘蔗、砂仁、冬季蔬菜(如无筋豆、辣椒)等;养殖业收入主要是出售生猪和鸡的收入;家庭非农经营收入主要包括工业、建筑业(包工队、小加工厂)以及商业、服务业(开小商店、理发店等)收入,虽然此项收入在2015年的实际统计量很低,但在"河边实验"之初,我们就将此作为对比项以与今后的收入项进行比较分析;转移性收入主要是综合补贴、退耕还林补贴、花梨木种植补贴、低保金、基本养老金、政府危房改造补贴以及其他,在数据处理上,危房改造补贴统一不作为收入项统计;财产性收入主要包括地租、利息等,这是由于早年部分农户将土地出租,因此土地租金收入也成为我们监测的一项内容。与国家统计局统计口径不同的是,在统计支出时,为了更准确获得家庭支出数据,我们不仅统计生活消费支出,还增加了家庭经营费用支出(这也是为了能够核算出家庭净收入和人均可支配收入)以及财产性支出。其中,家庭经营费用支出包括购置生产性固定资产、种养殖业支出、农机具的油费和维修费等;生活消费支出包括食品、烟酒、衣着、水电燃气等家庭服务费、通信、交通、医疗、教育等；财产性支出包括租房、盖房等；其他支出包括人情往来、偿还贷款等；此外我们还统计了礼金支出。

第三部分是家庭借贷情况，主要考察当年度家庭借入现金和借出现金的情况，在分表中详细统计了每笔借款的借入金额、借入时间、借款来源、借款用途以及尚未偿还的金额。借出现金也相应统计了借出金额、借款方、借款用途以及已经偿还的借款金额。

第四部分是当年度家庭大额支出和风险遭遇情况，主要考察当年度家庭的口粮情况、种养殖业是否遭遇自然灾害、农产品是否遭遇市场风险、家庭成员是否患大病、是否遭遇重大事故以及当年度家庭是否有盖房、婚丧嫁娶、子女上学、购买大型农机具、购买车辆等各类大额支出情况，在对每一项内容进行考察时主要关注预计损失、对家庭生计影响、应对措施以及目前的恢复情况。

第五部分是社会、政治参与情况，主要考察村民是否参与村民代表大会、是否参加村干部竞选投票、是否留意村务公开栏、是否参与村庄公共基础设施建设、是否参加村庄集体活动、是否向村干部或乡镇干部寻求过帮助以及农户在村庄中的人情往来情况。

第六部分是获得的政府支持情况，主要包括获得的政府支持的类型、对家庭生计发展的影响程度、农户对政府扶持的满意程度等等。

第七部分是对生活的总体评价，包括对目前家庭生活状态的感知、对目前生活的总体满意度以及对未来生活的预期等方面。

第八部分是针对农户对"小云助贫"组织的了解情况的调查，包括村民对"小云助贫"的了解程度、对其工作定位、工作效果以及其他预期等方面。

2015年我们第一年开展河边村年度基线调查，因此在问卷设计方面更多的是对村庄和村民的基本情况进行总体了解，问卷篇幅较长，内容较为详细，总体数据是为了呈现出"河边实验"之前村庄的总体生计景观。

2016年是河边村建设最为热火朝天的一年，这一年农户开始分批建新房。由于建房大多以帮工互助的形式开展，因此家家户户的外出劳动力基本都回村帮忙了。而这一年，我们的年度调查由于人手有限且村民忙于建房，影响了整体调查效果，数据缺失较多，且问卷仅简单统计了家庭人口数和农户的家庭收入，收入项的具体分类与2015年度保持一致，并未进行修改和调整。

2017年是河边新业态产业正式运营的第一年，"河边实验"带来的"新"变化是我们这一年度问卷调查的重点，因此在保持问卷总体结构不变的情况下，我们对问卷中的许多基础性问题进行了精简，缩减了问卷的总体篇幅。如在第一部分家庭成员的基本信息统计时，我们不再细分人口进行一一填答，而以当年度是否有新生人口、死亡人口、婚嫁变动等人口变化情况核算当前家庭总人口，同时保留了家庭子女受教育情况和家庭劳动力外出务工情况，新增了家庭成员健康状况（主要考察疾病类型和医疗支出）。调查的核心部分"家庭生计的基本情况"基本与2015年度保持一致，但对收入和支出的具体细项进行了调整。主要是在"收入—家庭非农经营收入"中增加了其他项，其他项主要统计客房和餐厅的新业态收入。由于转移性收入中的花梨木种植补贴为一次性补贴，因此在2017年度的转移性收入中删除了此项，新增了"社会救济收入和捐赠"收入项。支出项中主要是对生活消费支出进一步优化，将"水电燃气等家庭服务费"修改为"家庭设备、用品及服务（水电等、家具购买）"。借贷部分由于借出情况在往年统计中比较少，因此主要考察借入情况，对借出现金部分进行精简，仅统计借出现金总额。大额支出和风险遭遇部分删减了盖房、婚丧嫁娶、子女上学、购买大型农机具、购买车辆等各类大额支出的具体情况，仅保留是否有大额支出，不再细分具体类别。政府支持和总体满意度部分基本保持不变，社会、政治参与部分以及"小云助贫"的了解程度合并调整为社会交往，主要考察农户在项目前后主要的交往的村民、客人以及"小云助贫"志愿者有哪些，其交往类型以及获得的支持包括哪些内容，这一部分增加了农户对项目实施前后全村最穷和最富农户的个体感知，以考察项目前后农户个体层面的贫富变化。最后，2017年度问卷中新增了关于家庭性别分工的相关内容，主要考察的是新房建成以前和建成以后家中种养殖业（农活）、家务劳动、走亲访友、日常购物、家庭重大决策、村庄建设讨论、子女教育、客房服务等主要和次要承担者以及其他协助者，以此考察家庭工作的性别分工。

2018年调查的主要调整仍然是在家庭收支方面。具体来看，由于2018年外出建房的人数增加，其外出建房收入也成为一项重要收入来源，因此我们在"收入—工资性收入"中增加了新兴务工收入（因接受培训、技能提升所获得收入）。同时，为了更加准确地体现新业态带来的收入变化，在"收入—家庭非农经营收入"中新增住宿、餐厅和贩卖（民族服饰等）三个细项。值得一提的是，由于河边村地处边境，从2018年开始政府对边境居民以人口为单位，按年度发放边民补贴，因此我们在"收入—转移性收入"中新增了边民补贴项。在支出项中，由于2018年农户开始分批接受厨房改造，因此家庭经营费用新增了"非农业生产性材料"以及"雇工费"这2个细项。在生活消费支出中，新增了"养老保险缴费"和"新农合缴费"这两项保险支出，以及长期外出子女未计入的支出明细。当然，对于长期外出子女的支出项在统计整理时也存在一定的争议，其对应的是家庭常住人口如何核算的问题，在这一问题的处理上我们也一直在思考如何进一步调整和修正。

2020年春节前后疫情管控使得我们团队成员难以进村，为了保证2019年度调查的顺利进行，我们委托了在村的几位合作社成员进行入户调查。在入户调查前，我们对几位年轻的合作社成员进行了简单的问卷培训，但由于合作社成员本身也是村民，因此问卷中的许多问题填答并没有很好地达到预期，这一年度的数据缺失率较高，且收入和支出数据较往年数据而言准确率更低一些。在2020年6月团队成员进村以后，我们对部分问卷数据重新进行校准，并且补充了部分缺失的数据，补充了部分农户问卷，以此力求进一步提高问卷数据的总体质量。2019年度问卷在内容设计上也与上一年度基本一致，但社会交往部分我们进一步优化为"项目实施带来的社会网络变动"，除了考察项目前后农户感知全村最穷和最富的农户以外，新增了项目中农户接触最为密切的外来者以及农户感知项目中收益最大和收益最小的农户，主要考察村民对此判断的依据，以此更好地推进项目的运行。此外，2019年问卷中，我们首次对全村妇女的基本情况进行整体摸排，这是由于近些年河边村的跨境婚姻不断增加，她们的身份认知、社会保障、婚姻稳定等问题成为我们关注的一个研究问题，因此我们在问卷中对全村妇女的国籍、婚前居住地、结婚年龄、婚姻情况、生育情况等进行调查。此外，我们对客房建设以来农户在客房服务上的投入、服务认知、服务满意度等情况进行了调查，以此更好地了解农户对客房服务培训的需求。

由于疫情带来的冲击持续了很长一段时间，因此2020年调查也成了我们考察疫情影响的重要数据，为此我们对问卷总体结构也进行了修改与调整。2020年调查主要分为农户成员基本信息以及农户家庭基本情况两个部分。其中，农户成员基本情况以总表的形式，重新回归2015年成员统计的细表。这是由于经过了5年的发展，河边村总体人口结构发生了一定的变化，需要适当更新一些成员身份信息。在总表的设计上，我们参考了中国家庭追踪调查（CFPS）等国内大型追踪调查的问卷设计，尽量精简问卷内容，将一些指标问题细化在成员信息表中，以此精简问卷的总体篇幅。家庭成员表的基本信息包括与户主的关系、年龄、性别、婚姻状况、户籍状况、居住地、受教育情况、新农合参加情况、养老保险参加情况、合作社参加情况以及外出情况这11项基本内容。当年度子女受教育情况和家中成员健康情况仍然保留，但劳动力外出务工情况实际合并在了基本信息表中，不再单独进行考察。农户家庭基本情况中，我们删减了一些判别指标，仅保留个人工商户、种植养殖大户两个判别指标，同时细化参加商业保险的类别。在收支部分，新增了"收入—务农收入"中种植业收入种类"芭蕉"，这是由于2020年随着政府补贴的提高，村里有相当一部分农户开始种植芭蕉。此外，养殖业收入也根据河边村的具体情况增加了猪、鸡、鱼、蜂蜜等细项。在收入项的最后，我们新增了"未来最重要的收入来源"这一感知性问题，以此判断农户对未来收入的预期。支出部分，我们将家庭经营费用分为"购置生产性材料、种植养殖花费"和"油费+维修费"两个细项，对细项内容进行了重新整合。此外，在2020年调查中，我们删除了家庭性别分工、贫富感知、"小云助贫"等相关内容。2021年，我们沿用2020年家庭成员信息表的形式，对成员基本情况进行摸排，问卷总体结构与2020年保持一致。值得一提的是，在"收入—转移性收入"部分，我们新增了"在外人口寄回（如外嫁子女等寄回的收入）"和"保险赔付"

两个细项，在统计家庭常住人口时，我们以"是否共同使用收支"为主要依据，如该村民长期外出，但收支均与家庭其他成员分离，即不计入家庭常住人口数量中，若其按期或偶尔给家里寄钱，则这一部分收入归入"转移性收入—在外人口寄回收入"中。在支出项中，我们将家庭经营支出分为"种养殖经营支出（如购置生产性材料费用等）"和"其他经营支出"两项，对种植和养殖花费单独统计。同时，将生产性固定资产、油费（农机具油费等，不包含日常出行油费）和维修费合并计入其他经营支出中。此外，2021年问卷中还包括保留的借贷情况、当年遭遇风险及风险应对、对当前生活的总体评价以及生活状况的变化四个部分，其余内容均已删减。

从问卷完成的总体情况来看，2015年全村完成问卷55份，2016年完成问卷48份，2017年完成问卷51份，2018年完成问卷53份，2019年完成问卷50份，2020年完成问卷52份，2021年完成问卷50份。其中，部分年份因人员外出等无法收集数据，2015—2021年均具有统计数据的连续农户为42户。因此，在数据整理过程中，为了对比全村连续年度的统计数据，除了特殊说明外，本书第一章使用的均是2015—2021年具有连续收支数据（2016年仅有收入数据）的42户农户家庭收支数据。新业态户均收入仅统计有客房收入的农户，也以42户中当年度有客房收入的农户数为总数（有3户农户未参与客房项目），即新业态户均收入统计的是39户农户的户均收入。在全书数据呈现时，数据图表仅呈现收入和支出项，这是由于农户生计中核心变化数据即为收入和支出，也就是说收入和支出是最能够体现河边村农户在2015—2021年之间的总体生活变化情况，其余部分的问卷统计数据融合在文本的分析之中，在案例需要时以图表的形式呈现。

全书的收入统计项统一以工资性收入、务农收入、非农经营收入、转移性收入、财产性收入和其他收入6大类呈现，支出的统计项统一以家庭经营费用支出、生活消费支出、礼金支出、租房建房及财产性支出、保险支出和其他支出6大类呈现，其中生活消费包含食品、烟酒、衣着、家庭设备用品、通信、交通、娱乐用品和服务、医疗、教育，其他当年度无此统计项的均以"/"表示。文中提及的可支配收入数据统计项为工资性净收入、务农净收入（由务农收入扣减农业生产经营支出计算）、非农经营净收入（其中客房收入扣除10%的成本，餐厅收入扣除50%的成本）、转移性净收入、财产性净收入以及其他收入。特别需要说明的是，由于每一年度问卷结构和细项的调整，不同年度所有类别中的细项并非完全一致，存在细微偏差，比如2021年度转移性收入中新增了保险赔付，但其余年份均未设此项，但实际可能存在少量的保险赔付现象。对于这样的偏差，在问卷数据处理过程中，我们尽量以2021年度的分类标准对其他年度的收支分类项进行调整，在细项总金额较小，对总体情况不造成影响的情况下，以当年度实际调查数据呈现，不做调整和处理。同时，在问卷数据处理过程中，我们尽量遵照当年度调查的实际细项进行分类统计，但由于2016—2017年度河边村大规模建房以后，政府为河边村农户提供了6万元的建房补贴，贫困户另有4万元的危房改造补贴，均全部用于建房支出，因此在数据处理过程中为了与全国数据更有可参照性，所有建房相关的政府补贴都不计入转移性收入中。此外，由于原始数据四舍五入造成的误差，全文仅保留整数，因此可能造成总数不完全一致的现象，但其偏差在四舍五入偏差范围内，特此进行说明。

限于篇幅，附录并未收录河边村2015—2021年的分户收支统计表，如需要具体数据，请致信徐进（电子邮箱：xujincissca@cau.edu.cn）索取，感谢您的理解。

参考文献

安兵,2015,《美国农业自然风险和市场风险管理研究》,《世界农业》第5期。

白美妃,2021,《撑开在城乡之间的家——基础设施、时空经验与县域城乡关系再认识》,《社会学研究》第6期。

班纳吉、迪弗洛,2013,《贫穷的本质:我们为什么摆脱不了贫穷》,景芳译,北京:中信出版社。

贝克、邓正来、沈国麟,2010,《风险社会与中国——与德国社会学家乌尔里希·贝克的对话》,《社会学研究》第5期。

贝克尔,1995,《人类行为的经济分析》,王业宇、陈琪译,上海:上海人民出版社。

波兰尼,2000,《个人知识:迈向后批判哲学》,许泽民译,贵阳:贵州人民出版社。

蔡昉、王美艳,2007,《农村劳动力剩余及其相关事实的重新考察——一个反设事实法的应用》,《中国农村经济》第10期。

陈军亚,2019,《韧性小农:历史延续与现代转换——中国小农户的生命力及自主责任机制》,《中国社会科学》第12期。

陈明,2015,《从"社会化小农"到"消费小农"——基于中国农村市场化进程的思考》,《西北农林科技大学学报》(社会科学版)第4期。

陈昕、黄平,2008,《消费主义文化在中国的出现》,载王晓明,《乡土中国与文化研究》,上海:上海书店出版社。

陈友华、米勒·乌尔里希,2002,《中国婚姻挤压研究与前景展望》,《人口研究》第3期。

参考文献

程国强、朱满德，2020，《2020 年农民增收——新冠肺炎疫情的影响与应对建议》，《农业经济问题》第 4 期。

邓大才，2006，《社会化小农——动机与行为》，《华中师范大学学报》（人文社会科学版）第 3 期。

邓大才，2009，《"圈层理论"与社会化小农——小农社会化的路径与动力研究》，《华中师范大学学报》（人文社会科学版）第 1 期。

邓大才，2013，《改造传统农业——经典理论与中国经验》，《学术月刊》第 3 期。

迪顿，2014，《逃离不平等：健康、财富及不平等的起源》，崔传刚译，北京：中信出版社。

董海荣、李金才、左停等，2008，《互助：解决农村家庭劳动力短缺的有效途径》，《农村经济》第 11 期。

董磊明、郭俊霞，2017，《乡土社会中的面子观与乡村治理》，《中国社会科学》第 8 期。

杜洁，2005，《中国妇女参与村民自治状况的回顾研究》，载谭琳，《1995—2005 年：中国性别平等与妇女发展报告》，北京：社会科学文献出版社。

范利安，2014，《微观经济学：现代观点》第 9 版，费方域、朱保华等译，上海：格致出版社。

方黎明，2017，《农村中老年居民的健康风险及其社会决定因素》，《保险研究》第 5 期。

方松海、王为农、黄汉权，2011，《增加农民收入与扩大农村消费研究》，《管理世界》第 5 期。

费孝通，2007，《江村经济：中国农民的生活》，北京：商务印书馆。

费孝通，2012，《乡土中国》，北京：北京大学出版社。

弗里德曼，2000，《中国东南的宗族组织》，刘晓春译，上海：上海人民出版社。

高雪莲，2020，《生存有道：基于"家庭本位"的多元化小农生计结构

——来自黔东南 W 侗寨的田野考察》,《西北农林科技大学学报》(社会科学版)第 5 期。
龚建培,2006,《传统手工艺在现代的蜕变与再生——兼论传统手工印染现状与发展的几个问题》,《南京艺术学院学报》(美术与设计版)第 4 期。
郭晓鸣、曾旭晖、王蔷等,2018,《中国小农的结构性分化:一个分析框架——基于四川省的问卷调查数据》,《中国农村经济》第 10 期。
郭于华,2002,《"道义经济"还是"理性小农"——重读农民学经典论题》,《读书》第 5 期。
果臻、李树茁、M. Feldman,2016,《中国男性婚姻挤压模式研究》,《中国人口科学》第 3 期。
何军、沈怡宁、唐文浩,2020,《社会资本、风险抵御与农村女户主家庭贫困脆弱性的研究——基于 CFPS 数据的实证分析》,《南京农业大学学报》(社会科学版)第 3 期。
何永林、曹均学,2021,《后疫情时代小农户对接现代农业的危与机》,《经济论坛》第 1 期。
贺灵敏,2022,《认同建构与关系重塑——网络化时代农村残疾人的社会融合路径》,《浙江学刊》第 3 期。
贺雪峰,2011,《论乡村治理内卷化——以河南省 K 镇调查为例》,《开放时代》第 2 期。
贺雪峰,2013,《小农立场》,北京:中国政法大学出版社。
华淑名、陈卫民,2020,《隔代照料支持对青年女性非农就业的影响》,《青年研究》第 1 期。
黄静华,2010,《手艺人民俗志——聚焦"非物质性"的工艺民俗研究》,《思想战线》第 5 期。
黄丽芬,2021,《农二代阶层分化的表现、特点与社会基础》,《中国青年研究》第 3 期。
黄宗智,2000,《长江三角洲的小农家庭与乡村发展》,桂林:广西师范大学出版社。

黄宗智，2006，《制度化了的"半工半耕"过密型农业（下）》，《读书》第3期。

黄宗智，2008，《中国小农经济的过去和现在——舒尔茨理论的对错》，《中国乡村研究》第1期。

黄宗智，2012，《中国过去和现在的基本经济单位：家庭还是个人?》，《人民论坛·学术前沿》第1期。

纪竞垚、刘守英，2019，《代际革命与农民的城市权利》，《学术月刊》第7期。

江克忠、刘生龙，2017，《收入结构、收入不平等与农村家庭贫困》，《中国农村经济》第8期。

姜瑞云、刘志华，2023，《优化农民工基本公共服务供给的策略分析——基于新型城镇化视角》，《农业经济》第1期。

姜长云、王一杰、芦千文，2020，《从农村基层看新冠肺炎疫情对农业农村经济的影响》，《农业经济与管理》第2期。

焦玉良，2015，《熟人社会、生人社会及其市场交易秩序——与刘少杰教授商榷》，《社会学评论》第3期。

金一虹，2000，《非正规劳动力市场的形成与发展》，《学海》第4期。

金宇、郭芳芳，2020，《新冠肺炎疫情对农村居民收入的影响与对策》，《前进》第5期。

敬同泉，1990，《现阶段增加农业劳动投入的重要性》，《中国农村经济》第12期。

康继军、郭蒙、傅蕴英，2014，《要想富，先修路?——交通基础设施建设、交通运输业发展与贫困减少的实证研究》，《经济问题探索》第9期。

旷宗仁、杨萍，2004，《乡村精英与农村发展》，《中国农业大学学报》（社会科学版）第1期。

李慧玲、徐妍，2016，《交通基础设施、产业结构与减贫效应研究——基于面板VAR模型》，《技术经济与管理研究》第8期。

李倩、李小云，2012，《"分类"观念下的内倾性社会交往——失地农民市民化的困境》，《思想战线》第5期。

李强、唐壮，2002，《城市农民工与城市中的非正规就业》，《社会学研究》第6期。

李俏、陈健、蔡永民，2016，《"老人农业"的生成逻辑及养老策略》，《贵州社会科学》第12期。

李实，2001，《农村妇女的就业与收入——基于山西若干样本村的实证分析》，《中国社会科学》第3期。

李涛、黄纯纯、何兴强等，2008，《什么影响了居民的社会信任水平？——来自广东省的经验证据》，《经济研究》第1期。

李小云，2020a，《河边扶贫实验——发展主义的实践困惑》，《开放时代》第6期。

李小云，2020b，《乡村是阻隔新冠病毒入侵的"净土"吗?》，《南都观察家》3月23日。

李小云、陈邦炼、宋海燕等，2019，《"妇女贫困"路径的减贫溢出与赋权异化——一个少数民族妇女扶贫实践的发展学观察》，《妇女研究论丛》第2期。

李小云、屈哨兵、赫琳等，2019，《"语言与贫困"多人谈》，《语言战略研究》第1期。

李小云、吴一凡、董强等，2019，《发展性贫困的生产：制度与文化的田野对话——一个Y族村庄生活的发展叙事》，《广西民族大学学报》(哲学社会科学版)第3期。

李小云、徐进、于乐荣，2018，《中国减贫四十年——基于历史与社会学的尝试性解释》，《社会学研究》第6期。

李小云、苑军军，2020，《脱离"贫困陷阱"——以西南H村产业扶贫为例》，《华中农业大学学报》(社会科学版)第2期。

李小云、张瑶，2020，《贫困女性化与女性贫困化——实证基础与理论悖论》，《妇女研究论丛》第1期。

李雪萍、王蒙，2014，《多维贫困"行动—结构"分析框架下的生计脆弱——基于武陵山区的实证调查与理论分析》，《华中师范大学学报》（人文社会科学版）第5期。

李祖佩、曹晋，2012，《精英俘获与基层治理——基于我国中部某村的实证考察》，《探索》第5期。

列宁，1984，《农业中的资本主义（论考茨基的著作和布尔加柯夫先生的文章）》，载《列宁全集》第4卷，北京：人民出版社。

林毅夫，2016，《小农与经济理性》，《中国乡村发现》第5期。

刘传江、周玲，2004，《社会资本与农民工的城市融合》，《人口研究》第5期。

刘洁、陈宝峰，2007，《农村家庭子女教育投资决策中的价值观影响》，《中国农村观察》第6期。

刘升，2015，《精英俘获与扶贫资源资本化研究——基于河北南村的个案研究》，《南京农业大学学报》（社会科学版）第5期。

刘守义、李凤云、刘佳君等，2008，《农村家庭教育投资目的与期望的研究》，《教育与职业》第20期。

刘守英、王宝锦，2020，《中国小农的特征与演变》，《社会科学战线》第1期。

刘守英、王一鸽，2018，《从乡土中国到城乡中国——中国转型的乡村变迁视角》，《管理世界》第10期。

卢洋啸、孔祥智，2019，《改革开放以来小农户与现代农业有机衔接的探索——文献综述视角》，《经济体制改革》第6期。

芦千文、崔红志、刘佳，2020，《新冠肺炎疫情对农村居民收入的影响、原因与构建农村居民持续增收机制的建议》，《农业经济问题》第8期。

罗大蒙、吴理财，2023，《声望资本：村庄能人"何以要当村干部"的一个解释视角》，《华中农业大学学报》（社会科学版）第1期。

马健雄，2004，《性别比、婚姻挤压与妇女迁移——以拉祜族和佤族之例看少数民族妇女的婚姻迁移问题》，《广西民族学院学报》（哲学社会科学版)第 4 期。

马晓河、杨祥雪,2023,《城乡二元结构转换过程中的农业劳动力转移——基于刘易斯第二转折点的验证》,《农业经济问题》第 1 期。

孟德拉斯,2010,《农民的终结》,李培林译,北京:社会科学文献出版社。

孟宪范,2010,《回流农民工的变化——基于对返乡打工妹的考察》,《江苏社会科学》第 3 期。

穆来纳森、沙菲尔,2018,《稀缺:我们是如何陷入贫穷和忙碌的》,魏薇、龙志勇译,杭州:浙江人民出版社。

穆月英、陈家骥,1994,《两类风险两种对策——兼析农业自然风险与市场风险的界限》,《农业经济问题》第 8 期。

潘兵、程广华、王春春,2021,《多维特征视角下农村贫困户脱贫的影响因素实证研究》,《云南农业大学学报》(社会科学)第 4 期。

潘璐,2012,《"小农"思潮回顾及其当代论辩》,《中国农业大学学报》(社会科学版)第 2 期。

彭大松,2014,《农村单身汉的形成机制及其生存图景》,南京:南京大学博士学位论文。

彭南生,2007,《论近代中国乡村手工业的三种形态》,《华中师范大学学报》(人文社会科学版)第 1 期。

蒲实、孙文营,2018,《实施乡村振兴战略背景下乡村人才建设政策研究》,《中国行政管理》第 11 期。

祁大伟,2015,《为什么"老好人"总是输?——一个基于人格特质和动机理论的实证模型》,《现代管理科学》第 2 期。

恰亚诺夫,1996,《农民经济组织》,萧正洪译,北京:中央编译出版社。

秦晖,1996,《当代农民研究中的"恰亚诺夫主义"》,载恰亚诺夫《农民经济组织》,萧正洪译,北京:中央编译出版社。

邱春林,2010,《从一元到多元——传统工艺进入现代生产的途径》,《美术观察》第 4 期。

任晓红、但婷、侯新烁，2018，《农村交通基础设施建设的农民增收效应研究——来自中国西部地区乡镇数据的证据》，《西部论坛》第5期。

森，阿马蒂亚、王燕燕，2005，《论社会排斥》，《经济社会体制比较》第3期。

社会服务处、国家乡村振兴研究院，2020，《国务院扶贫办主任刘永富一行考察我校河边扶贫实验基地》，http://news.cau.edu.cn/art/2020/8/14/art_8769_690887.html。

沈亚芳、沈百福，2012，《我国农村居民教育支出倾向变化及其解释》，《教育发展研究》第5期。

史玉丁、李建军，2018，《乡村旅游多功能发展与农村可持续生计协同研究》，《旅游学刊》第2期。

舒尔茨，1987，《改造传统农业》，梁小民译，北京：商务印书馆。

斯科特，2013，《农民的道义经济学：东南亚的反叛与生存》，程立显、刘建等译，南京：译林出版社。

孙信茹，2016，《微信的"书写"与"勾连"——对一个普米族村民微信群的考察》，《新闻与传播研究》第10期。

唐辉、周坤、赵翠霞等，2014，《吃亏是福：择"值"选项而获真利》，《心理学报》第10期。

唐丽霞、罗江月、李小云，2015，《精准扶贫机制实施的政策和实践困境》，《贵州社会科学》第5期。

唐丽霞、张一珂，2019，《从以工代赈到公益性岗位——中国工作福利实践的演进》，《贵州社会科学》第12期。

涂平荣，2020，《后疫情时代农村残疾人就业困境及其应对策略》，《现代特殊教育》第22期。

汪辉平、王增涛、马鹏程，2016，《农村地区因病致贫情况分析与思考——基于西部9省市1214个因病致贫户的调查数据》，《经济学家》第10期。

王春超、叶琴，2014，《中国农民工多维贫困的演进——基于收入与教育维度的考察》,《经济研究》第 12 期。

王春光,2003,《农民工的社会流动和社会地位的变化》,《江苏行政学院学报》第 4 期。

王露璐,2015,《从"理性小农"到"新农民"——农民行为选择的伦理冲突与"理性新农民"的生成》,《哲学动态》第 8 期。

王明月,2018,《传统手工艺的文化生态保护与手艺人的身份实践——基于黔中布依族蜡染的讨论》,《民俗研究》第 2 期。

王铭铭,2000,《非我与我:王铭铭学术自选集》,福州:福建教育出版社。

王旭瑞、陈航行、杨航,2017,《乡村的文化失调与农民的弱势地位——质性社会学视角下当前乡村社会质量的两个问题》,《兰州学刊》第 11 期。

王伊欢、王珏、武晋,2009,《乡村旅游对农村妇女的影响——以北京市延庆县农村社区为例》,《中国农业大学学报》(社会科学版)第 3 期。

王翌秋、刘蕾,2016,《新型农村合作医疗保险、健康人力资本对农村居民劳动参与的影响》,《中国农村经济》第 11 期。

魏后凯、芦千文,2020,《新冠肺炎疫情对"三农"的影响及对策研究》,《经济纵横》第 5 期。

温铁军,2020,《大疫止于村野——生态文明战略转型的由来》,https://k.cnki.net/CInfo/Index/5157。

吴高辉,2018,《国家治理转变中的精准扶贫——中国农村扶贫资源分配的解释框架》,《公共管理学报》第 4 期。

吴重庆、张慧鹏,2019,《小农与乡村振兴——现代农业产业分工体系中小农户的结构性困境与出路》,《南京农业大学学报》(社会科学版)第 1 期。

解垩,2011,《健康对劳动力退出的影响》,《世界经济文汇》第 1 期。

谢里、李白、张文波,2012,《交通基础设施投资与居民收入——来自中国农村的经验证据》,《湖南大学学报》(社会科学版)第 1 期。

邢成举，2014，《乡村扶贫资源分配中的精英俘获》，北京：中国农业大学博士学位论文。

邢成举、李小云，2013，《精英俘获与财政扶贫项目目标偏离的研究》，《中国行政管理》第 9 期。

邢春冰、陈超凡、曹欣悦，2021，《城乡教育回报率差异及区域分布特征——以 1995—2018 年中国家庭收入调查数据为证》，《教育研究》第 9 期。

徐定德、张继飞、刘邵权等，2015，《西南典型山区农户生计资本与生计策略关系研究》，《西南大学学报》（自然科学版）第 9 期。

徐勇，2006，《"再识农户"与社会化小农的建构》，《华中师范大学学报》（人文社会科学版）第 3 期。

杨宏任，2007，《社区如何动起来？黑珍珠之乡的派系、在地师傅与社区总体营造》，新北：左岸出版社。

杨茜、石大千，2019，《交通基础设施、要素流动与城乡收入差距》，《南方经济》第 9 期。

杨善华、柳莉，2005，《日常生活政治化与农村妇女的公共参与——以宁夏 Y 市郊区巴村为例》，《中国社会科学》第 3 期。

杨在军，2009，《脆弱性贫困、沉没成本、投资与受益主体分离——农民家庭"因学致贫"现象的理论阐释及对策》，《调研世界》第 6 期。

叶敬忠、贺聪志，2019，《基于小农户生产的扶贫实践与理论探索——以"巢状市场小农扶贫试验"为例》，《中国社会科学》第 2 期。

叶守礼，2020，《"寄接梨"的诞生——东势的农民家计经济与农业技术创新》，《中国乡村研究》第 1 期。

叶兴庆、殷浩栋，2022，《促进农村低收入人口增收的政策取向》，《湖南农业大学学报》（社会科学版）第 1 期。

英格尔斯，1985，《人的现代化》，殷陆君译，成都：四川人民出版社。

于丽卫、孔荣，2021，《农民农业领域创业脆弱性——关键成因、生成机理与应对策略》，《现代经济探讨》第 2 期。

袁明宝，2014，《小农理性及其变迁》，北京：中国农业大学博士学位论文。

原新、刘佳宁，2005，《我国农村人口的健康贫困探讨》，《南开学报》第 4 期。

张春泥，2011，《农民工为何频繁变换工作——户籍制度下农民工的工作流动研究》，《社会》第 6 期。

张玉林，2004，《通向城市的阶梯——20 世纪后期一个苏北村庄的教育志》，《南京大学学报》（哲学·人文科学·社会科学版）第 4 期。

赵小华，2004，《女性主体性：对马克思主义妇女观的一种新解读》，《妇女研究论丛》第 4 期。

周长城、韩秀记，2010，《当代中国经验下的家庭制度主义分析——兼论贝克尔"家庭论"》，《黑龙江社会科学》第 4 期。

左停、王琳瑛、旷宗仁，2018，《工作换福利与贫困社区治理：公益性岗位扶贫的双重效应——以秦巴山区一个行动研究项目为例》，《贵州财经大学学报》第 3 期。

Axelrod, R. & W. Hamilton 1981, "The Evolution of Cooperation." *Science* 211 (4489).

Axelrod, R. 1984, *The Evolution of Cooperation*, New York: Basic Books.

Azariadis, C. 1996, "The Economics of Poverty Traps Part One: Complete Markets." *Journal of Economic Growth* 1.

Barrett, C., T. Reardon & P. Webb 2001, "Nonfarm Income Diversification and Household Livelihood Strategies in Rural Africa: Concepts, Dynamics, and Policy Implications." *Food Policy* 26(4).

Bartlett, M. & D. DeSteno 2006, "Gratitude and Prosocial Behavior: Helping When It Costs You." *Psychological Science* 17(4).

Bassey, A., N. Meribe & E. Bassey et al. 2021, "Perceptions and Experience of Social Media Use among Adults with Physical Disability in Nigeria: Attention to Social Interaction." *Disability & Society* 38(7).

Bebbington, A. 1999, "Capitals and Capabilities: A Framework for Analyzing Peasant Viability, Rural Livelihoods and Poverty." *World Development* 27(12).

Bezu, S., C. Barrett & S. Holden 2012, "Does the Nonfarm Economy Offer Pathways for Upward Mobility? Evidence from A Panel Data Study in Ethiopia." *World Development* 40(8).

Bourdieu, P. 1986, "The Forms of Capital." in J. Richardson ed., *Handbook of Theory and Research for the Sociology of Education*, New York: Greenwood.

Bowles, S., S. Durlauf & K. Hoff 2006, "Introduction." in S. Bowles, S. Durlaur & K. Hoff eds., *Poverty Traps*, Princeton: Princeton University Press.

Bryceson, D. 1996, "Deagrarianization and Rural Employment in Sub-Saharan Africa: A Sectoral Perspective." *World Development* 24(1).

Chambers, R. 1992, "Poverty in India: Concepts Measurement and Reality." in B. Harriss et al. eds., *Poverty in India: Research and Policy*, Delhi: Oxford University Press.

Chayanov, A. 1986, *The Theory of Peasant Economy*, Manchester: Manchester University Press.

Dasgupta, A. & V. Beard 2007, "Community Driven Development, Collective Action and Elite Capture in Indonesia." *Development and Change* 38(2).

Davis, S. 1996, *Adaptable Livelihoods: Coping with Food Insecurity in the Malian Sahel*, London: Macmillan Press.

Delton, A., M. Krasnow & L. Cosmides et al. 2011, "Evolution of Direct Reciprocity under Uncertainty can Explain Human Generosity in One-Shot Encounters." *Proceedings of the National Academy of Sciences* 108(32).

DeSteno, D., M. Bartlett & J. Baumann et al. 2010, "Gratitude as Moral Sentiment: Emotion-Guided Cooperation in Economic Exchange." *Emotion* 10(2).

DFID, 2000, "Sustainable Livelihoods Guidance Sheets." Department for International Development.

Ellis, F. 2000, *Rural Livelihoods and Diversity in Developing Countries*, Oxford: Oxford University Press.

Estache, A., A. Gomez-Lobo & D. Leipziger 2000, *Utility Privatization and the Needs of the Poor in Latin America: Have We Learned Enough to Get It Right*, [S. l.]: World Bank Publications.

Hart, G. 1994, "The Dynamics of Diversification in an Asian Rice Region." in B. Koppel et al. eds., *Development or Deterioation: Work in Rural Asia*, Boulder: Lynne Reinner.

Jacoby, H. 2000, "Access to Markets and the Benefits of Rural Roads." *The Economic Journal* 110(465).

Koczberski, G. & G. Curry 2005, "Making A Living: Land Pressures and Changing Livelihood Strategies among Oil Palm Settlers in Papua New Guinea." *Agricultural Systems* 85(3).

Lucas, A. 2016, "Elite Capture and Corruption in Two Villages in Bengkulu Province, Sumatra." *Human Ecology* 44.

Netting, R. 1993a, *Smallholders, Householders: Farm Families and the Ecology of Intensive, Sustainable Agriculture*, Stanford: Stanford University Press.

Netting, R. 1993b, "Smallholders, Householders, the Environment in Anthropology: A Reader in Ecology." *Culture, and Sustainable Living* 10.

Pearce, D. 1978. "The Feminization of Poverty: Women, Work, and Welfare." *Urban and Social Change Review* 11.

Roberts, G. 2008, "Evolution of Direct and Indirect Reciprocity." *Proceedings of the Royal Society B: Biological Sciences* 275(1631).

Stenberg, S. 2000, "Inheritance of Welfare Recipiency: An Intergenerational Study of Social Assistance Recipiency in Postwar Sweden." *Journal of Marriage and Family* 62(1).

Van Veelen, M., J. García & D. Rand et al. 2012, "Direct Reciprocity in

Structured Populations." *Proceedings of the National Academy of Sciences* 109 (25).

Walelign, S. 2017, "Getting Stuck, Falling Behind or Moving Forward: Rural Livelihood Movements and Persistence in Nepal." *Land Use Policy* 65.

Yesuf, M. & R. Bluffstone 2009, "Poverty, Risk Aversion, and Path Dependence in Low-Income Countries: Experimental Evidence from Ethiopia." *American Journal of Agricultural Economics* 91(4).

Zhao, Y. 1999, "Labor Migration and Earnings Differences: The Case of Rural China." *Economic Development and Cultural Change* 47(4).

图书在版编目（CIP）数据

小农生计：河边村的生产与生活叙事 / 李小云等著. —北京：商务印书馆，2023
ISBN 978-7-100-21403-2

Ⅰ．①小… Ⅱ．①李… Ⅲ．①农村—扶贫—中国—通俗读物 Ⅳ．① F323.8-49

中国版本图书馆 CIP 数据核字（2022）第 11507 号

权利保留，侵权必究。

小农生计
河边村的生产与生活叙事
李小云 等著

商 务 印 书 馆 出 版
（北京王府井大街36号 邮政编码100710）
商 务 印 书 馆 发 行
南京新世纪联盟印务有限公司印刷
ISBN 978-7-100-21403-2

2023年10月第1版　　开本 880×1240 1/32
2023年10月第1次印刷　印张 9 5/8
定价：58.00元